TIMO CÖSTER

Minderheitenrechte in der Publikumspersonengesellschaft

D1724743

Abhandlungen zum Deutschen und Europäischen
Gesellschafts- und Kapitalmarktrecht

Herausgegeben von

Professor Dr. Holger Fleischer, LL.M., Hamburg
Professor Dr. Hanno Merkt, LL.M., Freiburg
Professor Dr. Gerald Spindler, Göttingen

Band 176

Minderheitenrechte in der Publikumspersonengesellschaft

Von

Timo Cöster

Duncker & Humblot · Berlin

Der Fachbereich Rechtswissenschaft der Universität Hamburg
hat diese Arbeit im Jahre 2020 als Dissertation angenommen.

Bibliografische Information der Deutschen Nationalbibliothek

Die Deutsche Nationalbibliothek verzeichnet diese Publikation in
der Deutschen Nationalbibliografie; detaillierte bibliografische Daten
sind im Internet über http://dnb.d-nb.de abrufbar.

ISSN 1614-7626
ISBN 978-3-428-18151-3 (Print)
ISBN 978-3-428-58151-1 (E-Book)

Gedruckt auf alterungsbeständigem (säurefreiem) Papier
entsprechend ISO 9706 ⊗

Internet: http://www.duncker-humblot.de

Vorwort

Die vorliegende Arbeit wurde im Sommersemester 2020 von der rechtswissenschaftlichen Fakultät der Universität Hamburg als Dissertation angenommen. Rechtsprechung und Literatur sind auf dem Stand von Oktober 2020.

Mein herzlicher Dank gilt meinem hochgeschätzten Doktorvater, Professor Dr. Sebastian Mock, LL.M. (NYU). Er war es, der mir bereits während meines Studiums die Freude am Gesellschaftsrecht lehrte und später die idealen Rahmenbedingungen für das Entstehen dieser Arbeit bot. Ferner danke ich Professor Dr. Peter Mankowski für die Zweitbegutachtung meiner Arbeit.

Maßgeblich entstanden ist diese Arbeit in den Jahren 2018 und 2019 während meiner Zeit am eidgenössischen Institut suisse de droit comparé (ISDC) im schweizerischen Lausanne, bevor sie im Herbst 2019 in der nicht minder beflügelnden Bibliothek der New York University School of Law in New York City ihren Abschluss fand. Sowohl diesseits als auch jenseits des Atlantiks eröffnete sich mir ein zugleich akademisch wie persönlich inspirierendes Umfeld, dessen Früchte Einzug in diese Arbeit fanden.

Mein tiefer Dank gilt meinen Eltern, Dr. jur. Enno und Silvia Cöster, ermöglichten sie mir doch erst, dass ich heute der sein darf, der ich bin. Wesentlich dazu beigetragen haben meine Freunde. So sehr sie auch geografisch verteilt sein mögen, sie waren und sind mir eine tragende Säule. Nicht abschließend, aber namentlich zu nennen sind an dieser Stelle Maze Lüdke, Christopher Koch und Matthias Eckstein.

Ebenso danke ich den Mitarbeitern des ISDC, stellvertretend genannt sei dessen Bibliotheksdirektor, Sadri Saieb, der sich stets für juristische Erwerbsvorschläge bedankte sowie sogar die entlegensten Werke beschaffen konnte, und so ebenfalls in besonderer Weise zum Gelingen dieser Arbeit beitrug.

Darüber hinaus bedanken möchte ich mich für die großzügige Förderung der Konrad-Adenauer-Stiftung, die mir nicht nur während meiner Promotionszeit zuteilwurde, sondern bereits ihren Beitrag zu meinem Studium leistete.

Diese Danksagung griffe zu kurz, würde nicht Joana besondere Erwähnung finden. Ohne sie wäre diese Arbeit nicht denkbar gewesen. Ihr ist diese Arbeit gewidmet.

Hamburg, im Frühjahr 2021   *Timo Cöster*

Inhaltsübersicht

Viertes Kapitel

Minderheitenrechte in Publikumspersonengesellschaften ausgewählter
ausländischer Rechtsordnungen   157

Fünftes Kapitel

Zukunft von Minderheitenrechten in der Publikumspersonengesellschaft   175

Inhaltsverzeichnis

Zweites Kapitel

Allgemeine zivilrechtliche Ansätze zur Begründung von Minderheitenrechten in (Publikums-)Personengesellschaften 45

Viertes Kapitel

Minderheitenrechte in Publikumspersonengesellschaften ausgewählter ausländischer Rechtsordnungen   157

Fünftes Kapitel

Zukunft von Minderheitenrechten in der Publikumspersonengesellschaft 175

Erstes Kapitel

Grundlegung

A. Einleitung

Im März 2016 sank der Zinssatz für das Hauptrefinanzierungsgeschäft im Euro-Währungsgebiet auf einen historischen Tiefstand.[1] Nutznießer dieser Entwicklung sind vor allem Darlehensnehmer, welche infolgedessen auf dem Kapitalmarkt von günstigen Krediten profitieren. Demgegenüber haben Kapitalanleger mit den negativen Auswirkungen der Niedrigzinspolitik zu kämpfen: Die Renditen konservativer, festverzinslicher Geldanlagen sinken einhergehend mit deren Attraktivität. Ausgehend von diesem wenig ermutigenden Befund sind in Zeiten grassierender, alternativer Investitionsangebote allerdings schnell neue Anlagemöglichkeiten ausgemacht: Gesellschafts- und Fondsbeteiligungen erscheinen dabei oftmals lukrativ. Als vielfach in der Rechtsform einer Publikumspersonengesellschaft[2] aufgelegte Anlagemöglichkeiten versprechen diese dem jeweiligen (Klein-)Investor typischerweise hohe Erträge.[3] Diese hohen Renditeaussichten bilden generell jedoch ebenso die Verlustrisiken ab.[4] Die finanziellen Risiken potenzieren sich mit zunehmender Höhe der wirtschaftlichen Disposition des jeweiligen (Privat-)Investors. Insofern nachvollziehbar erweist sich damit das Interesse von (Minderheits-)Anlegern, im Rahmen ihrer kapitalmäßigen Beteiligungen über ein gewisses Mindestmaß an Informations- und Mitspracherechten zu verfügen. Vor allem Informationsrechte sind von erheblicher Bedeutung, bilden die insoweit erlangten Erkenntnisse doch üblicherweise die Grundlage für die Geltendmachung weiterer Rechte gegenüber Gesellschaft bzw. Geschäftsführung. Inhalt und Reichweite dieser Rechte sind umso wichtiger, da Publikumspersonengesellschaftern – im Gegensatz zu Aktionären börsennotierter Aktiengesellschaften – kein vergleichbarer Handelsmarkt zur Veräußerung ihrer Beteiligung zur Verfügung steht. Ferner werden Möglichkeiten der Loslösung von der Gesellschaft in der Rechtspraxis oftmals satzungsmäßig er-

---

[1] https://de.statista.com/statistik/daten/studie/201216/umfrage/ezb-zinssatz-fuer-das-haupt refinanzierungsgeschaeft-seit-1999/ (Stand: 31.10.2020).

[2] Ausführlich zum Begriff der Publikumspersonengesellschaft siehe Erstes Kapitel B. II. 1.

[3] Vgl. statt vieler die Fondsdaten der JAMESTOWN 30 L.P. & Co. geschlossene Investment KG, abrufbar unter https://www.jamestown.de/downloads/oeffentlicher-bereich/jt-30/james town_30_wai.pdf; Fondsdaten der WealthCap Immobilien Deutschland 39 GmbH & Co. geschlossene Investment KG, abrufbar unter https://www.wealthcap.com/download/WMC_ID39_ WAI.pdf (jeweils Stand: 31.10.2020).

[4] *Tse*, Corporate Finance – the basics, S. 20 f.

schwert.[5] Folglich sind (Minderheits-)Gesellschafter in Publikumspersonengesellschaften gerade in besonderem Maße abhängig von Entscheidungen der ihr gegenüberstehenden Gesellschaftermehrheit.

I. Zum Begriff der Minderheitenrechte

Was ist unter Minderheitenrechten zu verstehen? Zu dieser schon begrifflichen Herausforderung vermag die Gesetzessprache keinen Beitrag zu leisten; ihr ist die Vokabel „Minderheitenrechte" fremd. Ein Blick in die Literatur verheißt Aufklärung: *Wiedemann*[6] begreift eine Minderheit als *„den Personenkreis in einer Gesellschaft oder Körperschaft, der dauernd und institutionell auf die Willensbildung in einem Verband keinen Einfluss gewinnen kann, und dessen Angelegenheiten daher ständig, soweit die Verbandssphäre reicht, von der Mehrheit mitbesorgt werden."* Wohlgemerkt bezieht sich der Begriff der Minderheit dabei nicht auf ein starres Minoritätskollektiv fortwährend identischer Zusammensetzung, sondern auf eine dem jeweiligen Mehrheitswillen unterlegene Gruppe unterschiedlicher Gesellschafter. Folgerichtig bestimmen sich Minderheitenrechte als einer Minderheit im genannten Sinne anheimgestellte Rechte, die gerade vor den Auswirkungen einer demgegenüber bestehenden Mehrheitsherrschaft schützen sollen. Hierunter fallen definitionsgetreu gleichermaßen Individualrechte, mithin entsprechende Rechte, die jedem Gesellschafter schon kraft seiner Gesellschafterstellung zustehen.[7] Auch sie sind damit Gegenstand nachfolgender Analyse.

Die vorstehende Begriffsnäherung offenbart die zentrale Herausforderung, welcher mithilfe von Minderheitenrechten beigekommen werden soll: Hinreichender materiell-rechtlicher sowie ergänzend verfahrensrechtlicher Rechtsschutz von Minderheitsgesellschaftern unter gleichzeitiger Wahrung der berechtigten Interessen der Gesellschaftergesamtheit und der Gesellschaft nebst ihrer Funktionsfähigkeit. Dieser Balanceakt auf dem Spannungsverhältnis von Gesellschafts- und (Minderheits-)Gesellschafterinteressen wird von Minderheitenrechten bestritten, indem sie ein Gleichgewicht zwischen Mehrheitsherrschaft auf der einen Seite und Schutz der dieser unterlegenen Minderheit auf der anderen Seite herstellen sollen. Zugleich sollen mit ihnen hinreichende Kontrollmöglichkeiten geschaffen werden, mit deren Hilfe die notwendige Legitimationsbasis formell ordnungsgemäß zustande gekommener Majoritätsentscheidungen gewährleistet werden kann.

---

[5] Ausführlich zu individuellen Rechten zur Loslösung von der Gesellschaft siehe Drittes Kapitel C. VI. 2. und Drittes Kapitel C. VI. 3.

[6] *Wiedemann*, GesR, Bd. I, S. 417.

[7] Dazu *Klöhn*, AcP 216 (2016), 281, 283 m.w.N.; *K. Schmidt*, GesR, 4. Aufl., S. 469 versteht Rechte, die einer Minderheit ausschließlich kraft ihrer bloßen Minderheitsstellung zustehen, als *„Minderheitsrechte im technischen Sinne"*.

II. Problematik und Gang der Untersuchung

Die Untersuchung widmet sich der Frage, inwieweit im Recht der Publikums-personengesellschaften[8] Minderheitenrechte bestehen, sich ihre Reichweite erstreckt und ihre Schutzintensität währt. Nach hier dargelegtem Verständnis[9] sind unter Minderheitenrechten jegliche auf Schutz vor einer Mehrheitsherrschaft gerichtete Rechte zu verstehen, die einer Gesellschafterminderheit ob ihrer Eigenschaft als kollektive Minorität respektive jedem individuellen Gesellschafter infolge seiner Gesellschafterstellung zukommt.

Gerade in den üblicherweise von Gesellschaftsinitiatoren dominierten Publi-kumspersonengesellschaften sind Minderheitenrechte von besonderer Bedeutung. Denn die vom Gesetzgeber bereitgestellte Vertragsgestaltungsfreiheit wird häufig auch dazu bemüht, die Einflussmöglichkeiten von (Minderheits-)Gesellschaftern auf ein Minimum herabzusetzen. Ein notwendiger Gegenpol lässt sich mit Minderhei-tenrechten konstruieren. Sie sind in der Lage, dem einzelnen Anleger vielfältige Instrumente gesellschaftlicher Mitverwaltungsrechte an die Hand zu geben und damit einer unbeschränkten Mehrheitsmacht Einhalt zu gebieten. Zu nennen sind beispielhaft Rechte auf Mitteilung bestimmter Informationen, Einberufung einer Gesellschafterversammlung sowie Absetzung des Leitungsgremiums.

Erfahrungsgemäß sind Minderheitenrechte meist nicht ausdrücklich satzungs-mäßig bestimmt. Denn Gesellschaftsverträge von Publikumspersonengesellschaften sind typischerweise auf die Interessen der Initiatoren und weniger auf die Interessen der – regelmäßig erst nachträglich hinzutretenden – Anleger zugeschnitten. Im Wege einer Vertragsauslegung, auch unter Rückgriff auf gesellschafts- und kapital-marktrechtliche Normen, dennoch Minderheitenrechte zu entwickeln, erscheint folglich notwendig, zugleich aber nicht unproblematisch. Schließlich sind die nor-mativ angelegten Vorgaben des Personengesellschaftsrechts auf gesetzestypische Personengesellschaften ausgerichtet, d. h. auf einen kleinen Kreis unternehmerisch interessierter und tendenziell gleichrangiger Gesellschafter. Von der insoweit ge-setzlich bereitgestellten konsensualen[10] Ausrichtung gesellschaftsrechtlicher Ent-scheidungsfindung kann zwar gesellschaftsvertraglich abgesehen werden, indem hiervon abweichend etwa Mehrheitsentscheidungen satzungsmäßig zugelassen werden. Minderheitenrechte für überstimmte Minderheitsgesellschafter sind nor-mativ jedoch nicht vorgesehen.[11] Soweit das gesetzliche Personengesellschaftsrecht

---

[8] Ausführlich zum Begriff der Publikumspersonengesellschaften siehe Erstes Kapitel B. II. 1. sowie zu deren unterschiedlichen Erscheinungsformen siehe Erstes Kapitel B. III.

[9] Vgl. soeben Erstes Kapitel A. I.

[10] Vgl. dazu *Picot*, BB 1993, 13 f.; in Anbetracht des klaren Wortlauts der §§ 709 Abs. 2 BGB, 119 Abs. 2 HGB sowie einer anderenfalls drohenden Funktionsunfähigkeit ist in Pu-blikumspersonengesellschaften einem am Minderheitenrechtsschutz motivierten Festhalten an dem Einstimmigkeitsprinzip eine klare Absage zu erteilen; vgl. ausführlich Drittes Kapitel C. IV. 2. c) aa).

[11] Vgl. nur *Picot*, BB 1993, 13, 14.

damit nicht in der Lage sein sollte, hinreichenden Minderheitenrechtschutz zu gewähren, könnte Maßstab am Gesetzesrecht der Kapitalgesellschaften genommen werden. Diesem liegt im Gegensatz zum Gesetzesrecht der Personengesellschaften nämlich die Vorstellung einer stattlicheren Anzahl kapitalistisch beteiligter Anleger zugrunde, jedoch im Rahmen einer körperschaftlichen Organisationsverfassung. Ausgehend von einer etwaigen Wesensverwandtschaft[12] von Kapital- und Publikumspersonengesellschaften steht die Heranziehung kapitalgesellschaftsrechtlicher Vorgaben im Fokus der Untersuchung. Dabei soll eine überzeugende Lösung erarbeitet werden, mit welcher sowohl auf gesetzgeberischer als auch auf vertragsgestalterischer Seite bestehende Rechtskonzepte erörtert, kritisch gewürdigt und fortentwickelt werden.

Die Untersuchung vorstehend aufgeworfener Rechtsfragen gliedert sich in fünf Phasen:

In einem ersten Kapitel werden verschiedene Erscheinungsformen des Untersuchungsobjekts – Publikumspersonengesellschaft – dargestellt. Es werden Publikumspersonengesellschaften unterschiedlicher rechtlicher Prägung aufgezeigt. Schwerpunktmäßig werden dabei diejenigen Erscheinungsformen behandelt, die auch in der Rechtspraxis besonders bedeutsam sind. Im zweiten Kapitel wird zuvorderst auf den Grundsatz der Privatautonomie im Recht der (Publikums-)Personengesellschaften eingegangen, dessen heterogene Begrenzungen sodann herausgearbeitet werden. Dieser erschlossene abstrakte Maßstab soll nachfolgend in einem dritten Kapitel brauchbar gemacht werden, um Lösungsansätze zu praktisch relevanten Minderheitenrechten in Publikumspersonengesellschaften kritisch zu diskutieren sowie eigene konkrete Lösungsvorschläge herzuleiten. Als Gradmesser dieser Untersuchungen soll abermals deren jeweilige praktische Relevanz Berücksichtigung finden. Erkenntnisleitend wird in einem vierten Kapitel ein rechtsvergleichender Blick auf minderheitenrechtliche Ansätze in Gesellschaftsformen schweizerischen sowie US-amerikanischen Rechts geworfen, die ihrem Wesen nach ähnlich sind zu Publikumspersonengesellschaften deutschen Rechts. Die hieraus gewonnenen Erkenntnisse sollen sodann für die hiesige Rechtsordnung brauchbar gemacht werden. Auf Grundlage dieser Ergebnisse werden im fünften Kapitel der Untersuchung Lösungskonzepte zur Begründung von Minderheitenrechten in der Publikumspersonengesellschaft vorgestellt. Dabei werden Ansätze erörtert, um Minderheitenrechte in der Publikumspersonengesellschaft im Dienste der Rechtsfortbildung zu optimieren.

---

[12] Hierzu ausführlich Erstes Kapitel B. II.

B. Die Publikumspersonengesellschaft als Phänomen der Rechtswirklichkeit

Das Recht der Publikumspersonengesellschaft ist das Recht der Verträge. Bei kaum einem anderen gesellschaftsrechtlichen Typus stehen Parteiwille und -vereinbarungen derart im Fokus gegenseitiger Rechte und Pflichten.

I. Kennzeichen der idealtypischen Personengesellschaft

Die Phänomenologie der Gesellschaftsformen ist so mannigfaltig wie die ihnen jeweils zugrundeliegenden Bedürfnisse.[13] Besondere Herausforderungen ruft insoweit gerade die Schaffung solcher Gesellschaftsformen hervor, die wohlgemerkt dem einzelnen Gesellschafterwillen hinreichend Geltung zu verleihen in der Lage sind, gleichermaßen aber auch die Handlungsfähigkeit der jeweiligen Gesellschaft im Auge behalten. Bereits der historische Gesetzgeber hat sich an einer Antwort auf dieses Spannungsverhältnis individuellen und kollektiven Interessenausgleichs versucht. Rechtsdogmatisch nahm er hierzu mit der erstmaligen Normierung kapitalgesellschaftsrechtlicher Vorgaben in einem einheitlichen Aktiengesetz[14] Anlauf.[15] Die seitdem bestehende kapitalgesellschaftsrechtliche Rechtsform der Aktiengesellschaft zeichnet sich maßgeblich durch ihre strukturelle Eigenständigkeit aus, unterscheidet sich dadurch jedoch grundlegend von personengesellschaftsrechtlichen Erscheinungstypen.[16]

Im Recht der Personengesellschaften stehen demgegenüber die Gesellschafter im Mittelpunkt gesetzlicher Vorschriften.[17] Personengesellschaftsrechtliche Vorgaben bieten potentiellen Gesellschaftern dabei einen Fundus an unterschiedlichen Gesellschaftsformen. Mögen diese zwar partiell unterschiedlich konzipiert sein, wird der Rechtsanwender bei genauer Untersuchung doch wesensbildende Gemeinsamkeiten erkennen. Diese wiederum bilden in ihrer Gesamtheit gerade das Wesensmerkmal dessen, was in der Rechtswissenschaft einhellig bezeichnet wird als „Personengesellschaftsrecht":

---

[13] Eine Übersicht zur gesellschaftsrechtlichen Typenordnung findet sich bei *K. Schmidt*, GesR, 4. Aufl., S. 95 ff.

[14] Vgl. dazu den *Entwurf eines Gesetzes über die Aktiengesellschaften und Kommanditgesellschaften auf Aktien* von 1930 sowie das Aktiengesetz in seiner ursprünglichen Fassung vom 30. Januar 1937, RGBl. I. [1937] S. 107 sowie in seiner Neufassung vom 6. September 1965, BGBl. I S. 1089.

[15] Ausführlich zu Entstehung und Entwicklung aktienrechtlicher Vorschriften *Bayer*, in: Bayer/Habersack, Aktienrecht im Wandel, Band II, 17. Kap. Rn. 6 ff.

[16] Siehe hierzu schon das Handelsgesetzbuch in seiner ursprünglichen Fassung vom 10. Mai 1897, RGBl. S. 219.

[17] Grundlegend *Habermeier*, in: Staudinger, Eckpfeiler des Zivilrechts, 5. Aufl., R. Rn. 12.

Im Kern werden gesetzestypische Gemeinsamkeiten im Recht der Personengesellschaften schon anhand der einschlägigen Gesetzessystematik offenbar. So bringt
der Gesetzgeber etwa in den §§ 161 Abs. 2, 105 Abs. 3 HGB klar zum Ausdruck,
dass er handelsgesellschaftsrechtliche Formtypen, namentlich offene Handels- und
Kommanditgesellschaften, als Überbau zum rechtsdogmatischen Grundkonzept der
Gesellschaft bürgerlichen Rechts nach den §§ 705 ff. BGB versteht. Wenngleich er in
weiser Voraussicht die Personenhandelsgesellschaften, wie schon die Begrifflichkeit
selbst nahelegt, mit Regelungen zu besonderen Anforderungen des Handelsverkehrs
ausgestattet hat. Auch die stille Gesellschaft nach den §§ 230 ff. HGB versteht sich
als Sonderform der Gesellschaft bürgerlichen Rechts, auch wenn sie keine Handelsgesellschaft darstellt.[18] Diese typenspezifisch, vielfach ungleichartigen Ausprägungen personengesellschaftsrechtlichen Ursprungs, bilden aber gerade nur die
heterogenen Steine auf dem homogenen Fundament der gesetzestypischen Personengesellschaften.

Auffällig ist im Personengesellschaftsrecht in erster Linie die Verankerung ein-
stimmiger Entscheidungsfindung, welche der Gesetzgeber als Grundsatz für Personengesellschaften vorgesehen hat.[19] Er traf diese Entscheidung bewusst mit der
Intention, Personengesellschaften seien probate Organisationsformen für eine jeweils überschaubare Anzahl von Gesellschaftern[20], womit eine einheitliche Ent-
scheidungsbildung schon um des gesellschaftsinternen Friedens willen oberste
Priorität genießen sollte.[21] Sollten die Gesellschafter satzungsmäßig das Quorum der
Mehrheitsentscheidung vorsehen, bestimmt sich die Stimmverteilung mangels anderslautender Vereinbarung nach der Anzahl der Gesellschafter, also gerade nicht
nach dem Verhältnis der Kapitalbeteiligungen der Gesellschafter.[22]

Geradezu identitätsstiftend für Personengesellschaften ist neben dem Grundsatz
der Selbstorganschaft zudem die persönliche Haftung der Gesellschafter, zu welcher
etwa § 171 Abs. 1 Hs. 2 HGB eine Ausnahme für Kommanditisten zeitigt, soweit sie
ihre Einlage geleistet haben. Daneben unterscheiden sich zumindest rechtsfähige
Personengesellschaften von Kapitalgesellschaften vor allem dadurch, dass ihr Gesellschaftsvermögen einer gesamthänderischen Bindung unterliegt.[23] Über dieses

---

[18] *Mock*, in: R/GvW/H, HGB, 5. Aufl., § 230 Rn. 4 ff.

[19] Schon die amtliche Überschrift von § 705 BGB lautet, regelrecht im Einklang mit dem
materiell-rechtlichen Inhalt dessen Abs. 1, auf „Gemeinschaftliche Geschäftsführung". Entsprechende gesetzgeberische Grundsatzentscheidungen finden sich für die oHG in § 114 Abs. 1
HGB; vgl. überdies BGH v. 24. 11. 1975 – II ZR 89/74 = NJW 1976, 958, 959; *Picot*, BB 1993,
13 f.

[20] Siehe dazu auch *Kraft*, in: FS Fischer, 321, 323.

[21] Vgl. Motive II, S. 330 ff.; vgl. auch *Windbichler*, GesR, 24. Aufl., § 19 Rn. 1.

[22] Dies ergibt sich schon aus dem Wortlaut der §§ 709 Abs. 2 BGB, 119 Abs. 2 HGB.

[23] Grundlegend zur Gesamthand, vgl. *Hadding/Kießling*, in: Soergel, BGB, 13. Aufl., Vor
§ 705 Rn. 20 ff.; zu gesamthänderisch gebundenem Vermögen, vgl. *Mock*, GesR, 2. Aufl.,
Rn. 190 ff. (betreffend die GbR), Rn. 322 (betreffend die oHG), Rn. 420 (betreffend die KG);
ein im Vordringen befindlicher Ansatz erachtet darüber hinaus die Bildung eines Gesamt-
handvermögens in der Innengesellschaft als denkbar, vgl. etwa *Mock*, GesR, 2. Aufl., Rn. 126,

Gesellschaftsvermögen „zur gesamten Hand" können die Gesellschafter mithin nur gemeinschaftlich verfügen.

II. Die Publikumspersonengesellschaft als kapitalistische Personengesellschaft

Als Variante gesetzesatypischer Personengesellschaften erfreut sich die Publikumspersonengesellschaft großer Beliebtheit.

1. Begriffsmerkmale

Eine Legaldefinition des Begriffs der Publikumspersonengesellschaft, vereinzelt auch Massengesellschaft[24] oder Abschreibungsgesellschaft[25] genannt, existiert nicht.[26] Dies soll aber nicht verwundern, ist die Publikumspersonengesellschaft konzeptionell doch nicht normativen Ursprungs. Gleichwohl bedarf es zumindest einer begrifflichen Näherung, um einen Anknüpfungspunkt für das für die Publikumspersonengesellschaft geltende Sonderrecht zu ermitteln. Ein solcher Definitionsversuch muss in der Lage sein, in abstrakter Weise jene Konstellationen zu erfassen, in denen sich für den einzelnen Anleger ein für Publikumspersonengesellschaften typisches Schutzbedürfnis vor majoritärer Entscheidungsmacht ergibt.

Allen voran *Siegmann*[27] fasst höchstrichterliche[28] definitorische Ansätze zur Publikumspersonengesellschaft zusammen als *„Personengesellschaften, die auf den öffentlichen Vertrieb und den Beitritt einer unbestimmten Vielzahl von untereinander unbekannten und unverbundenen Anlagegesellschaftern*[29] *aufgrund eines von den Initiatoren vorformulierten*[30] *Gesellschaftsvertrages ausgerichtet sind."* Bereits der Terminus „Publikum", abgeleitet von dem lateinischen Begriff *publicus*[31] für „öffentlich", legt nahe, dass sich Publikumspersonengesellschaften von herkömmlichen

---

195; *Schücking*, in: MüHdBGesR, Bd. 1, 4. Aufl., § 3 Rn. 53a ff.; *Schäfer*, in: MüKo, BGB, Bd. 7, 8. Aufl., § 705 Rn. 288.

[24] Vgl. *Schäfer*, in: MüKo, BGB, Bd. 7, 8. Aufl., Vor § 705 Rn. 4.

[25] Vgl. *Mock*, in: R/GvW/H, HGB, 5. Aufl., § 161 Rn. 18.

[26] Siehe auch *Großfeld*, Zivilrecht als Gestaltungsaufgabe, S. 49, der nicht unzutreffend gar von „*verkappte[n] Aktiengesellschaften*" spricht; zustimmend *Hopt*, ZGR 1979, 1, 23.

[27] *Siegmann*, in: MüHdBGesR, Bd. 7, 5. Aufl., § 78 Rn. 4.

[28] Vgl. dazu etwa BGH v. 21.03.1988 – II ZR 135/87 = BGHZ 104, 50 = NJW-RR 1988, 1903; BGH v. 09.11.1987 – II ZR 100/87 = BGHZ 102, 172 = NJW 1988, 969; BGH v. 14.04. 1975 – II ZR 147/73 = BGHZ 64, 238 = NJW 1975, 1318.

[29] *Coester-Waltjen*, AcP 190 (1990), 1, 8 mit dem zutreffenden verallgemeinerungsfähigen Hinweis, Anlagegesellschafter in Publikumspersonengesellschaften hätten grundsätzlich Interesse an einer finanziellen, nicht jedoch unternehmerischen Beteiligung.

[30] Dazu auch *Horbach*, in: MüHdBGesR Bd. 2, 4. Aufl., § 61 Rn. 2.

[31] Siehe PONS Wörterbuch Latein unter entsprechendem Stichwort.

Personengesellschaften maßgeblich durch ihre öffentliche Zugänglichkeit unterscheiden. Diese hat regelrecht zur Folge, dass sich an Publikumspersonengesellschaften vor allem Privatpersonen als Kleinanleger beteiligen.[32] Typischerweise erweist sich dabei jeder Anleger aufgrund seiner vergleichsweise geringen (kapitalistischen[33]) Beteiligung als Minderheitsgesellschafter. Zur Beantwortung der Frage, wann eine Publikumspersonengesellschaft vorliegt, bietet sich als praxistaugliches Indiz in Form einer quantifizierbaren Größe die Zahl der an der Gesellschaft beteiligten Gesellschafter an. So erachtete der Bundesgerichtshof etwa eine Kapitalbeteiligungs-KG mit 50 Kommanditisten als Publikumspersonengesellschaft. Demgegenüber sah er in einer insgesamt 133 Gesellschafter umfassenden Familiengesellschaft in der Rechtsform einer KG noch keine Publikumspersonengesellschaft.[34] Ausgehend hiervon, leitet *Casper* als grobe Faustformel eine Untergrenze von 30 bis 50 Gesellschaftern ab, verweist in diesem Zusammenhang aber explizit auf die Erforderlichkeit eines entsprechenden Schutzbedürfnisses der Gesellschafter in der Gesamtschau.[35]

Zu beachten gilt indes, dass eine Gesellschaft mit einer niedrigeren Gesellschafteranzahl[36] als den vorstehenden Größen ebenfalls eine Publikumspersonengesellschaft darstellen kann, sofern sie gleichermaßen auf den Beitritt einer (unbestimmten) Vielzahl an Gesellschaftern gerichtet ist[37] und kumulativ derartige Beitrittsbestrebungen zumindest auch ernsthaft betreibt. Letztere Voraussetzung erscheint gerade vor dem Hintergrund begründet, dass sich die Gesellschafter ansonsten durch eine Vertragsklausel rein formaler Natur, der zufolge der Beitritt einer unbestimmten Vielzahl weiterer Gesellschafter erstrebt werde, willkürlich dem Sonderrecht der Publikumspersonengesellschaften unterwerfen könnten.

Soweit verlangt wird, die Gesellschafter dürften sich untereinander nicht kennen[38], erscheint dies vielmehr als logische Folge der Eigenart von Publikumspersonengesellschaften, denn als eindeutiges Kennzeichen zur Abgrenzung. Auch die Annahme, eine Publikumspersonengesellschaft sei dadurch gekennzeichnet, dass deren Gesellschafter ganz überwiegend nicht auch schon Gründungsgesellschafter

---

[32] Vgl. auch *Horbach*, in: MüHdBGesR, Bd. 2, 4. Aufl., § 69 Rn. 1, wonach in den 1970er Jahren hauptsächlich freiberuflich Tätige als Beitrittsinteressenten in Frage kamen.

[33] Hierzu *Kellermann*, in: FS Stimpel 1985, 295, 296.

[34] BGH v. 15.11.1982 – II ZR 62/82 = NJW 1983, 1056.

[35] *Casper*, in: Staub, HGB, Bd. 4, 5. Aufl., § 161 Rn. 123.

[36] Beachte in diesem Zusammenhang BGH v. 09.11.1987 – II ZR 100/87 = NJW 1988, 969, 971, wonach es auf die tatsächlich erreichte Gesellschafterzahl nicht ankommt.

[37] Eine dahinlautende explizite gesellschaftsvertragliche Vereinbarung ist demgegenüber nicht erforderlich. Vielmehr genügt es, wenn sich aus der Satzung ergibt, dass die Publikumspersonengesellschaft auf eine (unbestimmte) Vielzahl von Anlegern ausgerichtet ist, vgl. dazu das Vertragsformular bei *Lichtenschwimmer*, in: Fuhrmann/Wälzholz, Formularbuch Gesellschaftsrecht, 3. Aufl., Muster M 30.4 § 4 f.

[38] Vgl. hierzu *Casper*, in: Staub, HGB, Bd. 4, 5. Aufl., § 161 Rn. 122.

seien, sondern der Gesellschaft erst später beitreten[39], leistet ihren Beitrag zur Ergebnisfindung.

Neben den vorgenannten organisatorischen Herangehensweisen sind auch solche funktioneller Art denkbar. Abgestellt werden könnte insoweit darauf, ob die Gesellschaft öffentlichkeitswirksam um Massenbeteiligungen wirbt.[40] Regelmäßig wird man hierin allerdings ohnehin schon einen Gleichlauf feststellen müssen zum (organisatorischen) Merkmal der Ausrichtung auf die Beteiligung einer unbestimmten Vielzahl von Anlegern.

Gleichwohl sind die verschiedenen Indikatoren[41] in ihrer Gesamtschau dazu in der Lage, Konstellationen zu erfassen, in denen (potentiellen) Anlegern eine besondere Schutzbedürftigkeit nicht abgesprochen werden kann. Trennscharfe Abgrenzungskriterien lassen sich zwar aufgrund des Reichtums denkbarer gesellschaftsrechtlicher Gestaltungsvarianten nicht abschließend ziehen. Unter praktischen Gesichtspunkten erweisen sich die vielfältigen Ansätze jedoch gerade als taugliche Instrumente zur Konkretisierung der von *Siegmann* resümierten allgemeingültigen Begriffsnäherung.

2. Grundlegende organisationsrechtliche Wesensmerkmale

Eine Publikumspersonengesellschaft wird typischerweise von wenigen Initiatoren ins Leben gerufen. Als Gründungsgesellschafter können diese entweder als natürliche Personen oder – wie vielfach üblich – organisiert in einer GmbH der Publikumspersonengesellschaft beitreten. An einer Publikums-KG[42] sind in aller Regel vermittels einer Komplementär-GmbH ausschließlich die Gründer beteiligt[43], welche bis zum Beitritt des ersten Kommanditisten als oHG & Co. firmiert.[44] Im Speziellen bei treuhänderischen Beteiligungsstrukturen erfolgt unmittelbar eine Gesellschaftsgründung in der Rechtsform der GmbH & Co. KG[45] mit dem Treuhänder als Kommanditisten.[46]

Die sich aus einer Komplementärstellung ergebende Geschäftsführungsbefugnis[47] wird den Initiatoren aber nicht nur bei der Publikums-KG zuteil. Bei der Pu-

---

[39] *Casper*, in: Staub, HGB, Bd. 4, 5. Aufl., § 161 Rn. 122.

[40] Vgl. *Casper*, in: Staub, HGB, Bd. 4, 5. Aufl., § 161 Rn. 122; *Schürnbrand*, ZGR 2014, 256, 257.

[41] Zu weiteren Indizien betreffend das Vorliegen einer (stillen) Publikumspersonengesellschaft, vgl. *Kauffeld*, in: Blaurock, HdB Stille Gesellschaft, 9. Aufl., Rn. 19.1 ff.

[42] Dazu ausführlich Erstes Kapitel B. III. 3.

[43] Dazu *K. Schmidt*, GesR, 4. Aufl., S. 1667 ff.

[44] *Casper*, in: Staub, HGB, Bd. 4, 5. Aufl., § 161 Rn. 130.

[45] Aus steuerlichen wie haftungsrechtlichen Gründen ist die GmbH & Co. KG im Rechtsverkehr am häufigsten zu beobachten, vgl. *Siegmann*, in: MüHdBGesR, Bd. 7, 5. Aufl., § 78 Rn. 2.

[46] *Casper*, in: Staub, HGB, Bd. 4, 5. Aufl., § 161 Rn. 130.

[47] Dazu *Mock*, in: R/GvW/H, HGB, 5. Aufl., § 164 Rn. 52 ff.

blikums-GbR hat der Bundesgerichtshof als vereinbar mit dem Grundsatz der Selbstorganschaft angesehen, dass die Publikumspersonengesellschafter durch Gesellschaftsvertrag auf die Ausübung von Geschäftsführungsbefugnissen sogar zugunsten Dritter verzichten.[48] Zugunsten anderer Publikumspersonengesellschafter scheint ein Verzicht damit erst recht möglich.

Die körperschaftliche Prägung der Publikumspersonengesellschaft lässt sich vor allem an deren struktureller Vergleichbarkeit zur Aktiengesellschaft festmachen. Neben der organisatorischen Eigenständigkeit ist dabei insbesondere die Schaffung von Beiräten oder Ausschüssen kennzeichnend für die körperschaftliche Struktur einer Publikumspersonengesellschaft.[49]

3. Rechtliche Anerkennung

Schon der grundsätzlichen rechtlichen Zulässigkeit von Publikumspersonengesellschaften ist vereinzelt[50] entgegengehalten worden, derartige Massengesellschaften würden sich des idealgesetzlichen Leitbilds eines personalistisch geprägten Verbandes[51] begeben.[52] Vor allem aber auch in Ansehung einer der Gesellschaftsform der Publikumspersonengesellschaft zuteil gewordenen Anerkennung durch den für sie zuständigen II. Zivilsenat des Bundesgerichtshofs[53] sowie jüngst den Gesetzgeber[54] sind diese Stimmen zunehmend verstummt.

Rechtsdogmatisch versteht sich die Möglichkeit, Personengesellschaften in Form der Publikumspersonengesellschaft solch eine kapitalistische Prägung zu verschaffen, als Ausfluss der Vertragsfreiheit. Diese genießt gar verfassungsrechtlichen Rückhalt[55], wenngleich ihr stellenweise ein Spannungsverhältnis zum *numerus*

---

[48] BGH v. 16.11.1981 – II ZR 213/80 = NJW 1982, 877; BGH v. 22.03.1982 – II ZR 213/80 = NJW 1982, 2495; hierauf eingehend *Schäfer*, in: MüKo, BGB, 8. Aufl., § 709 Rn. 6; *Servatius*, in: Henssler/Strohn, GesR, 4. Aufl., § 709 BGB Rn. 14; *Westermann*, in: Erman, BGB, 16. Aufl., § 709 Rn. 4.

[49] *Mock*, in: R/GvW/H, HGB, 5. Aufl., § 164 Rn. 56.

[50] Allgemein zu Verbandsbegriff und -organisation siehe *K. Schmidt*, GesR, 4. Aufl., S. 167 ff.

[51] Hierzu ausführlich *K. Schmidt*, GesR, 4. Aufl., S. 57 ff.

[52] Hierauf eingehend *Horbach*, in: MüHdBGesR, Bd. 2, 4. Aufl., § 61 Rn. 10 m.w.N.

[53] Vgl. etwa BGH v. 01.03.2011 – II ZR 16/10 = NZG 2011, 551; BGH v. 21.03.1988 – II ZR 135/87 = BGHZ 104, 50 = NJW-RR 1988, 1903; BGH v. 09.11.1987 – II ZR 100/87 = BGHZ 102, 172; BGH v. 14.04.1975 – II ZR 147/73 = BGHZ 64, 238 = NJW 1975, 1318; BGH v. 14.12.1972 – II ZR 82/70 = NJW 1973, 1604; vgl. i.Ü. auch *Mutter/Angsten*, in: MüAnwHdbB, PersGesR, 3. Aufl., § 1 Rn. 151.

[54] Vgl. dazu etwa die Vorgaben der §§ 124 Abs. 1 S. 1, 149 Abs. 1 S. 1 KAGB, wonach jedwede Form der Investment-KG nur in der „*Rechtsform der Kommanditgesellschaft betrieben werden*" darf; ausführlich Erstes Kapitel B. III. 3. b).

[55] Statt aller *Di Fabio*, in: Maunz/Dürig, GG, 86. EL., Art. 2 Rn. 101 ff.

clausus des Gesellschaftsrechts zu attestieren ist.[56] Dieses Spannungsverhältnis ist wiederum abhängig von der jeweils in Rede stehenden Form der Publikumspersonengesellschaft und der damit verbundenen unterschiedlichen Interessenverteilung in qualitativer (also nach abstrakter wie konkreter Gewichtung des jeweiligen Interesses) und quantitativer (nach Anzahl der jeweils betroffenen Personen) Hinsicht.

III. Realtypische Erscheinungsformen von Publikumspersonengesellschaften

Den Beteiligten ist es aufgrund der Vertragsfreiheit dem Grunde nach überlassen, welche Form der (gesetzestypischen) Personengesellschaft sie als Basisgesellschaft für die betreffende Publikumspersonengesellschaft einsetzen.

1. Publikums-GbR

Unter dem Begriff der Publikums-GbR begreift man die kapitalistisch geprägte Variante der Gesellschaft bürgerlichen Rechts. Dieser publikumspersonengesellschaftsrechtliche Typus ist insbesondere als Fondsgesellschaft zur Finanzierung von Großprojekten in der Immobilienwirtschaft anzutreffen.[57] Ebenso findet die Publikums-GbR Anwendung bei rein vermögenswaltenden Investitionsfonds.[58] Jedoch verlor sie vor allem mit Novellierung[59] der §§ 1 ff. HGB und der damit einhergehenden Erweiterung des Anwendungsbereichs des HGB an Bedeutung.[60] Eine verminderte Verbreitung der Publikums-GbR in der Rechtspraxis fußt aber auch darauf, dass sich deren Gesellschafter analog §§ 128 ff. HGB jedenfalls einer persönlichen Haftung für Gesellschaftsschulden ausgesetzt sehen.[61]

---

[56] Ausführlich zum ambivalenten Verhältnis von Privatautonomie und gesellschaftsrechtlichem numerus clausus *Reul*, DNotZ 2007, 184 ff.

[57] So etwa bei BGH v. 18.07.2006 – XI ZR 143/05 = WM 2006, 1673; BGH v. 17.10.2006 – XI ZR 19/05 = WM 2007, 62; BGH v. 15.02.2005 – XI ZR 396/03 = WM 2005, 1698; BGH v. 21.01.2002 – II ZR 2/00 = NJW 2002, 1642; OLG Köln v. 12.01.1994–13 U 121/93 = NJW-RR 1994, 491; BGH v. 06.02.2018 – II ZR 1/16 = NZG 2018, 577; vgl. dazu auch *Priester*, DStR 2011, 1278; *Wagner*, in: Handbuch des Kapitalanlagerechts, 4. Aufl., § 19 Rn. 1; *Schücking*, in: MüHdBGesR, Bd. 1, 4. Aufl., § 2 Rn. 24.

[58] Vgl. dazu *Watermeyer/Knobbe*, in: Beck'sches Handbuch der Personengesellschaften, 4. Aufl., § 17 Rn. 9.

[59] Entwurf der Bundesregierung zu einem Gesetz zur Neuregelung des Kaufmanns- und Firmenrechts und zur Änderung anderer handels- und gesellschaftsrechtlicher Vorschriften (Handelsrechtsreformgesetz), BT-Drucks. 340/97; dazu ausführlich *K. Schmidt*, ZIP 1997, 909, 912 ff.

[60] *Horbach*, in: MüHdBGesR, Bd. 2, 4. Aufl., § 61 Rn. 18.

[61] Hierzu ausführlich *K. Schmidt*, GesR, 4. Aufl., S. 1790 ff.; zur Zulässigkeit einer schuldrechtlichen Haftungsbeschränkung gegenüber Gesellschaftsgläubigern beachte aber BGH v. 21.01.2002 – II ZR 2/00 = NJW 2002, 1642; siehe auch *Schäfer*, NZG 2010, 241, 243 ff.

Von nicht zu unterschätzender praktischer Relevanz für das Recht der Publikums-GbR ist § 5b VermAnlG[62], wonach Vermögensanlagen, die eine derartige Nachschusspflicht[63] vorsehen, zum öffentlichen Angebot oder Vertrieb im Inland nicht zugelassen sind. Prämisse der Anwendung des VermAnlG ist, dass die Vermögensanlagen über ein beliebiges Medium im Inland öffentlich, d. h. gegenüber einem unbestimmten Personenkreis, angeboten werden.[64] Der nach § 1 Abs. 1 VermAnlG notwendige Inlandsbezug ist hergestellt, soweit sich dieses Angebot an Anleger mit Sitz in Deutschland richtet.[65] Als Vermögensanlagen im obigen Sinne bestimmt das VermAnlG – zusammengefasst – nicht von WpPG[66], KAGB oder § 1 Abs. 1 S. 2 Nr. 1 KWG[67] erfasste *„Anteile, die eine Beteiligung am Ergebnis eines Unternehmens gewähren"* (§ 1 Abs. 2 Nr. 1 VermAnlG) oder *„Anteile an einem Vermögen, das der Emittent oder ein Dritter in eigenem Namen für fremde Rechnung hält oder verwaltet (Treuhandvermögen)"* (§ 1 Abs. 2 Nr. 2 VermAnlG). Einer solchen Vermögensanlage entspricht auch die Beteiligung an einer Publikums-GbR, erfolgt sie durch unmittelbare oder durch treuhänderische Beteiligung als wirtschaftlicher Gesellschafter.[68] Um einer etwaigen Nachschusspflicht vorzubeugen, bedürfte es einer entsprechenden Haftungsbeschränkung zugunsten der Gesellschafter. Die Vorschrift des § 128 HGB (analog) ist allerdings nicht abdingbar, insoweit eine „BGB-Gesellschaft mbH" nicht konstruierbar.[69] Denn als Vertrag zu Lasten Dritter vermag eine dahinlautende satzungsmäßige Vereinbarung keine Haftungsbeschränkung zum Nachteil der Gesellschaftsgläubiger zu erzeugen. Denkbar bleibt freilich eine individualvertragliche Haftungsbeschränkung zwischen der Gesellschaft und ihren Gläubigern.[70]

---

[62] In der Fassung vom 03.07.2015 (BGBl. I S. 1114).

[63] Eine personengesellschaftsrechtliche Regelung zur Nachschusspflicht bei Verlust statuiert § 735 BGB; ausführlich zum Begriff der Nachschusspflicht, insbesondere zu seiner auch die (Außen-)Haftung der Gesellschafter umfassenden Reichweite *Wilhelmi/Seitz*, WM 2016, 101, 104 ff.

[64] Vgl. dazu auch die Begründung der Bundesregierung zu deren Entwurf eines Gesetzes zur Verbesserung des Anlegerschutzes (Anlegerschutzverbesserungsgesetz – AnSVG), BT-Drucks. 15/3174, S. 42; da sich der Anwendungsbereich des VermAnlG schon nach § 1 Abs. 1 VermAnlG auf Vermögensanlagen beschränkt, die im Inland öffentlich angeboten werden, hätte es dem nochmaligen Rekurs auf *„öffentlich"* angebotene Vermögensanlagen in § 5b VermAnlG nicht bedurft.

[65] *Maas*, in: Assmann/Schlitt/von Kopp-Colomb, 3. Aufl., § 1 VermAnlG Rn. 11 ff.

[66] Wertpapierprospektgesetz, BGBl. I S. 1698.

[67] Kreditwesengesetz, BGBl. I S. 881 (letzte Neufassung vom 10.07.1961).

[68] Ausführlich *Maas*, in: Assmann/Schlitt/von Kopp-Colomb, 3. Aufl., § 1 VermAnlG Rn. 55 ff.; zur stillen Publikumsgesellschaft vgl. *Kauffeld*, in: Blaurock, HdB Stille Gesellschaft, 9. Aufl., Rn. 18.1 ff.

[69] So zumindest die einhellige Ansicht, siehe statt aller *Gummert*, in: MüHdBGesR, Bd. 1, 4. Aufl., § 18 Rn. 96 m.w.N.

[70] BGH v. 27.09.1999 – II ZR 371/98 = ZIP 1999, 1755; *Habermeier*, in: Staudinger, BGB, Neubearb., Vorbem. zu §§ 705–740 Rn. 37 f.

Insoweit lässt sich bereits erahnen, welch gravierende praktische Auswirkungen auf die Relevanz der Publikums-GbR die durch § 5b VermAnlG vollzogene und nicht zu unterschätzende Beschneidung der Privatautonomie noch hervorbringen wird.[71]

Für Neugründungen geschlossener Investmentvermögen[72] ist darüber hinaus § 149 KAGB in den Blick zu nehmen. Nach dessen Abs. 1 S. 1 sind geschlossene Investmentvermögen im Sinne des KAGB, die nicht als Investment-AG mit fixem Kapital nach den §§ 140 ff. KAGB organisiert sind, nur als handelsrechtliche Kommanditgesellschaft unter Zugrundelegung der ergänzenden investmentkommanditgesellschaftlichen[73] Vorschriften der §§ 149 ff. KAGB zu führen.[74] Auch insoweit erlebt die Praxis der Publikums-GbR eine weitgehende Einschränkung.[75] Der Gesetzgeber[76] stützt diese Rechtsformvorgabe auf Erwägungen des Anlegerschutzes, namentlich die Beschränkung der Anlegerhaftung.

2. Publikums-oHG

Als handelsgesellschaftsrechtlicher Aufbau zur GbR, ist auch die oHG mit einer publikumspersonengesellschaftsrechtlichen Prägung vorstellbar. Eine so verstandene Publikums-oHG tritt ebenfalls – wenngleich auch sehr selten[77] – primär bei Immobilienfonds in Erscheinung, unterscheidet sich von der Publikums-GbR nach § 105 Abs. 1 HGB jedoch dadurch, dass ihr Zweck auf den Betrieb eines Handelsgewerbes[78] lautet. Für im Inland öffentlich angebotene oder vertriebene Beteiligungen an einer Publikums-oHG beansprucht die Vorschrift des § 5b VermAnlG[79] – vorbehaltlich der Eröffnung des Anwendungsbereichs[80] nach den §§ 1 ff. VermAnlG – gleichermaßen Geltung. Noch nicht absehbar ist damit auch der langfristige rechtstatsächliche Bedeutungsverlust der Publikums-oHG, der ihr fortan zuteil kommen wird. Auch ist die Publikums-oHG ebenso wie die Publikums-KG von den

---

[71] In diese Richtung *Wilhelmi/Seitz*, WM 2016, 101, 105.

[72] Dazu Erstes Kapitel B. III. 3. b) bb).

[73] Siehe dazu ausführlich Erstes Kapitel B. III. 3. b).

[74] *Könnecke*, in: Baur/Tappen, Investmentgesetze, Bd. 1, 3. Aufl., § 149 KAGB Rn. 4 ff.; hierauf verweisend *Servatius*, in: Henssler/Strohn, GesR, 4. Aufl., HGB Anhang, Rn. 169.

[75] *Könnecke*, in: Baur/Tappen, Investmentgesetze, Bd. 1, 3. Aufl., § 149 KAGB Rn. 4.

[76] Vgl. BT-Drucks. 791/12, S. 451, hierauf hinweisend *Könnecke*, in: Baur/Tappen, Investmentgesetze, Bd. 2, 4. Aufl., § 149 KAGB Rn. 8.

[77] *Casper*, in: Staub, HGB, Bd. 4, 5. Aufl., § 161 Rn. 129; *Grunewald*, GesR, 10. Aufl., § 2 Rn. 13; so aber etwa als GmbH & Co. oHG in BGH v. 19. 10. 2009 – II ZR 240/08 = NJW 2010, 65.

[78] Ausführlich zum Begriff des Handelsgewerbes *Henssler*, in: Henssler/Strohn, Gesellschaftsrecht, 4. Aufl., § 105 Rn. 8 ff.; *Lieder*, in: Oetker, HGB, 6. Aufl., § 105 Rn. 19 ff.

[79] Vgl. dazu obige Ausführungen unter Erstes Kapitel B. III. 1.

[80] Vgl. *Maas*, in: Assmann/Schlitt/von Kopp-Colomb, 3. Aufl., § 1 VermAnlG Rn. 8 ff.

(unabdingbaren) Rechtsformvorgaben des KAGB betroffen, wovon gleichermaßen eine negative Auswirkung auf die Anzahl von Neugründungen ausgehen wird.

3. Publikums-KG

Schon in den 1970er Jahren erfreute sich die Publikums-KG großer Beliebtheit.[81] Auch heute stellt sie noch den am häufigsten anzutreffenden Anwendungsfall der Publikumspersonengesellschaften dar.[82] Die Praxis setzt sie vor allem bei dem Vertrieb von Beteiligungen an Immobilienfonds[83], Filmfonds[84], Flugzeugfonds,[85] Schiffsfonds[86] und New-Energy-Fonds[87] (bei z. B. Wind- und Solarparks) ein.[88] Sie ist sowohl als KG mit persönlich haftendem Gesellschafter, als auch als nicht beteiligungsidentische GmbH & Co. KG denkbar. In der Rechtswirklichkeit wird indes regelmäßig[89] auf letztere zurückgegriffen, ermöglicht diese doch vor allem – zumindest wirtschaftlich betrachtet[90] – bereits eine institutionell-rechtliche Beschränkung der Haftung aller Gesellschafter.

Für Veräußerung und Vertrieb von Komplementärgesellschaftsanteilen finden die Ausführungen zum Verhältnis des § 5b VermAnlG zur Publikums-GbR und -oHG zwar entsprechende Anwendung[91], sie zeitigen bei der Publikums-KG allerdings keine weitreichenden Folgen. Für Kommanditisten kann die Gefahr einer Nachschusspflicht i.S.d. § 5b VermAnlG nämlich grundsätzlich schon dadurch gebannt werden, dass die Anleger der KG erst durch Eintritt der aufschiebenden Bedingung handelsregisterlicher Eintragung Kommanditisten werden und kumulativ die ein-

---

[81] *Horbach*, in: MüHdBGesR, Bd. 2, 4. Aufl., § 61 Rn. 3; *K. Schmidt*, GesR, 4. Aufl., S. 1665.

[82] *Casper*, in: Staub, HGB, Bd. 4, 5. Aufl., § 161 Rn. 129; *Saenger*, GesR, 3. Aufl., Rn. 434.

[83] *Walter*, JuS 2020, 14, 15.

[84] Dazu ausführlich *Levedag*, in: MüHdBGesR, Bd. 2, 4. Aufl., § 71 Rn. 144 ff.

[85] *Horbach*, in: MüHdBGesR Bd. 2, 4. Aufl., § 61 Rn. 2.

[86] So etwa BGH v. 12.03.2013 – II ZR 73/11 = DStR 2013, 1295; OLG Oldenburg v. 23.05. 2001 – 1 U 9/01 = NZG 2002, 931.

[87] *Watermeyer/Knobbe*, in: Beck'sches Handbuch der Personengesellschaften, 4. Aufl., § 17 Rn. 9.

[88] *Roth*, in: Baumbach/Hopt, HGB, 39. Aufl., Anh. § 177a Rn. 52.

[89] *Mock*, in: R/GvW/H, HGB, 5. Aufl., § 161 Rn. 96.

[90] Die Haftung der Kommanditisten ist nach § 172 Abs. 1 HGB grundsätzlich auf deren Einlage beschränkt. Demgegenüber haftet die GmbH als Komplementär schon ausweislich § 161 Abs. 1 HS 2 HGB stets ohne rechtliche Beschränkung. Die Gesellschafter eben dieser GmbH sehen sich haftungsrechtlich allerdings nicht Ansprüchen der Gläubiger der KG ausgesetzt. Insoweit erreichen die Gesellschafter der GmbH durch die Bestellung derselben zum phG der KG eine Haftungsbeschränkung, nämlich begrenzt auf das Haftungsvermögen der GmbH.

[91] *Wilhelmi/Seitz*, WM 2016, 101, 106 f.

getragene Hafteinlage des Kommanditisten dessen festgelegten Anlagebetrag nicht übersteigt.[92]

a) Publikums-KG herkömmlichen Ursprungs

Als herkömmliche[93] (teilweise auch gesetzestypische[94]) Publikums-KGen werden Publikumspersonengesellschaften definiert, deren Basisgesellschaft eine KG bildet, welche demgegenüber aber nicht von den spezialgesetzlichen Rechtsformzwängen der §§ 91, 124 Abs. 1 S. 1, 139, 149 Abs. 1 S. 1 KAGB erfasst wird.[95]

b) Investment-KG

Mit Inkrafttreten des KAGB[96] am 22.07.2013 schuf der Gesetzgeber die Investment-KG. Mit ihr droht dem Stellenwert der herkömmlichen Publikums-KG langfristig ein starker Einschnitt, sieht das KAGB doch Rechtsformzwänge für Gesellschaften vor, die ein Investmentvermögen i.S.d. § 1 KAGB verwalten und nicht von den Ausnahmebestimmungen in § 2 KAGB erfasst sind.[97] Investmentvermögen[98] ist in § 1 Abs. 1 KAGB[99] definiert als *„jeder Organismus*[100] *für ge-*

---

[92] Eingehend *Maas*, in: Assmann/Schlitt/von Kopp-Colomb, 3. Aufl., § 5b VermAnlG Rn. 10.

[93] *Casper*, in: Staub, HGB, Bd. 4, 5. Aufl. § 161 Rn. 126.

[94] So etwa *Horbach*, in: MüHdBGesR Bd. 2, 4. Aufl., § 61 Rn. 10; Gesetzestypizität meint in diesem Zusammenhang nicht etwa personalistisch ausgestaltetes Verhältnis der Gesellschafter untereinander, vielmehr ist damit Bezug genommen auf die ausschließliche gesetzliche Verortung der Gesellschaftsform im Handelsgesetzbuch.

[95] Vgl. dazu *Casper*, in: Staub, HGB, Bd. 4, 5. Aufl., § 161 Rn. 263.

[96] Gesetz zur Umsetzung der RL 2009/65/EG und der RL 2011/61/EU und zur Änderung der RLen 2003/41/EG und 2009/65/EG und der VOen (EG) Nr. 1060/2009 und (EU) Nr. 1095/2010 (ABl. L 174 v. 1.7.2011, S. 1) sowie der Anpassung an die VO (EU) Nr. 345/2013 (ABl. L 115 v. 25.4.2013, S. 1) und VO (EU) Nr. 346/2013 (ABl. L 115 v. 25.4.2013, S. 18), vgl. BGBl. I S. 1981.

[97] Dazu ausführlich *Casper*, in: Staub, HGB, Bd. 4, 5. Aufl., § 161 Rn. 126 m.w.N.; *Wallach*, ZGR 2014, 289, 292 ff.; zur Abgrenzung zu sog. Altfonds vgl. *Casper*, ZHR 179 (2015), 44, 48 f.

[98] Hierzu ausführlich *Jesch*, in: Baur/Tappen, Investmentgesetze, Bd. 1, 4. Aufl., § 1 KAGB Rn. 5 ff.; infolge der denkbar weiten Definition des Begriffs „Investmentvermögen" werden zukünftig die meisten Publikumspersonengesellschaften vom Anwendungsbereich des KAGB erfasst sein, vgl. *Watermeyer/Knobbe*, in: Beck'sches Handbuch der Personengesellschaften, 4. Aufl., § 17 Rn. 21.

[99] Auch infolge des denkbar weiten Anwendungsbereichs von § 1 Abs. 1 KAGB wird vor allem zukünftig eine Vielzahl von Publikumspersonengesellschaften den Regelungen und Rechtsformzwängen des KAGB unterfallen.

[100] Ein Organismus liegt vor, wenn ein rechtlich oder wirtschaftlich verselbständigtes gepooltes Vermögen aufgelegt wird, vgl. *BaFin*, Auslegungsschreiben zum Anwendungsbereich des KAGB und zum Begriff des „Investmentvermögens", Gz.: Q 31-Wp 2137–2013/0006 v. 14.06.2013 Ziffer I. 1, abrufbar unter https://www.bafin.de/SharedDocs/Veroeffentlichungen/

meinsame Anlagen, der von einer Anzahl[101] von Anlegern Kapital einsammelt, um es gemäß einer festgelegten Anlagestrategie zum Nutzen dieser Anleger zu investieren und der kein operativ tätiges Unternehmen außerhalb des Finanzsektors ist".

Die Investment-KG unterteilt sich wiederum in zwei Subformen: die offene Investment-KG (§§ 124–138 KAGB) sowie die geschlossene (Publikums-)Investment-KG (§§ 149–161 KAGB). Ausweislich der §§ 125 Abs. 1, 150 Abs. 2 KAGB muss der Gesellschaftszweck einer (Publikums-)Investment-KG nach Art des KAGB ausschließlich auf die Anlage und Verwaltung ihrer Mittel nach einer festgelegten Anlagestrategie zur gemeinschaftlichen Kapitalanlage lauten.[102]

Beide Varianten der Investment-KG stellen keinen neuen gesellschaftsrechtlichen Typus dar, sondern sind vollwertige KGen i.S.d. § 161 Abs. 1 HGB.[103] Insoweit finden die Vorschriften der §§ 161 ff. HGB grundsätzlich auch auf die Investment-KG Anwendung. Abweichungen nach dem KAGB haben jedoch Vorrang, *„soweit sie aufgrund aufsichtlicher Besonderheiten für die Behandlung als Fondsvehikel erforderlich sind."*[104] Eine solche Vorrangregelung findet sich für die offene Investment-KG in § 124 Abs. 1 S. 2 KAGB, für die geschlossene (Publikums-)Investment-KG in § 149 Abs. 1 S. 2 KAGB. Die Unterscheidung zwischen diesen beiden Gesellschaftsvarianten trifft das KAGB sodann anhand der Typizität des jeweiligen Investmentvermögens[105].

aa) Offene Investment-KG

Als offene Investment-KG dürfen nach § 91 Abs. 1 und 2 KAGB offene (inländische) Investmentvermögen aufgelegt werden, die nicht inländische OGAW[106] sind

---

DE/Auslegungsentscheidung/WA/ae_130614_Anwendungsber_KAGB_begriff_invvermoegen. html;jsessionid=680DD8D3BA8C2293CD11895B697ED2CB.2_cid298?nn=9450992 #doc7851552bodyText2 (Stand: 31.10.2020).

[101] Legaldefinition in § 1 Abs. 1 S. 2 KAGB.

[102] Siehe auch *Wiedemann*, NZG 2013, 1041, 1042.

[103] Vgl. Gesetzesentwurf der Bundesregierung über ein Gesetz zur Umsetzung der Richtlinie 2011/61/EU über die Verwalter alternativer Investmentfonds (AIFM-Umsetzungsgesetz – AIFM-UmsG), BT-Drucks. 17/12294, S. 241; zur möglichen Bestellung externer Verwaltung im Recht der Investment-KG, vgl. ausführlich *Mock/U. Schmidt*, in: MüHdBGesR, Bd. 7, 5. Aufl., § 74 Rn. 2 ff.

[104] Gesetzesentwurf der Bundesregierung über ein Gesetz zur Umsetzung der Richtlinie 2011/61/EU über die Verwalter alternativer Investmentfonds (AIFM-Umsetzungsgesetz – AIFM-UmsG), BT-Drucks. 17/12294, S. 241.

[105] Hierzu ausführlich *Schneider-Deters*, in: Patzner/Döser/Kempf, Investmentrecht, 3. Aufl., § 1 Rn. 3 ff.

[106] *Organismen für gemeinsame Anlagen in Wertpapieren*, Legaldefinition in § 1 Abs. 2 KAGB.

und deren Anteile nach dem Gesellschaftsvertrag ausschließlich von professionellen[107] und semiprofessionellen[108] Anlegern erworben werden dürfen.

Offene Investmentvermögen sind nach § 1 Abs. 4 KAGB *„OGAW und AIF*[109]*, die die Voraussetzungen von Artikel 1 Absatz 2 der Delegierten Verordnung (EU) Nr. 694/2014 der Kommission vom 17. Dezember 2013 zur Ergänzung der Richtlinie 2011/61/EU des Europäischen Parlaments und des Rates im Hinblick auf technische Regulierungsstandards zur Bestimmung der Arten von Verwaltern alternativer Investmentfonds (ABl. L 183 vom 24.6.2014, S. 18) erfüllen."*

Maßgeblich kennzeichnend für die Rechtsnatur der offenen Investmentvermögen und damit auch der offenen Investment-KG ist das jederzeitige Rückgaberecht[110] der Anteilsinhaber respektive die Rückgabemöglichkeit[111] der Anteile vor Beginn der Liquidations- oder Auslaufphase.[112] Deutlich wird dies anhand der in § 125 Abs. 2 S. 2 KAGB getroffenen Mindestvorgaben für den Gesellschaftsvertrag der offenen Investment-KG. Auch normiert § 127 Abs. 1 S. 1 KAGB, dass ausschließlich professionellen und semiprofessionellen Anlegern die Beteiligung an der offenen Investment-KG gestattet ist.

Von der geschlossenen (Publikums-)Investment-KG unterscheidet sich die offene Investment-KG ferner dadurch, dass vorgenannten Anlegern der offenen Investment-KG aus Transparenzgründen[113] die Vereinbarung einer mittelbaren Beteiligung zufolge § 127 Abs. 1 S. 2 KAGB gänzlich verwehrt ist. Untersagt sind demnach treuhänderische Beteiligungsmodelle, wohl aber auch stille Beteiligungen sowie Unterbeteiligungen.[114] Eine weitere Besonderheit der offenen Investment-KG ist ferner die in § 128 Abs. 1 S. 1 KAGB getroffene Regelung, wonach deren Geschäftsführung mindestens aus zwei Personen zu bestehen hat.[115]

Nach § 91 Abs. 2 KAGB dürfen in der Gesellschaftsform einer Investment-KG allerdings keine OGAW geführt werden.[116] Dementsprechend macht der Gesetz-

---

[107] Legaldefinition in § 1 Abs. 19 Nr. 32 KAGB, der auf die Aufzählung in Anhang II von RL 2004/39/EG verweist.

[108] Legaldefinition in § 1 Abs. 19 Nr. 33 KAGB; vgl. dazu ausführlich *Jesch*, in: Baur/Tappen, Investmentgesetze, Bd. 1, 4. Aufl., § 1 KAGB Rn. 184 ff.

[109] *Alternative Investmentfonds* sind alle Investmentvermögen, die keine OGAW sind, siehe § 1 Abs. 3 KAGB; ausführlich *Zetzsche/Preiner*, WM 2013, 2101 ff.

[110] Vgl. hierzu § 1 Abs. 4 Nr. 1, Abs. 2 KAGB i.V.m. Art. 1 Abs. 2 lit. b) RL 2009/65/EG i.V.m. RL 2014/91/EU; dazu auch *Jesch*, in: Baur/Tappen, Bd. 1, 4. Aufl., § 1 KAGB Rn. 31 ff.

[111] Vgl. hierzu § 1 Abs. 4 Nr. 2 KAGB i.V.m. Art. 1 Abs. 2 VO (EU) Nr. 694/2014; siehe auch *Jesch*, in: Baur/Tappen, Bd. 1, 4. Aufl., § 1 KAGB Rn. 41 ff.

[112] Vgl. dazu ferner *Gottschling*, in: Frankfurter Komm., KAGB, § 1 Rn. 119 ff.

[113] Gesetzesentwurf der Bundesregierung über ein Gesetz zur Umsetzung der Richtlinie 2011/61/EU über die Verwalter alternativer Investmentfonds (AIFM-Umsetzungsgesetz – AIFM-UmsG), BT-Drucks. 17/12294, S. 242.

[114] Denselben Rückschluss ziehend *Eichhorn* WM 2016, 110, 115.

[115] Für die GmbH & Co. offene Investment-KG siehe ferner § 128 Abs. 1 S. 2 KAGB.

[116] Hierzu auch *Casper*, in: Staub, HGB, 5. Aufl., § 161 Rn. 261.

geber in seinem Gesetzesentwurf[117] zum AIFM-Umsetzungsgesetz deutlich, dass der Fondsgegenstand einer offenen Investment-KG ausschließlich auf einen Spezial-AIF i.S.d. § 1 Abs. 6 S. 1 KAGB lauten kann.[118] Nach alledem dürfte nicht verwundern, dass die offene Investment-KG nicht ohne weiteres als Publikumspersonengesellschaft zu qualifizieren ist.[119]

bb) Geschlossene Investment-KG

Der Gesetzgeber kennt zwei Formen der geschlossenen Investment-KG. In § 150 Abs. 2 S. 1 KAGB benennt er die geschlossene Publikumsinvestment-KG (Nr. 1) sowie die Spezialinvestment-KG (Nr. 2).

Das für beide Formen der geschlossenen Investment-KG konstitutive geschlossene Investmentvermögen versteht sich ausgehend von § 1 Abs. 5 KAGB i.V.m. § 1 Abs. 3 KAGB sowie *argumentum e contrario* § 1 Abs. 4 KAGB als Investmentvermögen, das kein offenes[120] ist. Nach § 139 KAGB dürfen geschlossene inländische[121] Investmentvermögen mitunter[122] nur aufgelegt werden als geschlossene Investment-KG gemäß den Vorschriften der §§ 149 bis 161 KAGB.

Wesensmerkmal geschlossener (inländischer) Investmentvermögen ist, dass den dort beteiligten Anlegern – im Gegensatz zu offenen Investmentvermögen – kein Recht zur Anteilsrückgabe zusteht.[123] Auch sind in der geschlossenen Investment-KG nach § 153 Abs. 1 S. 1 KAGB ebenfalls mindestens zwei Personen in die Geschäftsführung zu bestellen. In der praktisch besonders wichtigen „Kapitalgesellschaft & Co. geschlossene Investment-KG" ist diese Voraussetzung ausweislich § 153 Abs. 1 S. 2 KAGB erfüllt, wenn die Geschäftsführung der Kapitalgesellschaft ihrerseits von zwei (natürlichen) Personen wahrgenommen wird.

(1) Geschlossene Spezialinvestment-KG, § 150 Abs. 2 S. 1 Nr. 2 KAGB

Die geschlossene Spezialinvestment-KG zeichnet sich durch den von ihr aufgelegten Spezial-AIF aus. Entsprechende Anteile dürfen nach § 1 Abs. 6 S. 1 KAGB

---

[117] Gesetzesentwurf der Bundesregierung über ein Gesetz zur Umsetzung der Richtlinie 2011/61/EU über die Verwalter alternativer Investmentfonds (AIFM-Umsetzungsgesetz – AIFM-UmsG), BT-Drucks. 17/12294, S. 242.

[118] Zustimmend *Casper*, in: Staub, HGB, 5. Aufl., § 161 Rn. 261.

[119] Zustimmend *Casper*, in: Staub, HGB, 5. Aufl., § 161 Rn. 262; *Siegmann*, in: MüHdB-GesR, Bd. 7, 5. Aufl., § 78 Rn. 8; *Wiedemann*, NZG 2013, 1041, 1042; eine vertiefte Auseinandersetzung mit der offenen Investment-KG findet sich etwa bei *Gottschling*, in: Frankfurter Komm., KAGB, § 1 Rn. 194 ff., §§ 124 ff. m.w.N.

[120] Siehe oben Erstes Kapitel B. III. 3. b) aa).

[121] Legaldefinition in § 1 Abs. 7 KAGB.

[122] Daneben kommt als Fondsvehikel nur die Investment-AG mit fixem Kapital gemäß den Vorschriften der §§ 140–148 KAGB in Betracht.

[123] *Zetzsche*, AG 2013, 613.

nur von professionellen (Nr. 1) sowie semiprofessionellen (Nr. 2) Anlegern erworben werden. Eine dahinlautende (deklaratorische) Klausel ist gemäß § 150 Abs. 2 S. 2 KAGB offensichtlich aus Gründen der Anlegerinformation in die Gesellschaftssatzung aufzunehmen. Diese Anleger dürfen sich gemäß § 152 Abs. 1 S. 1 KAGB nur unmittelbar als Kommanditisten beteiligen. Bereits die hiermit an die Qualifikation der Anleger gestellten Anforderungen, als auch die Beschränkung auf unmittelbare Beteiligungen laufen bei der geschlossenen Spezialinvestment-KG einem öffentlichen Anteilsvertrieb gegenüber (einer unbestimmten Vielzahl an) Privatanlegern zuwider. Die ausgearbeiteten Wesensmerkmale[124] einer Publikumspersonengesellschaft erfüllt sie folglich nicht.

(2) Geschlossene Publikumsinvestment-KG, § 150 Abs. 2 S. 1 Nr. 1 KAGB

Die geschlossene Publikumsinvestment-KG erfährt – anders als ihre Schwester, die geschlossene Spezialinvestment-KG – keine Beschränkung auf professionelle und semiprofessionelle Anleger. Wie die schon begriffliche Anlehnung an die (herkömmliche) Publikumspersonengesellschaft nahelegt, eignet sich die geschlossene Publikumsinvestment-KG damit besonders[125] für den öffentlichen Anteilsvertrieb gegenüber Privatanlegern.[126] Ebenso können sich Anleger an der geschlossenen Publikumsinvestment-KG mittelbar über einen Treuhandkommanditisten beteiligen (§ 152 Abs. 1 S. 2 KAGB), womit dem mittelbar beteiligten Anleger im Innenverhältnis der Gesellschaft und der Gesellschafter zueinander nach dem klaren Wortlaut von § 152 Abs. 1 S. 3 KAGB schon kraft Gesetzes[127] die gleiche Rechtsstellung zukommt wie einem Kommanditisten.

Der mit der Anerkennung von Treuhandbeteiligungen vom Gesetzgeber bewusst getroffene Verzicht auf die Transparenzfunktion des Handelsregisters lässt zwar auch stille Beteiligungen und Unterbeteiligungen an der geschlossenen Publikumsinvestment-KG denkbar erscheinen. Dem steht jedoch § 152 Abs. 1 S. 1 und 2 KAGB entgegen, wonach an der geschlossenen Publikumsinvestment-KG nur eine unmittelbare bzw. mittelbare Beteiligung vermittels eines Treuhänders zulässig ist.[128]

Weitere Vorgaben zu geschlossenen inländischen Publikums-AIF formuliert der Gesetzgeber aus Gründen des Anlegerschutzes in den §§ 261 ff. KAGB.[129] Eine

---

[124] Siehe dazu Erstes Kapitel B. II. 2.

[125] Vgl. *Werner*, StBW 2013, 811, 813.

[126] Für die Erweiterung des Regelungsgehalts auf stille und (Unter-)Beteiligungen spricht insbesondere die vom Gesetzgeber angestrebte Transparenz mithilfe handelsregisterlicher Eintragung, vgl. BT-Drucks. 17/12294, S. 242; i.E. zustimmend *Hüwel/Kracke*, in: Baur/Tappen, Investmentgesetze, Bd. 1, 4. Aufl., § 124 KAGB Rn. 12.

[127] Zustimmend *Könnecke*, in: Baur/Tappen, Investmentgesetze, Bd. 1, 4. Aufl., § 152 KAGB Rn. 40.

[128] Zustimmend *Casper*, in: Staub, HGB, Bd. 4, 5. Aufl., § 161 Rn. 273.

[129] Vgl. *Hartrott*, in: Baur/Tappen, Investmentgesetze, Bd. 1, 4. Aufl., § 261 KAGB Rn. 1; zu den demgegenüber für inländische Spezial-AIF geltenden §§ 273 ff. KAGB, vgl. ausführlich *Decker*, in: Frankfurter Komm., KAGB, §§ 273 ff.

abschließende Aufzählung zulässiger Vermögensgegenstände, in die eine AIF-Ka-
pitalverwaltungsgesellschaft[130] für einen geschlossenen inländischen Publikums-
AIF investieren darf, findet sich in § 261 Abs. 1 KAGB.

4. (Mehrgliedrige) stille Publikumspersonengesellschaft

Die gesetzestypische (zweigliedrige) stille Gesellschaft i.S.d. §§ 230 ff. HGB
verkörpert ein Zweipersonenverhältnis zwischen dem Inhaber des Handelsgeschäfts
und dem stillen Gesellschafter. Zulässig kraft Vertragsfreiheit ist indes auch die
Beteiligung mehrerer stiller Gesellschafter an dem Handelsgewerbe eines anderen,
bekannt als sog. mehrgliedrige stille Gesellschaft.[131] Einen Sonderfall der mehrgliedrigen stillen Gesellschaft bildet die stille Publikumspersonengesellschaft[132],
deren praktische Bedeutung allerdings überschaubar ist.

5. Varianten der Beteiligungsstruktur

Im Recht der Publikumspersonengesellschaft können sich Beteiligungsverhält-
nisse vielgestaltig darstellen.[133]

a) Unmittelbare Beteiligung

Im Grundsatz können sich Anleger an Publikumspersonengesellschaften unmittelbar als Gesellschafter beteiligen, an der Publikums-KG in aller Regel als
Kommanditisten. Eine bloße gesellschafterinterne Koordination mithilfe einer
Innen-GbR[134], etwa zur Bündelung der Gesellschafterrechte[135], hat insoweit keinen
unmittelbaren Einfluss auf das jeweilige Rechtsverhältnis zwischen Komplementär
und Kommanditist, soll jedoch Willensbildung und -äußerung der Kommanditisten
kanalisieren. Eine parallele Beteiligung der Kommanditisten an dem Komplementär,
meist in der Rechtsform der GmbH, ist typischerweise nicht vorgesehen.[136]

---

[130] Legaldefinition in § 17 KAGB.

[131] Dazu grundlegend *Mock/Cöster*, in: GmbHR 2018, 67 ff.

[132] *Harbarth*, in: Staub, HGB, Bd. 4, 5. Aufl., § 230 Rn. 109; zur Vereinbarkeit stiller
Beteiligungen mit § 5b VermAnlG vgl. *Maas*, in: Assmann/Schlitt/von Kopp-Colomb, 3. Aufl.,
§ 5b VermAnlG Rn. 11.

[133] Vgl. ausführlich *Horbach*, in: MüHdBGesR Bd. 2, 5. Aufl., § 61 Rn. 21 ff.

[134] Zu dieser Form der gesellschafterinternen Koordination mithilfe einer BGB-Innenge-
sellschaft vgl. *Mock/Cöster*, in: GmbHR 2018, 67, 68.

[135] Vgl. *Horbach*, in: MüHdBGesR, Bd. 2, 4. Aufl., § 61 Rn. 19.

[136] Vgl. *Binz/Sorg*, in: Binz/Sorg, Die GmbH & Co. KG, 12. Aufl., § 13 Rn. 2.

b) Formen treuhänderischer Beteiligung

Neben der (rein) unmittelbaren Beteiligung an der Publikumspersonengesellschaft, ist grundsätzlich auch eine treuhänderische Beteiligungsgestaltung möglich, bei Publikumspersonengesellschaften aufgrund des damit für die Initiatoren geminderten Verwaltungsaufwands[137] mittlerweile nahezu typisch.[138] Zu diesem Zweck schließen Treugeber und Treuhänder einen Geschäftsbesorgungsvertrag[139] nach § 675 BGB, welcher den Vorschriften des Dienstvertragsrechts unterliegt.[140]

aa) Unechte Treuhand

Bei der unechten Treuhand sind die Anleger an der Publikumspersonengesellschaft als unmittelbare Gesellschafter beteiligt. Aus Zweckmäßigkeitserwägungen übertragen sie allerdings die ihnen zustehenden Gesellschafterrechte – soweit rechtlich zulässig[141] – auf einen reinen (Verwaltungs-)Treuhänder.[142] Dies geschieht regelmäßig schon auf Initiative der Gründer der Publikumspersonengesellschaft, welche auf diese Weise sowohl eine vereinfachte Verwaltung, als auch eine Schmälerung der Rechtsstellung der einzelnen Gesellschafter erreichen wollen[143].

bb) Echte Treuhand

Gesellschafter der Publikumspersonengesellschaft ist bei der echten Treuhand nur der Treuhänder.[144] Zu diesem stehen die Treugeber insoweit nur in schuldrechtlicher Beziehung. Sie leisten ihr Anlagevermögen dementsprechend an den Treuhänder, der es sodann in die Publikumspersonengesellschaft einbringt. Der

---

[137] Dazu *Jaletzke*, in: MüHdBGesR, Bd. 2, 4. Aufl., § 63 Rn. 1.

[138] *Siegmann*, in: MüHdBGesR, Bd. 7, 5. Aufl., § 78 Rn. 3; *Wallach*, ZGR 2014, 289, 303 f.

[139] Zu der praktisch vernachlässigbaren, aber möglichen Nichtigkeit des Geschäftsbesorgungsvertrags nach § 134 BGB wegen Erbringung besonderer rechtlicher Prüfung nach Art. 2 Abs. 1 RDG, vgl. *Watermeyer/Knobbe*, in: Beck'sches Handbuch der Personengesellschaften, 4. Aufl., § 17 Rn. 40.

[140] *Götze*, in: MüVertrHdB, Bd. 1, GesR, 8. Aufl., III. 12 Anm. 1; ausführlich zur Vertragspraxis und zum Zustandekommen des Treuhandvertrages *Haas/Mock*, in: R/GvW/H, HGB, 4. Aufl., § 161 Rn. 207 ff.; *Jaletzke*, in: MüHdBGesR, Bd. 2, 4. Aufl., § 63 Rn. 6 ff.

[141] Die Vereinbarkeit mit dem Abspaltungsverbot wird dadurch erreicht, dass dem Treuhänder lediglich die Befugnis zur Ausübung des jeweiligen Gesellschafterrechts überlassen wird, vgl. *Jaletzke*, in: MüHdBGesR, Bd. 2, 4. Aufl., § 63 Rn. 20.

[142] *Henze/Notz*, in: Ebenroth/Boujong/Joost/Strohn, HGB, Bd. 1, 3. Aufl., Anhang B. Rn. 10.

[143] Vgl. dazu *Henze/Notz*, in: Ebenroth/Boujong/Joost/Strohn, HGB, Bd. 1, 3. Aufl., Anhang B. Rn. 10.

[144] Selbstverständlich, wenngleich unüblich, können auch mehrere Treugeber nebeneinander treuhänderisch Anlegervermögen verwalten; ist nur ein Treuhänder an der Gesellschaft beteiligt, wird auch von einer Unterbeteiligung gesprochen, vgl. ausführlich *Mock*, in: R/GvW/H, HGB, 5. Aufl., § 161 Rn. 24 sowie § 230 Rn. 221 ff.

Publikumspersonengesellschaft kommen somit keine Ansprüche auf Einlageleistung gegen die einzelnen Anleger (Treugeber) zu.[145] Ferner fallen die Treugeber im Modell der echten Treuhand als nur mittelbar beteiligte Anleger nicht unter die handelsregisterliche Publizitätspflicht[146]; eine anonyme Gesellschafterstellung ist damit möglich. Auch ist damit die potentielle Haftungsgefahr nach den §§ 171, 172, 176 HGB gebannt.[147]

Verbreitet ist derweil, das gesellschaftliche Innenverhältnis durch Vereinbarungen kommanditgesellschaftlich auszugestalten, wodurch etwa die Treugeber im Innenverhältnis rein schuldrechtlich wie unmittelbare Gesellschafter gestellt werden.[148] Eine so verstandene *qualifizierte echte Treuhand*[149] findet – vorausgesetzt von der Treuhandlösung nach § 152 Abs. 1 S. 2 KAGB wurde Gebrauch gemacht – bei der geschlossenen Publikumsinvestment-KG schon kraft gesetzlicher Anordnung[150] in § 152 Abs. 1 S. 3 KAGB Anwendung. Dennoch empfiehlt *Hoffert*[151] in Ansehung etwaiger Kollisionen, eine dahingehende Anordnung gleichsam vertraglich vorzunehmen. Da dem gesetzgeberischen Gleichstellungsgebot im Sinne des § 152 Abs. 1 S. 3 KAGB mit einer solchen Satzungsregelung entsprochen wäre, wird mit ihr im Regelfall auch die vertragliche Anordnung als einzig maßgebende zu betrachten sein.

6. Gesellschaftsorgane

a) Geschäftsführung

Die Geschäftsführung[152] in Publikumspersonengesellschaften wird üblicherweise von deren Initiatoren übernommen. In der Publikums-GbR und -oHG sind die Anlagegesellschafter ganz regelmäßig kraft Vertrages, in der Publikums-KG schon infolge § 164 S. 1 HGB von der Führung der Geschäfte der Gesellschaft ausgeschlossen.

---

[145] *Haas/Mock*, in: R/GvW/H, HGB, 4. Aufl., § 161 Rn. 219 m.w.N.

[146] Siehe etwa *Kauffeld*, in: Blaurock, HdB Stille Gesellschaft, 9. Aufl., Rn. 18.1.

[147] Siehe auch *Haas/Mock*, in: R/GvW/H, HGB, 4. Aufl., § 161 Rn. 204.

[148] Vgl. *Horbach*, in: MüHdBGesR, Bd. 2, 4. Aufl., § 61 Rn. 21 (betreffend die Publikums-KG); zum Auseinanderfallen von Kommanditistenhaftung und -risiko vgl. *K. Schmidt*, GesR, 4. Aufl., S. 1679 f. m.w.N.; zur obergerichtlichen Anerkennung vgl. schon BGH v. 13.05.1953 – II ZR 157/52 = NJW 1953, 1548.

[149] *Lieder*, in: Oetker, HGB, 6. Aufl., § 105 Rn. 51 m.w.N.

[150] Siehe dazu bereits oben Erstes Kapitel B. III. 3. b) bb) (2).

[151] *Hoffert*, in: Frankfurter Komm., KAGB, § 152 Rn. 31.

[152] Grundlegend zur Geschäftsführungsbefugnis *Grunewald*, GesR, 10. Aufl., § 1 Rn. 38 ff. (GbR); *dies.*, a.a.O., § 2 Rn. 14 ff. (oHG); *dies.*, a.a.O., § 3 Rn. 14 ff. (KG).

b) Kontrollorgane

aa) Herkömmliche Publikumspersonengesellschaften

Ein Blick in die Kautelarpraxis[153] herkömmlicher Publikumspersonengesellschaften veranschaulicht die Verbreitung gesonderter fakultativer[154] Gesellschaftsorgane in Form von Beiräten[155]. Die hierfür vielfach unterschiedlich verwendeten Begrifflichkeiten (häufig auch Aufsichtsrat[156], Kontrollausschuss, Gesellschafterausschuss, Verwaltungsrat)[157] haben keinen Einfluss auf die Rechtsnatur des betreffenden Aufsichtsorgans; maßgeblich ist vielmehr dessen jeweilige gesellschaftsvertragliche Ausgestaltung.[158] Als Kontrollorgan, dessen Mitglieder ganz regelmäßig von den Anlagegesellschaftern gewählt werden, obliegt dem Beirat[159] in Publikumspersonengesellschaften die gebündelte Interessenvertretung der Anlagegesellschafter gegenüber der Geschäftsführung, namentlich die Überwachung letzterer.[160] Die insoweit stattfindende Mediatisierung von Gesellschafterrechten geht zwar einerseits zu Lasten individueller Geltendmachung von Minderheitsrechten, andererseits wird mithilfe eines so gearteten Beirats auch eine institutionelle Überwachung des Leitungsgremiums ermöglicht. In der Publikums-GmbH & Co. KG besteht die Möglichkeit, den Beirat als Organ der GmbH, als solches der KG oder in beiden Formen ins Leben zu rufen.[161] Verbreitet – und aus Gründen der Bündelung von (Minderheits-)Rechten der Publikumspersonengesellschafter empfohlen[162] – ist jedoch, diesen Beirat als Organ der KG einzurichten.[163]

---

[153] Siehe dazu nur BGH v. 07.06.1999 – II ZR 278/98 = NZG 1999, 935 ff.; BGH v. 07.06.2010 – II ZR 210/09 = NZG 2010, 1381 ff.; OLG Düsseldorf v. 23.11.2017 – I-6 U 225/16 = NJW-RR 2018, 361 ff.; *Götze*, in: MüVertrHdB, Bd. 1, GesR, 8. Aufl., III. 11, § 9; *Lang*, in: Hopt, VertrFormB, GesR, II.C.4 §§ 7 ff.

[154] Hierzu *Jaletzke*, in: MüHdBGesR, Bd. 2, 4. Aufl., § 68 Rn. 15 m.w.N.

[155] Zur Haftung der Beiratsmitglieder siehe *Mock*, in: R/GvW/H, HGB, 5. Aufl., § 161 Rn. 49 ff.

[156] Mit guten Gründen kritisch betreffend die Bezeichnung „*Aufsichtsrat*“, vgl. *Plückelmann*, in: MüAnwHdB, PersGesR, 3. Aufl., § 9 Rn. 52.

[157] Vgl. *Plückelmann*, in: MüAnwHdB, PersGesR, 3. Aufl., § 9 Rn. 52.

[158] Vgl. *Jaletzke*, in: MüHdBGesR, Bd. 2, 4. Aufl., § 68 Rn. 12.

[159] Zu Zusammensetzung, Funktionen und Haftungsfragen bei einem solchen Beirat vgl. *Casper*, in: Staub, HGB, Bd. 4, 5. Aufl., § 161 Rn. 210 ff. m.w.N.; zu Pflichten und Verantwortlichkeit der Beiratsmitglieder siehe ferner *Hüffer*, ZGR 1980, 320 ff.

[160] Dazu *Jaletzke*, in: MüHdBGesR, Bd. 2, 4. Aufl., § 68 Rn. 16; differenzierend *Haas/Mock*, in: R/GvW/H, HGB, 4. Aufl., § 161 Rn. 155.

[161] *Plückelmann*, in: MüAnwHdB, PersGesR, 3. Aufl., § 9 Rn. 53.

[162] So ausdrücklich *Plückelmann*, in: MüAnwHdB, PersGesR, 3. Aufl., § 9 Rn. 53 auch unter Hinweis auf steuerliche Vorteile bei der Ausschüttung von Vergütungen zugunsten von Beiratsmitgliedern.

[163] Siehe dazu nur *Lang*, in: Hopt, VertrFormB, GesR, II.C.4 § 8; *Lichtenschwimmer*, in: Fuhrmann/Wälzholz, Formularbuch Gesellschaftsrecht, 3. Aufl., Muster M 30.4 § 8.

bb) Besonderheiten in der geschlossenen Publikumsinvestment-KG

Zusätzlich zur Satzung der geschlossenen Publikumsinvestment-KG sind Anlagebedingungen[164] nach § 151 S. 1 KAGB zu erstellen. Diese sind zwar ausweislich § 151 S. 2 KAGB nicht Bestandteil des Gesellschaftsvertrags. Dort ist allerdings gemäß § 151 S. 3 KAGB auf die Anlagebedingungen zu verweisen, und sind diese dem Anleger ebenfalls zur Verfügung zu stellen.

In der intern[165] verwalteten geschlossenen Publikumsinvestment-KG nach § 153 Abs. 3 S. 1 KAGB ist zwingend ein Beirat zu bilden, der die Geschäftsführung bei der Umsetzung der Anlagebedingungen überwacht. Zur Gewährleistung ausreichenden Anlegerschutzes müssen nach § 153 Abs. 3 S. 2 KAGB die Persönlichkeit und die Sachkunde der Beiratsmitglieder Gewähr dafür bieten, dass die Interessen der Anleger gewahrt werden. Infolge des Verweises von § 153 Abs. 3 S. 2 KAGB auf § 101 Abs. 1 S. 1 AktG sind die Beiratsmitglieder in der intern verwalteten geschlossenen Publikumsinvestment-KG von der Gesellschafterversammlung zu wählen.

Sofern die geschlossene Publikumsinvestment-KG über eine externe Kapitalverwaltungsgesellschaft in der Rechtsform einer Gesellschaft mit beschränkter Haftung verfügt, ist gemäß § 18 Abs. 2 S. 1 KAGB ein Aufsichtsrat zu bilden. Die externe Kapitalverwaltungsgesellschaft in der Rechtsform der Kommanditgesellschaft, bei der persönlich haftender Gesellschafter ausschließlich eine Gesellschaft mit beschränkter Haftung ist, hat gemäß § 18 Abs. 2 S. 2 KAGB einen Beirat zu bilden.[166] Auch insoweit werden Anforderungen an Persönlichkeit und Sachkunde der Beiratsmitglieder gestellt, namentlich durch § 18 Abs. 4 S. 1 KAGB. In der externen Kapitalverwaltungsgesellschaft einer geschlossenen Publikumsinvestment-KG sind die Beirats- bzw. Aufsichtsratsmitglieder nach den §§ 18 Abs. 2 S. 4 und Abs. 3 S. 1 KAGB i.V.m. § 101 Abs. 1 S. 1 AktG von der Gesellschafterversammlung bzw. Hauptversammlung zu wählen.

---

[164] Vgl. insbesondere § 266 Abs. 1 Nr. 2 und Abs. 2 KAGB; zum Rechtscharakter von Anlagebedingungen vgl. *Wallach*, ZGR 2014, 289, 297 f.

[165] In der externen Kapitalverwaltungsgesellschaft in der Rechtsform der Kommanditgesellschaft ist ausweislich § 18 Abs. 2 S. 2 KAGB ein Beirat zu bilden, sofern ausschließlich eine GmbH als Komplementär fungiert.

[166] Insoweit unterliegen Aufsichtsrat und Beirat im Wesentlichen denselben Vorschriften, sodass die Unterscheidung beider Gremien vornehmlich begrifflicher Natur ist, vgl. ausführlich *Bentele*, in: Baur/Tappen, Investmentgesetze, Bd. 1, 4. Aufl., § 18 KAGB Rn. 8 ff.

IV. Motive für Gründung und Beitritt

1. Steuerliche Aspekte

Die Attraktivität von Publikumspersonengesellschaften lag in der Vergangenheit vor allem im Steuerrecht begründet.[167] Publikumspersonengesellschafter nutzten vornehmlich die Möglichkeit, sich als Mitunternehmer[168] vollumfänglich Verluste steuerlich zurechnen zu lassen, um die eigene Steuerschuld zu verringern.[169] Vor diesem Hintergrund taten sich in der Rechtspraxis besonders in den 1970er Jahren vielfach unseriöse Abschreibungsmodelle auf, welche zu nennenswertem Schaden für Anleger und Rechtsverkehr führten.[170] Derart zwielichtigen Geschäftspraktiken wollte der Gesetzgeber *„unter dem Gesichtspunkt des Anlegerschutzes"* vorbeugen mit Einführung der Verlustverrechnungsbeschränkung des § 15a EStG im Jahre 1980.[171] Die Lukrativität derartiger Steuersparmodelle erlitt hierdurch eine empfindliche Schmälerung.[172] Denn seither kann eine Verrechnung erlittener Verluste bei der Publikums-KG nur noch beschränkt geltend gemacht werden.[173] Nach § 15a Abs. 1 S. 1 EStG darf der einem Kommanditisten zuzurechnende Anteil am Verlust der Kommanditgesellschaft weder mit anderen Einkünften aus Gewerbebetrieb noch mit Einkünften aus anderen Einkunftsarten ausgeglichen werden, soweit ein negatives Kapitalkonto des Kommanditisten entsteht oder sich erhöht. Abweichend hiervon eröffnet § 15a Abs. 1 S. 2 EStG für den Fall, dass der Kommanditist am Bilanzstichtag den Gläubigern der Gesellschaft infolge § 171 Abs. 1 HGB haftet, die Möglichkeit, Verluste des Kommanditisten bis zur Höhe des Betrags, um den die im Handelsregister eingetragene Einlage des Kommanditisten seine geleistete Einlage übersteigt, auszugleichen oder abzuziehen, soweit durch den Verlust ein negatives Kapitalkonto entsteht oder sich erhöht.

Nach § 15a Abs. 5 EStG ist § 15a Abs. 1 Hs. 1 EStG sinngemäß auf andere Unternehmer anzuwenden, soweit deren Haftung mit der eines Kommanditisten vergleichbar ist.[174] Vorbehaltlich weiterer Tatbestandsmerkmale kann dies nach

---

[167] *Horbach*, in: MüHdBGesR, Bd. 2, 5. Aufl., § 61 Rn. 3.

[168] Ausführlich zum Begriff des Mitunternehmers *Bode*, in: Blümich, EStG, 153. EL, § 15 Rn. 341 ff.

[169] *Horbach*, in: MüHdBGesR, Bd. 2, 5. Aufl., § 61 Rn. 3.

[170] *K. Schmidt*, GesR, 4. Aufl., S. 1666; *Wiedemann*, GesR, Bd. I, S. 501 f.

[171] Siehe dazu den Entwurf der Bundesregierung zu einem Gesetz zur Änderung des Einkommensteuergesetzes, des Körperschaftssteuergesetzes und anderer Gesetze, BT-Drucks. 8/3648, S. 15 f.

[172] *Haas/Mock*, in: R/GvW/H, HGB, 4. Aufl., § 161 Rn. 107; *Horbach*, in: MüHdBGesR, Bd. 2, 4. Aufl., § 61 Rn. 3; *K. Schmidt*, GesR, 4. Aufl., S. 1666.

[173] *Grunewald*, in: MüKo, HGB, 4. Aufl., § 161 Rn. 116; grundlegend zur steuerlichen Zurechnung des Treuhandanteils zu dem Treugeber nach § 39 Abs. 2 Nr. 1 S. 2 AO vgl. *Fischer*, in: Hübschmann/Hepp/Spitaler, AO/FGO, 259. Lieferung, § 39 AO Rn. 251 ff.

[174] Ausführlich *Heuermann*, in: Blümich, EStG, 153. EL, § 15a Rn. 280 ff.

§ 15a Abs. 5 Hs. 2 EStG gelten für die regelbeispielhaft erwähnten stillen[175] (Publikumspersonen-)Gesellschafter gemäß § 15a Abs. 5 Hs. 2 Nr. 1 EStG[176] sowie Gesellschafter einer (Publikums-)GbR gemäß § 15a Abs. 5 Hs. 2 Nr. 2 EStG[177]. So ist eine Vergleichbarkeit mit der Haftung eines Kommanditisten nach § 15a Abs. 5 Hs. 1 Nr. 2 a.E. EStG bereits dann anzunehmen, wenn die Inanspruchnahme des Gesellschafters für Schulden in Zusammenhang mit dem Betrieb durch Vertrag ausgeschlossen oder nach Art und Weise des Geschäftsbetriebs unwahrscheinlich ist. Gerade der letztgenannte Fall wird in der Publikumspersonengesellschaft typischerweise erfüllt sein. Die von § 15a Abs. 5 Hs. 1 EStG geforderte Vergleichbarkeit der Unternehmernehmerhaftung zeigt sich zudem bei Gesellschaftern einer (Publikums-)oHG sowie treuhänderisch beteiligten Kommanditisten.[178] Darüber hinaus sahen sich Publikumspersonengesellschaften auch in der Folgezeit weiteren normativen Einschränkungen ihrer steuerlichen Attraktivität ausgesetzt.[179]

2. Ansammlung und Verwaltung finanzieller Mittel

Mit dem Bedeutungsverlust steuerlicher Gestaltungsmöglichkeiten und nachhaltig sinkenden Zinsen bei herkömmlichen Anlageprodukten rückten Publikumspersonengesellschaften als gewinnversprechende Investitionsvehikel zunehmend in den Fokus renditeorientierter Anleger. Initiatoren von Publikumspersonengesellschaften werben daher nicht selten mit profitablen Zinsversprechen.[180]

Auch zur Akkumulation finanzieller Mittel erweisen sich Publikumspersonengesellschaften in der Praxis als attraktiv.[181] Mit deren Hilfe wird gezielt – vielfach projektbezogen[182] – Kapital von einer Vielzahl an Privatanlegern[183] gesammelt, um Großprojekte[184] zu realisieren, an denen eine Beteiligung ansonsten nur institutio-

---

[175] Sinngemäß gilt dies nach § 20 Abs. 1 Nr. 4 EStG auch für nicht als Mitunternehmer beteiligte Gesellschafter.

[176] Dazu ausführlich *Levedag*, in: Blaurock, HdB Stille Gesellschaft, 8. Aufl., Rn. 22.69 ff.

[177] Dazu *Wagner*, in: Assmann/Schütze, HdB des Kapitalanlagerechts, 5. Aufl., § 19 Rn. 175 ff. m.w.N.

[178] *von Beckerath*, in: Kirchhof, EStG, 19. Aufl., § 15a Rn. 82; *Lüdemann*, in: Herrmann/ Heuer/Raupach, EStG/KStG, 300. Lieferung, § 15a EStG Rn. 182; *Wacker*, in: Schmidt, EStG, 37. Aufl., § 15a Rn. 181; zu steuerlichen Besonderheiten bei der (geschlossenen Publikums-) Investment-KG vgl. *Wagner*, ZfBR 2015, 113 ff.

[179] Eine Übersicht findet sich bei *Horbach*, in: MüHdBGesR, Bd. 2, 4. Aufl., § 61 Rn. 3 ff.; ausführlich zu steuerlichen Aspekten in der Publikums-KG vgl. *Levedag*, in: MüHdBGesR, Bd. 2, 5. Aufl., § 71 Rn. 1 ff.

[180] Dazu schon Erstes Kapitel A.

[181] *Picot*, BB 1993, 13, 14; *Haas/Mock*, in: R/GvW/H, HGB, 4. Aufl., § 161 Rn. 107.

[182] Siehe dazu etwa Fn. 3; *Wiedemann*, GesR, Bd. 1, S. 501.

[183] Vgl. dazu etwa die Legaldefinition in § 1 Abs. 19 Nr. 31 KAGB: *„Privatanleger sind alle Anleger, die weder professionelle noch semiprofessionelle Anleger sind."*

[184] Etwa in den Bereichen Flugzeug-, Immobilien- und Schiffsbau vgl. *Horbach*, in: MüHdBGesR, Bd. 2, 4. Aufl., § 61 Rn. 2.

nellen Anlegern zugänglich wäre.[185] Mangels umfassender handelsregisterlicher Eintragungspflicht gibt es zwar keine gesicherten Zahlen zu in Deutschland ansässigen Publikumspersonengesellschaften. Aufschluss hierüber bietet hingegen die Fülle an Rechtsprechung, die bislang zum Recht der Publikumspersonengesellschaft ergangen ist.

Ebenso wenig übersehbar sind die weiteren wesentlichen Vorzüge, die das Gesellschaftsrecht den Initiatoren bietet: Besonders Gründer von Publikumspersonengesellschaften, die nicht vom Anwendungsbereich des KAGB erfasst werden, genießen im Vergleich zum Aktienrecht eine breit gefächerte Gestaltungsfreiheit.[186] Auch finden sich außerhalb des KAGB keine Anforderungen hinsichtlich eines nennenswerten Kapitalmindesteinsatzes durch die Gründer[187], weswegen sich Publikumspersonengesellschaften als Finanzierungsvehikel für Wagniskapital besonderer Beliebtheit erfreuen.[188]

C. Fazit

Minderheitenrechte erweisen sich als Rechte, die einer Gesellschafterminderheit zustehen und diese gerade vor den Auswirkungen einer demgegenüber bestehenden Mehrheitsherrschaft schützen sollen. Als Minderheitenrechte im hier zugrunde gelegten Sinne werden auch Individualrechte begriffen, die jedem Gesellschafter schon kraft seiner Gesellschafterstellung zukommen. Unerlässlich erscheinen vorgenannte Minderheitenrechte gerade in Publikumspersonengesellschaften. Hierunter sind Personengesellschaften zu verstehen, deren Anteile unter Zugrundelegung einer vorformulierten Gesellschaftssatzung auf den öffentlichen Vertrieb gegenüber einer (unbestimmten) Vielzahl potentieller Anlagegesellschafter gerichtet sind. Wesensmerkmal von Publikumspersonengesellschaften ist deren im Gesellschaftsvertrag festgehaltene kapitalistische Organisationsstruktur. Als Ausgangspunkt der vertragsgestalterischen Organisationsfreiheit dienen der Rechtspraxis allen voran die Gesellschaftsformen der KG bzw. der geschlossenen Publikumsinvestment-KG; nicht zuletzt aufgrund der Möglichkeit beschränkter Anlegerhaftung. In Betracht kommt eine unmittelbare Beteiligung der Anleger an der Publikumspersonengesellschaft. Häufig beteiligen sich Anleger in der Vertragspraxis allerdings treuhänderisch, sei es im Rahmen einer unechten oder echten Treuhand. In allen vorgenannten Konstellationen obliegt die Geschäftsführung ganz regelmäßig den Ge-

---

[185] *Watermeyer/Knobbe*, in: Beck'sches Handbuch der Personengesellschaften, 4. Aufl., § 17 Rn. 5.

[186] *Henze/Notz*, in: E/B/J/S, HGB, 3. Aufl., § 177a Anh. B, Rn. 5; hierauf verweisend *Casper*, in: Staub, HGB, Bd. 4, 5. Aufl., § 161 Rn. 125.

[187] *Henze/Notz*, in: E/B/J/S, HGB, 3. Aufl., § 177a Anh. B, Rn. 5; hierauf verweisend *Casper*, in: Staub, HGB, Bd. 4, 5. Aufl., § 161 Rn. 125; *Horbach*, in: MüHdBGesR, Bd. 2, 4. Aufl., § 61 Rn. 2.

[188] Vgl. etwa *Wiedemann*, GesR, Bd. I, S. 501 f.

sellschaftsinitiatoren. Hingegen werden die Partizipationsmöglichkeiten der Anlagegesellschafter vielfach gesellschaftsvertraglich auf ein Mindestmaß beschränkt. Gerade hierin äußert sich das Bedürfnis nach hinreichenden Minderheitenrechten in der Publikumspersonengesellschaft.

Zweites Kapitel

Allgemeine zivilrechtliche Ansätze zur Begründung von Minderheitenrechten in (Publikums-)Personengesellschaften

A. Grundsatz privatautonomer Gestaltungsfreiheit

Zu den Grundfesten unserer Zivilrechtsordnung zählt ohne jeden Zweifel die Privatautonomie[189]. In ihr manifestiert sich eine tragende Säule unserer freiheitlichen wie auch demokratischen Grundordnung, namentlich die gesellschaftspolitische Anerkennung der Subjektstellung des Menschen.[190] Ihr liegt die Vorstellung zugrunde, dass jeder Mensch seine Lebensumstände selbst gestalten können soll.[191] Diese zivilrechtliche Anerkennung individueller Autonomie ist nicht nur realpolitischer Gegenentwurf zu einem kollektivistisch geprägten Gemeinwesen, vielmehr vernünftigerweise auch gerade zentrale Maxime bürgerlichen Rechts. Als Subjekte bürgerlichen Rechts obliegt es demgemäß grundsätzlich den Vertragsparteien, über die sie betreffenden zivilrechtlichen Beziehungen und damit über ihr Wohl und Wehe privatautonom zu befinden.

I. Vertragsfreiheit und *numerus clausus* im (Personen-)Gesellschaftsrecht

Bezogen auf den Grundsatz vertragsgestalterischer Freiheit hält das (Personen-)Gesellschaftsrecht als Teilbereich des Zivilrechts eine identitätsstiftende Besonderheit bereit: ein allgemeines Angebot an Grundformen verschiedener Gesellschaftstypen. Dieses Angebot wird komplettiert durch einen darauf gerichteten Rechtsformzwang. Diese Wahlpflicht in Form des sog. gesellschaftsrechtlichen

---

[189] Ausführlich zu Herkunft und Reichweite der Privatautonomie vgl. *Flume*, Allgemeiner Teil des Bürgerlichen Rechts, 2. Bd., Das Rechtsgeschäft, 4. Aufl., , § 1 Ziff. 1 ff.; *Mohr*, Sicherung der Vertragsfreiheit durch Wettbewerbs- und Regulierungsrecht, S. 14 ff. m.w.N.; *Westermann*, Vertragsfreiheit und Typengesetzlichkeit im Recht der Personengesellschaften, S. 25 ff.

[190] Vgl. etwa *Musielak*, JuS 2017, 949; vgl. hierzu auch *Canaris*, AcP 200 (2000), 273, 303 f., der dem BGB ausdrücklich einen „liberalen Grundcharakter" attestiert.

[191] Dazu ausführlich *Richter/Furubotn*, Neue Institutionenökonomik, 4. Aufl., S. 148 f.

numerus clausus führt freilich zu Kollisionen mit der gegenüberstehenden, zumindest dem Begriff nach grenzenlosen Privatautonomie.[192]

Zu diesem Spannungsverhältnis werden im Gesellschaftsrecht normative Entscheidungen getroffen. Nach § 45 Abs. 2 GmbHG bestimmen sich die Rechte der Gesellschafter untereinander zunächst nach der Gesellschaftssatzung. Im Recht der Aktiengesellschaft tritt die Privatautonomie ausweislich § 23 Abs. 5 AktG bei fehlender (anderslautender) normativer Spezialregelung hinter den einschlägigen Vorgaben des Aktiengesetzes zurück.[193] Ein solcher aktiengesetzlicher Grundsatz ist dem Personengesellschaftsrecht hingegen fremd. Gerade im Personengesellschaftsrecht macht der Gesetzgeber gewichtige Zugeständnisse zugunsten der Vertragsfreiheit, indem er es den Personengesellschaftern in weiten Teilen grundsätzlich überlässt, ihre wechselseitigen Rechtsbeziehungen weiterhin privatautonom auszugestalten.[194] Zum Ausdruck kommt dies insbesondere in den §§ 109, 163 HGB, denen zufolge sich das Rechtsverhältnis der Gesellschafter untereinander grundsätzlich nach dem Gesellschaftsvertrag richtet.

II. Der Publikumspersonengesellschaftsvertrag im Zentrum gegenseitiger Rechte und Pflichten

In Anwendung der weitgehenden vertraglichen Gestaltungsfreiheit hat die Kautelarpraxis die Publikumspersonengesellschaft hervorgebracht.[195] Als Kind der (personengesellschaftsrechtlichen) Vertragsgestaltungsfreiheit begibt sie sich wie kaum eine andere Gesellschaftsform derart ihres gesetzestypischen Grundmodells. Der Publikumspersonengesellschaftsvertrag hat folglich große Bedeutung für die Rechte und Pflichten der Beteiligten. Besonders kommt ihm für die Begründung von Minderheitenrechten erhebliche Wichtigkeit zu. Dabei ist zunächst entscheidend, welche formellen Anforderungen an das Vertragswerk zu stellen sind, wie es auszulegen ist und wie es abgeändert werden kann.

1. Formerfordernisse des Publikumspersonengesellschaftsvertrags

Nach § 125 S. 1 BGB ist jedes Rechtsgeschäft nichtig, das der durch Gesetz vorgeschriebenen Form ermangelt.

Normiert wird ein solches Schriftformerfordernis in § 150 Abs. 1 KAGB für die geschlossene (Publikums-)Investment-KG. Im Übrigen finden sich im Publikums-

---

[192] Hierzu instruktiv *K. Schmidt*, GesR, 4. Aufl., § 5 II Nr. 1 ff.

[193] Ausführlich zu dem in § 23 Abs. 5 AktG normierten Grundsatz der Satzungsstrenge, vgl. *Weber*, Privatautonomie und Außeneinfluß im Gesellschaftsrecht, S. 134 ff.

[194] Vgl. dazu auch *Hoor*, in: Breithaupt/Ottersbach, Kompendium Gesellschaftsrecht, § 1 Rn. 9.

[195] Dazu schon oben Erstes Kapitel B. III., vgl. ferner *Kraft*, in: FS Stimpel, 321, 322 ff.

personengesellschaftsrecht keine spezifischen (Schrift-)Form-vorgaben. Gewiss hat eine besondere Form jedoch beachtet zu werden, sofern sich eine solche bei der Vereinbarung der Einlageverpflichtung des Publikumspersonengesellschafters im Einzelfall[196] aus den Formvorgaben der §§ 125 S. 2, 126 ff. BGB ergibt.[197]

Einen weiteren Anwendungsfall „*vorgeschriebene[r] Form*" entnimmt *Mock*[198] den Grundsätzen der vertraglichen Inhaltskontrolle. § 125 S. 1 BGB koppelt seine Nichtigkeitsfolge *expressis verbis* zwar an Rechtsgeschäfte, deren missachtete Formvorgabe gesetzlicher Natur ist. Aus Schutzwürdigkeitserwägungen den Anwendungsbereich der Vorschrift auszuweiten, dürfte deren Sinn und Zweck[199] indes nicht widersprechen. Eine solche teleologische Erweiterung könnte im Einzelfall gerade für solche Publikumspersonengesellschaftsverträge angezeigt sein, deren Inhalt ausschließlich auf die Gesellschaftsinitiatoren zurückgeht.[200] Auch der Bundesgerichtshof hatte sich bereits für Schriftformerfordernisse im Rahmen der Änderung von Publikumspersonengesellschaftsverträgen ausgesprochen.[201] Den streitgegenständlichen Fällen lag allerdings jeweils schon ein in Schriftform abgefasster Gesellschaftsvertrag zugrunde, demzufolge Vertragsänderungen schriftlicher Form bedurften.

Neben denkbaren rechtstheoretischen Erfordernissen der Abfassung des Publikumsgesellschaftsvertrages in qualifizierter Form, wird dieser rechtspraktisch typischerweise schriftlich festgehalten, allein um die Vielzahl potentieller Gesellschafter in ein organisationsrechtlich einheitliches (Publikumspersonen-)Gesellschaftskonstrukt zu integrieren.[202]

---

[196] Neben einem gewillkürten Schriftformerfordernis ist hier zuvorderst zu denken an das Schriftformerfordernis nach § 766 BGB im Falle einer Bürgschaftsübernahme als Einlageleistung sowie an das Erfordernis notarieller Beurkundung bei der Verpflichtung zu Übertragung oder Erwerb eines Grundstücks nach § 311b Abs. 1 S. 1 BGB und bei der Verpflichtung zur Übertragung von GmbH-Geschäftsanteilen nach § 15 Abs. 4 GmbHG.

[197] Das einzelfallabhängige Formerfordernis erstreckt sich sodann auf den gesamten Publikumspersonengesellschaftsvertrag, siehe BGH v. 10.04.1978 – II ZR 61/77 = NJW 1978, 2505; *Schäfer*, in: Staub, HGB, Bd. 5, 5. Aufl., § 105 Rn. 168; dazu grundlegend *Einsele*, in: MüKo, BGB, § 125 Rn. 32; a.A. *Hefermehl*, in: Soergel, BGB, Bd. 2, 13. Aufl., § 125 Rn. 4, der die Formvorschrift des § 766 BGB nach deren Wortlaut nur auf die Bürgschaftserklärung selbst angewendet wissen will.

[198] *Mock*, in: R/GvW/H, HGB, 5. Aufl., § 161 Rn. 97.

[199] *Arnold*, in: Ermann, BGB, 15. Aufl., § 125 Rn. 1 ff. zählt hierzu die Warnfunktion, Klarstellungs- und Beweisfunktion, Beratungsfunktion sowie die Kontrollfunktion.

[200] In diese Richtung *Mock*, in: R/GvW/H, HGB, 5. Aufl., § 161 Rn. 100.

[201] BGH v. 24.11.1975 – II ZR 89/74 = NJW 1976, 958; BGH v. 04.03.1976 – II ZR 178/74 = WM 1976, 446.

[202] Vgl. im Übrigen den Hinweis bei *Kellermann*, in: FS Stimpel 1974, 295, 300, wonach eine Gründungsprüfung im Recht der handelsrechtlichen Personengesellschaften nicht erforderlich ist.

2. Auslegung des Publikumspersonengesellschaftsvertrags

a) Grundsatz[203]

Die zentrale Stellung des Gesellschaftsvertrags im Rahmen von Publikumspersonengesellschaften spielt für die Begründung von Minderheitenrechten eine entscheidende Rolle. So können Minderheitenrechte ausdrücklich gesellschaftsvertraglich festgehalten sein, als auch erst vermittels einer tiefergehenden Vertragsauslegung zum Vorschein kommen.

Gesellschaftsverträge von Personengesellschaften sind nach den §§ 133, 157 BGB grundsätzlich subjektiv auszulegen, d. h. unter Erforschung des wirklichen Willens des typischerweise kleinen Gesellschafterkreises.[204]

Etwas anderes muss für die Auslegung von Publikumspersonengesellschaftsverträgen gelten: Die Vielzahl an Gesellschaftern lässt dort grundsätzlich[205] keinen Raum, auf das individuelle Vertragsverständnis der Gründungsgesellschafter abzustellen.[206] Auch kann hinreichende Rechtssicherheit nebst Vertrauensschutz für Publikumspersonengesellschafter nur gewährleistet werden, indem außerhalb der Vertragsurkunde liegende Umstände bei deren Auslegung außer Acht gelassen werden. Im Gegensatz zu gesetzestypischen Personengesellschaften wohnt dem Wesen der Publikumspersonengesellschaft eine strukturelle Eigenständigkeit inne.[207] Diese Verselbständigung muss auch bei der Auslegung des Publikumspersonengesellschaftsvertrags Berücksichtigung finden. In Anlehnung an das Kapitalgesellschaftsrecht[208] ist damit im Grundsatz auch bei der (kapitalistisch) geprägten Publikumspersonengesellschaft ein objektiver Auslegungsmaßstab anzulegen.[209] Im

---

[203] Instruktiv zur natürlichen und erläuternden Auslegung *Bork*, BGB AT, 4. Aufl., Rn. 512 ff.

[204] *Servatius*, in: Henssler/Strohn, Gesellschaftsrecht, 3. Aufl., , HGB Anh. Rn. 5; *Habermeier*, in: Staudinger, BGB, §§ 705–740, 13. Aufl., § 705 Rn. 13: dazu ausführlich *Schäfer*, in: Staub, HGB, Bd. 3, 5. Aufl., § 105 Rn. 192 ff.

[205] Etwas anderes soll gelten, sofern dieses objektiv im Gesellschaftsvertrag zum Ausdruck gekommen ist, vgl. BGH v. 28. 09. 1978 – II ZR 218/77 = NJW 1979, 419, 420.

[206] Vgl. *Jaletzke*, in: MüHdBGesR, Bd. 2, 4. Aufl., § 65 Rn. 4.

[207] Siehe schon Erstes Kapitel B. II. 2.

[208] Siehe hierzu *Hirte*, Kapitalgesellschaftsrecht, 8. Aufl., Ziff. 2.75.

[209] So auch die ständige Rechtsprechung sowie die ganz herrschende Lehre, vgl. nur BGH v. 11. 09. 2018 – II ZR 307/16 = BB 2018, 2639 (mit Anm. *Mock*, BB 2018, 2644); BGH v. 06. 03. 2018 – II ZR 1/17 = NZG 2018, 658; BGH v. 16. 02. 2016 – II ZR 348/14 = WM 2016, 499, 500; BGH v. 11. 01. 2011 – II ZR 187/09 = NJW 2011, 921; BGH v. 23. 01. 2006 – II ZR 126/04 = WM 2006, 774; BGH v. 04. 07. 2005 – II ZR 354/03 = NZG 2005, 753; BGH v. 07. 06. 1999 – II ZR 278/98 = NZG 1999, 935; *Casper*, in: Staub, HGB, Bd. 4, 5. Aufl., § 161 Rn. 132; *Fleischhauer*, in: KölnerHdBGesR, 3. Aufl., Kap. 1 Rn. 767; *Grunewald*, ZGR 1995, 80; *Mock*, in: R/GvW/H, HGB, 5. Aufl., § 161 Rn. 98; *K. Schmidt*, GesR, 4. Aufl., S. 88 ff.; *Servatius*, in: Henssler/Strohn, Gesellschaftsrecht, 3. Aufl., HGB, Anh. Rn. 5; ausführlich zum zeitlichen Anwendungsbereich *Casper*, in: Staub, HGB, Bd. 4, 5. Aufl., § 161 Rn. 132; beachte auch *Schäfer*, in: MüKo, BGB, 8. Aufl., § 705 Rn. 181, der subjektive Vorstellungen der

Zentrum der Interpretation des Gesellschaftsvertrags – wie auch etwaiger Anlage-bedingungen i.S.d. § 266 Abs. 1 Nr. 2 und Abs. 2 KAGB[210] – steht damit vor allem dessen Wortlaut. Vertragssystematik und -telos können aber gleichfalls unterstützend herangezogen werden.[211] Ausnahmen zum objektiven Auslegungsmaßstab gelten etwa für individualvertragliche Vereinbarungen, wie etwa Anstellungsverträge mit Einzelpersonen.[212]

Berücksichtigung muss zudem der sog. Gleichbehandlungsgrundsatz[213] finden, womit bereits im Wege der Vertragsauslegung auf die Vermeidung willkürlicher oder ungerechtfertigter Unterscheidungen zu achten ist.[214]

b) Ergänzende Vertragsauslegung

aa) Vertragliche Regelungslücke

Zu Recht weist *O'Kelley*[215] darauf hin, dass sich (Publikumspersonen-)Gesell-schaftsverträge typischerweise hauptsächlich aus Lücken zusammensetzen. Denn die Ausarbeitung vertraglicher Vereinbarungen ist in aller Regel mit zusätzlichen Kosten verbunden. Derartige Transaktionskosten können und sollten vermieden werden, wenn der Eintritt des zu regelnden Ereignisses nicht hinreichend wahr-scheinlich ist und durch ihn ebenso wenig unvertretbarer Schaden droht.[216] Ist hin-gegen ein auch nur geringer Schaden in der Lage, sich mit der regelmäßig großen Anzahl an Publikumspersonengesellschaftern zu potenzieren, empfiehlt sich eine entsprechende vertragliche Regelung. Allerdings können weder die Initiatoren noch die beitretenden Anleger im Zeitpunkt des Vertragsschlusses abschließend vorher-sehen[217], welche denkbaren Streitpunkte einer Regelung im Publikumspersonen-gesellschaftsvertrag bedurft hätten. Ob die Parteien eine vertragliche Regelung unbewusst unterlassen haben oder planmäßig dispositives Recht Anwendung finden soll, ist eine Frage des Einzelfalls. Zumindest lässt sich aber ein Publikumsperso-

---

Gründer berücksichtigt wissen will, sofern sie sich zugunsten der Anleger auswirken und diesen gegenüber im Rahmen des Beitritts bekannt gemacht wurden.

[210] Vgl. *Casper*, ZHR 179 (2015), 44, 54.

[211] *Grunewald*, in: MüKo, HGB, 4. Aufl., § 161 Rn. 122.

[212] *Arndt Teichmann*, Gestaltungsfreiheit in Gesellschaftsverträgen, München 1970, S. 133; hierzu auch *Mock*, in: R/GvW/H, HGB, 5. Aufl., § 161 Rn. 99 m.w.N.

[213] Zum Gleichbehandlungsgrundsatz als Auslegungsmaxime vgl. *Schöpflin*, in: MüHdB-GesR, Bd. 5, 5. Aufl., § 34 Rn. 27; zustimmend *Leuschner*, in: MüKo, BGB, 8. Aufl., § 38 Rn. 20.

[214] *Leuschner*, in: MüKo, BGB, 8. Aufl., § 34 Rn. 10.

[215] *O'Kelley*, Filling Gaps in the Close Corporation Contract: A Transaction Cost Analysis, Northwestern University Law Rev. vol. 87 (1992), S. 216; hierauf ebenfalls eingehend *Klöhn*, Minderheitenschutz im Personengesellschaftsrecht, AcP 216 (2016), 281, 301.

[216] Vgl. *Kötz*, JuS 2013, 289, 290.

[217] Zu weiteren Motivlagen unterbliebener vertraglicher Vereinbarungen siehe *Kötz*, JuS 2013, 289, 292 f.

nengesellschaftsvertrag, in welchem nicht ausdrücklich auf kapitalgesetzliche Vorgaben verwiesen wird, nicht ohne weiteres als bewusster Verzicht auf deren womöglich entsprechende Anwendung deuten.

bb) Lückenfüllung

(1) Ausfüllung durch den hypothetischen Parteiwillen

Soweit sich der Publikumspersonengesellschaftsvertrag *ex-post* als lückenhaft erweist, können offene Punkte durch Ermittlung des hypothetischen Parteiwillens geschlossen werden.

Einer solchen ergänzenden Vertragsauslegung wird im Gesellschaftsrecht der Vorrang vor der Anwendung geschriebenen dispositiven Rechts eingeräumt.[218] Denn die Ermittlung des hypothetischen Willens favorisiert gerade im (Publikumsperso-nen-)Gesellschaftsrecht eine für den Einzelfall interessengerechte Lösung. Diese muss die besondere Bedeutung der Vertragsfreiheit für das Verhältnis der Gesell-schafter in hinreichendem Maße würdigen. *Hadding* und *Kießling* sprechen hier anschaulich von einem „*zu Ende* [...] *denken*" der Grundzüge des konkreten Ge-sellschaftsvertrags.[219] Es ist daher zu ermitteln, was die Parteien *ex-ante* im Publi-kumspersonengesellschaftsvertrag vereinbarten, wenn sie den offen gebliebenen Punkt unter Beachtung von Treu und Glauben sowie der Verkehrssitte geregelt hätten.[220]

(2) Ausfüllung durch dispositives Recht

Der Ermittlung des hypothetischen Parteiwillens nachgelagert ist die Heranzie-hung dispositiven Rechts. Rechtsdogmatisch wird dabei die Antwort auf diejenigen Fragen, die im Publikumspersonengesellschaftsvertrag offengeblieben sind, in dis-positivem Recht gesucht.

Ein pauschaler Rückgriff auf den Ausgangsrechtskreis des Publikumspersonen-gesellschaftsrechts, namentlich die Vorschriften zu den Personengesellschaften, bietet hier nur auf den ersten Blick Abhilfe. Zu groß ist die Diskrepanz zwischen personalistisch geprägtem Grundmodell und kapitalistisch gestalteter Publikums-personengesellschaft.[221] Möglich bleibt zwar im Einzelfall ein Rekurs auf solche personengesellschaftlichen Vorschriften, deren Regelungsinhalt keinen kleinen

---

[218] So die ganz h.M., vgl. die Nachweise bei *Habermeier*, in: Staudinger, BGB, §§ 705– 740, 13. Aufl., § 705 Rn. 13; *Schäfer*, in: Staub, HGB, Bd. 3, 5. Aufl., § 105 Rn. 198; instruktiv zum Verhältnis zwischen hypothetischem Parteiwillen und dispositiven Recht im Gesell-schaftsrecht *Hadding/Kießling*, in: Soergel, BGB, Bd. 9/1, 13. Aufl., § 705 Rn. 38.

[219] *Hadding/Kießling*, in: Soergel, BGB, Bd. 11/1, 13. Aufl., § 705 Rn. 38.

[220] *Kötz*, Dispositives Recht und ergänzende Vertragsauslegung, JuS 2013, 289, 295; *Wiedemann*, Gesellschaftsrecht, Bd. II, S. 129 f.

[221] Zur kapitalistischen Organisationsstruktur der Publikumspersonengesellschaft siehe Erstes Kapitel B. II. 2.

Anlegerkreis voraussetzt.[222] Im Allgemeinen naheliegender erscheint allerdings eine Bezugnahme auf sachverwandte kapitalgesellschaftsrechtliche[223] Vorschriften.

c) Transparenzgebot

Sofern nach Auslegung des Publikumspersonengesellschaftsvertrags Zweifel an dessen Inhalt bleiben, gehen diese nicht zulasten der betroffenen Gesellschafter. Auf einen in diese Richtung gehenden Leitsatz entschied der Bundesgerichtshof[224] betreffend Bestimmungen in einem Publikumspersonengesellschaftsvertrag zur nachträglichen Beitragserhöhung.

Aus diesem obergerichtlich formulierten Maßstab leiten einige Autoren das sog. *Transparenzgebot* ab.[225] Demnach sollen jegliche (wirksamen[226]) Bestimmungen, die auf Anleger belastend wirken, klar und verständlich im Publikumsgesellschaftsvertrag zu formulieren sein.[227] Können bei der Auslegung einer Vertragsklausel mehrere rechtlich vertretbare Auslegungsvarianten in Betracht gezogen werden, findet im Grundsatz die für den Anleger günstigere Lesart Anwendung.[228] Eine nicht nur mehrdeutige, sondern verschleiernde Klausel soll gar unwirksam sein.[229]

Zur rechtsdogmatischen Begründung eines solch minderheitsschützenden Abwehrrechts verweist *Jaletzke*[230] auf den Rechtsgedanken der Unklarheitenregel des § 305c Abs. 2 BGB[231]. Wenngleich § 305c Abs. 2 BGB infolge der Bereichsausnahme des § 310 Abs. 4 S. 1 BGB[232] im Gesellschaftsrecht nicht unmittelbar herangezogen werden kann[233], kommt dem Ansatz *Jaletzkes* durchaus Berechtigung zu.

---

[222] Zu denken ist hier etwa an gesellschaftliche Informationsrechte. Denn wenn der Gesetzgeber diese bereits für einen kleinen Gesellschafterkreis vorsieht, beanspruchen diese erst recht Geltung innerhalb eines großen Gesellschafterkreises.

[223] Zur Ermittlung sachverwandter kapitalgesellschaftsrechtlicher Vorschriften siehe Drittes Kapitel A. II. 2.

[224] So bereits BGH v. 28.09.1978 – II ZR 218/77 = NJW 1979, 419.

[225] Siehe *Casper*, in: Staub, HGB, Bd. 4, 5. Aufl., § 161 Rn. 134; *Grunewald*, in: MüKo, HGB, 4. Aufl., § 161 Rn. 122; *Hoppe/Mühling*, in: Hesselmann/Tillmann/Mueller-Thuns, Handbuch GmbH & Co. KG, Rn. 2293.

[226] Vgl. hierzu *Grunewald*, in: MüKo, HGB, 4. Aufl., § 161 Rn. 122 Fn. 332.

[227] Siehe *Casper*, in: Staub, HGB, Bd. 4, 5. Aufl., § 161 Rn. 134; *Grunewald*, in: MüKo, HGB, 4. Aufl., § 161 Rn. 122; *Hoppe/Mühling*, in: Hesselmann/Tillmann/Mueller-Thuns, Handbuch GmbH & Co. KG, Rn. 2293.

[228] Ähnlich auch *Westermann*, in: Erman, BGB, 16. Aufl., § 305c Rn. 3.

[229] *Grunewald*, in: MüKo, HGB, 4. Aufl., § 161 Rn. 122.

[230] *Jaletzke*, in: MüHdBGesR, Bd. 2, 4. Aufl., § 65 Rn. 6.

[231] Ausführlich zum AGB-rechtlichen Transparenzgebot vgl. *Ulmer/Schäfer*, in: Ulmer/Brandner/Hensen, AGB-Recht, 12. Aufl., § 305c Rn. 86 ff.

[232] Vgl. dazu auch die insoweit gleichlautende Vorgängerregelung des § 23 Abs. 1 AGBG a.F.

[233] Zu den Auswirkungen von § 310 Abs. 4 S. 1 BGB auf die Inhaltskontrolle nach Treu und Glauben vgl. sogleich Zweites Kapitel B. III. 1.

Ihr rechtliches Vorbild hat die Unklarheitenregel des § 305c Abs. 2 BGB in dem dahin lautenden allgemeinen römisch-rechtlichen Grundsatz[234], weswegen ihr Charakter nicht spezifisch AGB-rechtlich geprägt ist.[235] Vor allem ist aber das Regelungsbedürfnis in beiden Konstellationen annähernd gleichgelagert[236]: Der Anleger einer Publikumspersonengesellschaft sieht sich in gleicher Weise den vorformulierten – nicht zur Disposition gestellten – gesellschaftsvertraglichen Bestimmungen der Initiatoren ausgesetzt wie der Vertragspartner des Verwenders allgemeiner Geschäftsbedingungen. Auch kann ein Rückgriff auf den Rechtsgedanken des § 305c Abs. 2 BGB sowie auf die hierzu ergangene Judikatur in der Lage sein, schon auf Ebene der Vertragsauslegung zusätzliche Rechtssicherheit für Anleger zu schaffen.

3. Vertragsänderung

Die Vertragsfreiheit ermöglicht den Beteiligten, den Publikumspersonengesellschaftsvertrag nachträglich zu ändern.[237] Hiergegen bestehen grundsätzlich keine Bedenken. Aus Gründen der Praktikabilität, insbesondere um einer tatsächlichen Blockadewirkung seitens einzelner Anleger vorzubeugen, wird das im Personengesellschaftsrecht als Regelfall vorgesehene Einstimmigkeitsprinzip (vgl. §§ 161 Abs. 2, 119 Abs. 1 HGB, 709 Abs. 1 BGB) in Publikumsgesellschaftsverträgen allerdings zulässigerweise durch das Mehrheitsprinzip ersetzt.[238] Typischerweise bestimmt sich die Mehrheit nicht nach der Anzahl der Gesellschafter, sondern nach den jeweils an der Publikumspersonengesellschaft gehaltenen Kapitalanteilen.

Eine im gesetzestypischen Personengesellschaftsrecht praktisch relevante und anerkannte konkludente Vertragsänderung[239] bereitet in der Publikumspersonenge-

---

[234] „Cum quaeritur in stipulatione, quid acti sit, ambiguitas contra stipulatorem est", zu Deutsch: Wird bei einem Schuldversprechen gefragt, was gemeint ist, geht die Unklarheit zu Lasten des Versprechensempfängers, vgl. Krampe, SZ 100 (1983), 185, 186.

[235] Vgl. nur Thüsing, in: Graf von Westphalen, Vertragsrecht und AGB-Klauselwerke, 45. EL, Teil „Vertragsrecht", Punkt „Auslegung", Rn. 34; Vogenauer, in: HKK-BGB, II, Bd. 2, TB. 2, §§ 305–310 (III) Rn. 13.

[236] Zustimmend Jaletzke, in: MüHdBGesR, Bd. 2, 4. Aufl., § 65 Rn. 6; beachte zudem auch Casper, in: Staub, HGB, Bd. 4, 5. Aufl., § 161 Rn. 134, der den Ursprung der publikumsgesellschaftlichen Unklarheitenregel ausdrücklich im Recht der Allgemeinen Geschäftsbedingungen festmacht.

[237] Haas/Mock, in: R/GvW/H, HGB, 4. Aufl., § 161 Rn. 140; rechtsdogmatisch handelt es sich dabei um die gesellschaftsrechtliche Fortführung der lex generalis des § 311 Abs. 1 Var. 2 BGB.

[238] Vgl. hierzu nur Lichtenschwimmer, in: Fuhrmann/Wälzholz, Formularbuch Gesellschaftsrecht, 3. Aufl., Muster M 30.4 § 10 Abs. 5; siehe hierzu auch Casper, in: Staub, HGB, Bd. 4, 5. Aufl., § 161 Rn. 142; zu den Grenzen vertragsändernder Mehrheitsbeschlüsse sogleich ausführlich Drittes Kapitel C. IV. 2. c) bb).

[239] Allgemein etwa Habermeier, in: Staudinger, BGB, 13. Neubearb., § 705 Rn. 16; Schneider, in: MüAnwHdB, PersGesR, 3. Aufl., § 4 Rn. 136.

sellschaft Schwierigkeiten.[240] Die Gesellschaftssatzung ist erinnerlich an dem von Rechtsprechung und Literatur aufgestellten objektiven Auslegungsmaßstab[241] zu messen. Diesem könnte wohl kaum Genüge geleistet werden, wenn außerhalb der Vertragsurkunde liegende Umstände, wie gerade solche der praktischen Übung, Einzug in die Vertragsauslegung fänden.[242] Auch kennen das dem Recht der Publikumspersonengesellschaften wesensverwandte Aktienrecht[243] und GmbH-Recht[244] schon nach den ausdrücklichen Gesetzesbuchstaben der §§ 179 Abs. 1 S. 1 AktG, 53 Abs. 1 GmbHG keine Satzungsänderung durch tatsächliche Übung.

B. Allgemein-zivilrechtliche Grenzen gesellschaftsvertragsgestalterischer Freiheit

Den Gründern von Publikumspersonengesellschaften werden bereits bei Gestaltung des Gesellschaftsvertrages durch das allgemeine Zivilrecht aber auch durch das Gesellschaftsrecht Grenzen gesetzt. Verhindert werden soll hierdurch mitunter, dass sich die beitretenden Gesellschafter ungehinderten Regelungsvorstellungen der Initiatoren der Publikumspersonengesellschaft ausgesetzt sehen. Derartige Vertragsschranken lassen sich auch als minderheitsschützende (Abwehr-)Rechte verstehen.

I. Gesetzliche Verbote

Der Publikumspersonengesellschaftsvertrag findet seine Grenzen durch den Rahmen des gesetzlich Erlaubten. Die Nichtigkeit des Gesellschaftsvertrages respektive einer Vertragsklausel kann insoweit bereits von der Verbotsnorm angeordnet sein, aber auch subsidiär aus einer Anwendung des § 134 BGB folgen.[245] Vergleichsweise praktisch bedeutsam ist die von den §§ 723 Abs. 3 BGB, 133 Abs. 3 HGB angeordnete Nichtigkeitswirkung.[246] Von einer den Gesellschaftsvertrag in Gänze umfassenden Nichtigkeit ist allerdings nur auszugehen, sofern dessen Ge-

---

[240] A.A. aber *Haas/Mock*, in: R/GvW/H, HGB, 4. Aufl., § 161 Rn. 140; *Roth*, in: Baumbach/Hopt, HGB, 39. Aufl., Anh. 177a Rn. 69c; differenzierend *Grunewald*, in: MüKo, HGB, 4. Aufl., § 161 Rn. 128.

[241] Siehe dazu schon oben Erstes Kapitel A. II. 2. a).

[242] Ebenfalls in diese Richtung *Casper*, in: Staub, HGB, Bd. 4, 5. Aufl., § 161 Rn. 142.

[243] Eine wirksame Satzungsänderung bedarf der Einhaltung der entsprechenden Verfahrensvorschriften der §§ 179 ff. AktG, vgl. *Holzborn*, in: Spindler/Stilz, AktG, Bd. 2, 4. Aufl., § 179 Rn. 55.

[244] Zu den insoweit einzuhaltenden Verfahrensvorschriften vgl. *Harbarth*, in: MüKo, GmbHG, 3. Aufl., § 53 Rn. 41.

[245] Ausführlich *Hefermehl*, in: Soergel, BGB, Bd. 2, 13. Aufl., § 134 Rn. 2 f.

[246] *Schäfer*, in: Staub, HGB, Bd. 3, 5. Aufl., § 119 Rn. 85.

sellschaftszweck in Widerspruch zu einem Verbotsgesetz steht.[247] Ferner kann es in Konstellationen treuhänderischer Beteiligungen zu einer Nichtigkeit des Treuhandvertrages nach § 134 BGB i.V.m. §§ 2 und 3 RDG[248] kommen.[249] Freilich sind Verträge von Publikumspersonengesellschaften in der Praxis jedoch selten von Verbotsnormen betroffen.

II. Grenzen guter Sitten, § 138 BGB

Sowohl der vereinbarte Gesellschaftszweck, wie auch einzelne Vertragsklauseln können von der Nichtigkeitsfolge des § 138 Abs. 1 BGB erfasst sein, soweit sie den Bereich guter Sitten verlassen. Auch heute wird der Tatbestand der guten Sitten noch mit dem Verständnis des historischen Gesetzgebers[250] gefüllt, der mit dieser abstrakten Formel das „*Anstandsgefühle aller billig und gerecht Denkenden*" resümiert wissen wollte. Die sich schon im Allgemeinen auftuenden Schwierigkeiten bei der konkreten Anwendung dieser Begriffsdefinition wurden bereits vielfach betont.[251]

Allein die hohen Anforderungen[252] an das Vorliegen eines Sittenverstoßes führen dazu, dass die Auswirkungen des § 138 BGB im Recht der Publikumspersonengesellschaften nicht in besonderem Maße ins Gewicht fallen.[253] Erschwerend kommt im (Publikumspersonen-)Gesellschaftsrecht hinzu, dass dort die verschiedenartigen, gesellschaftsspezifischen sowie gegenseitigen Rechte und Pflichten der Beteiligten bei der Beurteilung einer etwaigen Sittenwidrigkeit Berücksichtigung finden müssen. Die im allgemeinen Teil des BGB angesiedelte Sittenwidrigkeitskontrolle kann sich hierfür als zu starr erweisen und die Feststellung eines Sittenverstoßes deutlich erschweren. Zudem birgt sie im Recht der (Publikumspersonen-)Gesellschaften die Gefahr, dass sich das erkennende Gericht aufgrund des unergiebigen Begriffs der „*guten Sitten*" zu einer bloßen, an pragmatischen Erwägungen ausgerichteten Billigkeitskontrolle veranlasst sieht.

---

[247] *Schäfer*, in: Staub, HGB, Bd. 3, 5. Aufl., § 109 Rn. 20.

[248] Rechtsdienstleistungsgesetz, BGBl. I S. 2840.

[249] Hierzu *Hoppe/Mühling*, in: Hesselmann/Tillmann/Mueller-Thuns, Handbuch GmbH & Co. KG, Rn. 2.337 m.w.N.; vgl. dazu ferner BGH v. 16.12.2002 – II ZR 109/01 = NJW 2003, 1252 zu § 1 RBerG a.F.

[250] Motive zu dem Entwurfe eines Bürgerlichen Gesetzbuchs für das Deutsche Reich, Bd. II, Recht der Schuldverhältnisse, S. 406.

[251] Vgl. nur *Hefermehl*, in: Soergel, BGB, Bd. 2, 13. Aufl., § 138 Rn. 5; *Sack/Fischinger*, in: Staudinger, BGB, Neubearb., §§ 134–138, § 138 Rn. 12 ff.

[252] *Fuchs*, in: Ulmer/Brandner/Hensen, AGB-Recht, 12. Aufl., Vorbem. zur Inhaltskontrolle Rn. 58.

[253] Vgl. *Wiedemann*, GesR, Bd. I, § 8 II 1 m.w.N.; *Schmidt-Räntsch*, Erman, BGB, 16. Aufl., § 138 Rn. 112 m.w.N.

III. Inhaltskontrolle nach Treu und Glauben, § 242 BGB

Wer, wenn nicht die Vertragsparteien selbst, wüsste am besten, welche Vereinbarungen für sie am vernünftigsten sind.[254] So banal wie richtig diese Erkenntnis ist, so wenig kann sie für sich alleine stehen.

1. Kontrollbedarf und -zulässigkeit

Mit § 310 Abs. 4 S. 1 BGB bringt der Gesetzgeber unmissverständlich zum Ausdruck, dass er Gesellschafter, und damit auch Anleger in (Publikums-)Personengesellschaften, nicht der schematischen AGB-rechtlichen Inhaltskontrolle unterwerfen möchte.[255] Im Entwurf[256] eines AGB-Gesetzes[257] erläutert der Gesetzgeber seine Entscheidung damit, dass die auf *„schuldrechtliche Austauschverträge zugeschnittenen Bestimmungen des Entwurfs sich zu einer Anwendung hier nicht eignen."* In Zweifel gezogen werden soll dies nicht.

Nicht von der Hand zu weisen ist allerdings eine Vergleichbarkeit der Schutzbedürfnisse auf Seiten der Gegner einseitig gestellter, vorformulierter Austauschvertragsbedingungen und Publikumspersonengesellschaftsverträgen.[258] Höchstrichterlich festgestellt wurde eine solche für körperschaftlich organisierte Publikumspersonengesellschaften schon im Jahre 1975 unter Hinweis auf bereits vorhandene Begründungsansätze in der Literatur[259].[260] Obwohl der Bundesgerichtshof diese Rechtsansicht[261] seither fortführte, zeigt sich die Rechtswissenschaft mit Ansätzen zur normativen Rechtfertigung einer Inhaltskontrolle keineswegs zurückhaltend: Das Bedürfnis nach einer Inhaltskontrolle bei Verträgen von Publikumspersonengesellschaften wird im Wesentlichen begründet mit deren vorformuliertem Charakter[262] sowie dem damit korrelierenden Risiko eines Missbrauchs der

---

[254] Zustimmend *Coester-Waltjen*, AcP 190 (1990), 1, 15.

[255] Dazu kritisch unter Verweis auf eine etwaige Unvereinbarkeit mit der KlauselRL (RL 93/13/EWG), vgl. *Mock*, in: GvW, Vertragsrecht und AGB-Klauselwerke, Teil „Klauselwerke", Gesellschaftsrecht, II. Rn. 32.

[256] Gesetzentwurf der Bundesregierung zu einem Gesetz zur Regelung des Rechts der Allgemeinen Geschäftsbedingungen (AGB-Gesetz), BT-Drucks. 7/3919, S. 41.

[257] Mit Inkrafttreten des Gesetzes zur Modernisierung des Schuldrechts (BGBl. I., S. 3188) am 01.01.2002 wurde das bis dahin geltende AGB-Gesetz abgelöst.

[258] Siehe dazu schon oben Erstes Kapitel A. II. 2. c); vgl. auch *Varachia*, in: Schwerdtfeger, Gesellschaftsrecht, 3. Aufl., Anh. 2 HGB Rn. 25.

[259] Vgl. nur *Wiedemann*, in: FS Harry Westermann, 585, 591; *Fischer*, in: FS Barz, 33, 38 f.

[260] BGH v. 14.04.1975 – II ZR 147/73 = NJW 1975, 1318, 1319.

[261] Etwa BGH v. 16.02.2016 – II ZR 348/14 = NZG 2016, 424; BGH v. 12.03.2013 – II ZR 73/11 = DStR 2013, 1295; BGH v. 23.04.2012 – II ZR 75/10 = NZG 2012, 789; BGH v. 23.04. 2012 – II ZR 75/10 = NJW-RR 2012, 1312; BGH v. 13.12.2011 – II ZB 6/09 = NZG 2012, 107; BGH v. 27.11.2000 – II ZR 218/00 = NZG 2001, 269.

[262] Vgl. *Böttcher*, in: Erman, BGB, 16. Aufl., § 242 Rn. 169; *Fleischhauer*, in: Kölner-HdBGesR, 3. Aufl., Kap. 1 Rn. 768; *Hille*, Die Inhaltskontrolle der Gesellschaftsverträge von

Vertragsfreiheit durch die Gesellschaftsinitiatoren[263].[264] Freilich zwingen Vertrags-bedingungen, die seitens des Verwenders nicht ernsthaft zur Disposition gestellt werden, für sich genommen nicht bereits zur Annahme einer gestörten Vertrags-parität.[265] Auch bleibt die Vertragspartei des Verwenders in ihrer Abschlussfreiheit, also der Entscheidung des „ob" des Vertragsschlusses, unberührt.[266] Nichtsdestotrotz liegt hierin zumindest eine widerlegbare Vermutung eines wirtschaftlichen Un-gleichgewichts der Vertragsparteien als Vorstufe eines etwaigen Missbrauchs ver-tragsgestalterischer Freiheit.

Der Einwand, mit den vorstehenden Begründungsansätzen sei der Weg zugunsten einer allgemeinen, d. h. rechtsformunabhängigen, gesellschaftsvertraglichen In-haltskontrolle geebnet, überzeugt nicht: Gesellschaftsverträge idealtypischer Per-sonenhandelsgesellschaften werden regelmäßig individuell ausgehandelt, worin gerade eine Machtäquivalenz der Parteien zum Ausdruck kommt.[267] Schon struk-turell unterscheiden sich diese damit von Publikumspersonengesellschaftsverträgen.

Auch kann nicht in Abrede gestellt werden, dass Minderheitsgesellschaftern einer wohlgemerkt kapitalistisch geprägten Publikumspersonengesellschaft im Gegensatz zu Anlegern einer Kapitalgesellschaft nicht unmittelbar kapitalgesellschaftsrecht-liche Anlegerschutznormen zur Verfügung stehen.[268] Gerade vor dem Hintergrund dieser Schutzwürdigkeitserwägungen ist Kontrollbedarf gegeben.[269] Die Inhalts-kontrolle kann damit trotz AGB-spezifischer Bereichsausnahme und auch unge-achtet der Tatbestandsmerkmale des § 305 Abs. 1 BGB eröffnet sein.[270] Der Ge-sellschaftsvertrag ist dabei ebenso einer richterlichen Inhaltskontrolle nach Treu und

---

Publikumspersonengesellschaften, 1986, S. 65 ff.; *Grunewald*, GesR, 10. Aufl., § 1 Rn. 36; *Kauffeld*, in: Blaurock, HdB Stille Gesellschaft, 9. Aufl., § 19 Rn. 18.43; *Mock*, in: R/GvW/H, HGB, 5. Aufl., § 161 Rn. 100; *Ulmer/Habersack*, in: U/B/H, AGB-Recht, 12. Aufl., § 305 BGB Rn. 79; a.A. *Coester-Waltjen*, AcP 190 (1990), 1, 21.

[263] *Fastrich*, Richterliche Inhaltskontrolle im Privatrecht, S. 130 f.; *Jaletzke*, in: MüHdB-GesR, Bd. 2, 4. Aufl., § 65 Rn. 8; *Kraft*, in: FS Fischer, 321, 323.

[264] Zu der folgerichtigen Frage, ob unter Zugrundelegung vorgenannter Begründungsan-sätze nicht bei jedem Gesellschaftsvertrag einer mitgliederstarken Personengesellschaft Bedarf nach einer Inhaltskontrolle bestünde, vgl. *Casper*, in: Staub, HGB, Bd. 4, 5. Aufl., § 161 Rn. 137.

[265] Vgl. *Coester-Waltjen*, AcP 190 (1990), 1, 21.

[266] Vgl. *Coester-Waltjen*, AcP 190 (1990), 1, 21.

[267] Hierauf hinweisend etwa *Fischer*, in: FS Barz, 1974, 33, 37.

[268] *Hoppe/Mühling*, in: Hesselmann/Tillmann/Mueller-Thuns, Handbuch GmbH & Co. KG, Rn. 2.297.

[269] Beachte dazu auch *Fastrich*, Richterliche Inhaltskontrolle im Privatrecht, S. 129 ff., der nicht auf die Schutzwürdigkeit der Gesellschafter, sondern vielmehr auf den Schutz des Rechtsverkehrs in seiner Gesamtheit abstellt.

[270] Ebenso *Hoppe/Mühling*, in: Hesselmann/Tillmann/Mueller-Thuns, Handbuch GmbH & Co. KG, Rn. 2.297; vgl. dazu ferner BGH v. 14.04.1975 – II ZR 147/73 = BGHZ 64, 238, 245, wonach das Vertrauen auf eine unwirksame Klausel keinen Schutz genieße, der einer In-haltskontrolle entgegenstünde.

Glauben zu unterziehen wie die Treuhandabrede bei treuhänderischer Beteiligung.[271] Die grundsätzliche Kontrollfähigkeit des (schuldrechtlichen) Treuhandvertrages folgt bereits aus einem Umkehrschluss zu § 310 Abs. 4 S. 1 BGB.[272]

Demgegenüber ist noch offen, inwieweit bei der mit Inkrafttreten des KAGB eingeführten geschlossenen Publikumsinvestment-KG eine (gesellschaftsrechtliche) Inhaltskontrolle nach § 242 BGB Anwendung findet. *Casper*[273] äußert keine Einwände gegen die Zulässigkeit einer entsprechenden Inhaltskontrolle, stuft deren praktische Dimension in Ansehung der hohen Regelungsdichte des KAGB jedoch als gering ein. Letztere Einschätzung dürfte indes ob der primär regulatorischen Ausrichtung des KAGB in Zweifel zu ziehen sein. Der Gesetzgeber verfolgt mit dem KAGB sowie dem Recht der geschlossenen Publikumsinvestment-KG vornehmlich regulatorische bzw. investmentrechtliche Ansätze[274], die in der rein privatrechtlich orientierten Inhaltskontrolle keine Berücksichtigung finden können. In der Tat finden sich in den §§ 149 ff. KAGB zugegebenermaßen auch gesellschaftsrechtliche Vorgaben zur Organisationsverfassung der geschlossenen Publikumsinvestment-KG. Diese gewährleisten indes keine hinreichende Regelungsdichte, um den Bedarf nach einer an Treu und Glauben ausgerichteten Inhaltskontrolle im Recht der geschlossenen Publikumsinvestment-KG obsolet erscheinen zu lassen.[275]

2. Kontrollmaßstab

Nicht zu verwechseln mit Kontrollbedarf und -zulässigkeit einer richterlichen Inhaltskontrolle im Recht der Publikumspersonengesellschaft ist die Frage, welcher Kontrollmaßstab insoweit zugrunde zu legen ist. Gewiss ist es weder Aufgabe der Legislative noch der Judikative, den Rechtsverkehr über Rationalität zu belehren oder vor bloßer Unvernunft zu bewahren. Dementsprechend zeigt eine Exegese der §§ 305 ff. BGB, dass einer (gesellschaftsrechtlichen) Inhaltskontrolle nicht mit dem Anspruch zu begegnen ist, die Parteivereinbarungen von „unrichtigen" Vertragsbestimmungen zu „befreien".[276] Entsprechend durchlässig muss auch das Sieb einer Inhaltskontrolle des Gesellschaftsvertrages sein.

---

[271] So für die Publikums-KG, vgl. BGH v. 21.03.1988 – II ZR 135/87 = BGHZ 104, 50 ff.

[272] Zustimmend *Schlosser*, in: Staudinger, BGB, Neubearb., § 310 Rn. 77; *Watermeyer/Knobbe*, in: Beck'sches Handbuch der Personengesellschaften, 4. Aufl., § 17 Rn. 52.

[273] *Casper*, in: Staub, HGB, Bd. 4, 5. Aufl., § 161 Rn. 141; zustimmend *Hoppe/Mühling*, in: Hesselmann/Tillmann/Mueller-Thuns, Handbuch GmbH & Co. KG, Rn. 2.297.

[274] Vgl. *Wallach*, ZGR 2014, 289, 291 f., 327.

[275] Anders *Schmidt*, in: Beck'sches Handbuch der Personengesellschaften, 5. Aufl., § 18 Rn. 68; lesenswert zur Inhaltskontrolle von Investmentverträgen einer durch das KAGB abgelösten Kapitalanlagegesellschaft nach dem InvG v. 15.12.2003 (Investmentgesetz; BGBl. I 2676), vgl. BGH v. 22.09.2016 – III ZR 264/15 = NZG 2016, 1382.

[276] Der in diesem Zusammenhang teilweise verwendete Begriff der „*Richtigkeitsgewähr*", vgl. *Fastrich*, Richterliche Inhaltskontrolle im Privatrecht, S. 128 f., ist irreführend, erweckt er doch den Eindruck, es solle zwischen „richtigen" und „unrichtigen" Parteivereinbarungen

Nur Vertragsklauseln, die den Vertragspartner gerade entgegen der Gebote von Treu und Glauben benachteiligen, soll die intendierte Rechtswirkung genommen werden. Von der Rechtsprechung werden demnach solche Vereinbarungen als unwirksam erachtet, welche die berechtigten Interessen der Anlagegesellschafter ohne ausreichenden sachlichen Grund beeinträchtigen.[277]

An dem vorgenannten Grundtenor richterlicher Inhaltskontrolle aus dem Recht der (herkömmlichen) Publikumspersonengesellschaft sind auch Gesellschaftsverträge der geschlossenen Publikumsinvestment-KG zu messen. Gestützt wird diese Feststellung rechtsdogmatisch durch den Inkorporationsgrundsatz des § 149 Abs. 1 S. 2 KAGB. Nach den einschlägigen Gesetzmaterialien[278] zum KAGB fügt sich die geschlossene Publikumsinvestment-KG grundsätzlich in das *bestehende Regelwerk für Kommanditgesellschaften im Handelsgesetzbuch*" ein. Diese gesetzgeberische Erläuterung ist jedoch nicht dergestalt misszuverstehen, als dass ausschließlich auf das entsprechende kommanditgesellschaftliche Gesetzesrecht aus dem HGB verwiesen würde. Für eine so verstandene künstliche Aufspaltung von geschriebenem und ungeschriebenem Recht zur herkömmlichen Publikums-KG findet sich keine Stütze. Die gesetzgeberische Erläuterung ist vielmehr dahingehend zu lesen, dass sich die geschlossene Publikumsinvestment-KG grundsätzlich in das bestehende Regelwerk für Kommanditgesellschaften nach dem Handelsgesetzbuch einfügt, welchem ebenso insbesondere die richterliche Inhaltskontrolle des Gesellschaftsvertrages immanent ist.

Die richterliche Inhaltskontrolle von Treuhandverträgen hat sich trotz der in § 310 Abs. 4 S. 1 BGB vorgesehenen unmittelbaren Anwendung der §§ 305 ff. BGB demselben Kontrollmaßstab zu unterwerfen wie die Gesellschaftssatzung; eine unterschiedliche Behandlung beider Konstellationen lässt sich nicht rechtfertigen und wird Anlegerschutzgesichtspunkten nicht gerecht.[279]

a) Abweichen von dispositivem Gesetzesrecht

Der Anwendungsbereich der an Treu und Glauben ausgerichteten Inhaltskontrolle erfasst in Anlehnung an § 307 Abs. 3 S. 1 BGB nur solche Bestimmungen, durch die von Rechtsvorschriften abweichende oder diese ergänzende Regelungen vereinbart werden.

---

unterschieden werden; jedoch bereits auf die *„Richtigkeit"* im Vertragsrecht abstellend *Schmidt-Rimpler*, AcP 147 (1941), 130 ff.

[277] BGH v. 03. 05. 1982 – II ZR 78/81 = NJW 1982, 2303; BGH v. 09. 11. 1987 – II ZR 100/87 = NJW 1988, 969, 971; OLG Düsseldorf v. 24. 05. 2007 – I 6 U 78/06 = BeckRS 2007, 12068.

[278] Begründung der Bundesregierung zum Entwurf eines Gesetzes zur Umsetzung der Richtlinie 2011/61/EU über die Verwalter alternativer Investmentfonds (AIFM-Umsetzungsgesetz – AIFM-UmsG), BT-Drucks. 17/12294.

[279] In dieselbe Richtung *Mock*, in: R/GvW/H, HGB, 5. Aufl., § 230 Rn. 167.

b) Schutzkonzept als Maßstab richterlicher Inhaltskontrolle

aa) Sinngemäße Übertragung der Methodik der §§ 305 ff. BGB

Den §§ 305 ff. BGB wohnt erinnerlich die Besonderheit inne, dass sie im Grundsatz auf (zweiseitige) Austauschverträge zugeschnitten sind.[280] Insofern bleibt nur Raum für eine sinngemäße, publikumspersonengesellschaftsrechtliche Besonderheiten beachtende Anwendung des bürgerlich-rechtlichen Kontrollmaßstabes zu AGB.[281]

bb) Personengesellschaftsrechtlicher Prüfungsmaßstab

Die Publikumspersonengesellschaft ist formaljuristisch dem Recht der Personengesellschaften zuzuordnen. Eine vorbehaltlose Heranziehung personengesellschaftsrechtlicher Gesetzesvorgaben im Rahmen der richterlichen Inhaltskontrolle erweist sich dennoch als nicht interessengerecht: Zu groß ist die Kluft zwischen dem gesetzlichen Leitbild eines kleinen Personengesellschafterkreises und der Anlegervielzahl der Publikumspersonengesellschaft. Als Prüfungsmaßstab innerhalb der Inhaltskontrolle eignen sich daher nur solche normativen Vorgaben, die mit der kapitalistischen Organisationsstruktur der Publikumspersonengesellschaft vereinbar sind.

cc) Übertragung kapitalgesellschaftsrechtlicher Schutzinstrumente

In Anbetracht der kapitalistischen[282] Prägung von Publikumspersonengesellschaften bietet es sich grundsätzlich an, im Rahmen gesellschaftsvertraglicher Inhaltskontrollen an kapitalgesellschaftsrechtlichen Vorgaben Maß zu nehmen. Denkbar erscheint insoweit vor allem ein Rückgriff auf aktienrechtliche und GmbH-rechtliche Normen.[283] Deren wesensmäßige Anwendbarkeit[284] ist im Rahmen einer Einzelfallprüfung zu ermitteln, d. h. dem Rechtsanwender bleibt ein schematischer Rückgriff auf das Kapitalgesellschaftsrecht verwehrt.[285]

---

[280] Siehe oben Erstes Kapitel B. III. 1.

[281] Vgl. *Jaletzke*, in: MüHdBGesR, Bd. 2, 5. Aufl., § 65 Rn. 10.

[282] Dazu schon oben Erstes Kapitel B. II. 2.

[283] So die ganz h.M., vgl. etwa *Casper*, in: Staub, HGB, Bd. 4, 5. Aufl., § 161 Rn. 139; *Grunewald*, in: MüKo, HGB, § 161 Rn. 136; *Mock*, in: R/GvW/H, HGB, 5. Aufl., § 161 Rn. 101; *Hoppe/Mühling*, in: Hesselmann/Tillmann/Mueller-Thuns, Handbuch GmbH & Co. KG, Rn. 2.297; *Jaletzke*, in: MüHdBGesR, Bd. 2, 4. Aufl., § 65 Rn. 12; *Schäfer*, MüKo, BGB, Bd. 7, 8. Aufl., Vor § 705 Rn. 4; *Wiedemann*, in: FS Priester, 2007, S. 857, 860, 865.

[284] Ausführlich zur Übertragung (minderheitsrechtsschützender) Wertungen des Kapitalgesellschaftsrechts siehe Erstes Kapitel A. II.

[285] *Casper*, in: Staub, HGB, Bd. 4, 5. Aufl., § 161 Rn. 139; *Jaletzke*, in: MüHdBGesR, § 65 Rn. 12.

dd) Übertragung des KAGB-rechtlichen Schutzkonzepts
der geschlossenen Publikumsinvestment-KG

Mit Inkrafttreten des KAGB im Jahre 2013 erweiterte der Gesetzgeber den Rechtskreis der Publikumspersonengesellschaften um die geschlossene Publikumsinvestment-KG. Rechtsdogmatisch geboten erscheint insoweit, den in den §§ 149 ff. KAGB zum Ausdruck kommenden gesetzgeberischen Willen zum Maßstab richterlicher Inhaltskontrolle eines Gesellschaftsvertrages einer geschlossenen Publikumsinvestment-KG zu machen.

Wenngleich deren Normkonzept nur vorbehaltlich des KAGB-spezifischen Geltungsbereichs Anwendung findet, erscheint es durchaus denkbar, auch die richterliche Inhaltskontrolle herkömmlicher Publikumspersonengesellschaften an leitbildenden Grundsätzen dieser spezialgesetzlichen Vorgaben zu messen, soweit diese wesensmäßig[286] auf das Publikumspersonengesellschaftsrecht übertragen werden können, d. h. nicht spezifisch investmentrechtlicher Natur sind.

3. Rechtsfolgen

Die Nichtigkeit, also der vollständige Wegfall einer gesellschaftsvertraglichen Vereinbarung, welche gegen den anzulegenden Kontrollmaßstab verstößt, folgt rechtsdogmatisch aus § 242 BGB.[287] Die Möglichkeit, derlei nichtige Vertragsklauseln im Einzelfall vermittels dispositiven Gesetzesrechts respektive ergänzender Vertragsauslegung zu substituieren, ist freilich entscheidend für den minderheitsrechtsschützenden Charakter einer jeden Inhaltskontrolle.

a) Konkretisiertes dispositives Gesetzesrecht

An die Stelle der unwirksamen Vertragsklausel treten in Anlehnung an § 306 Abs. 2 BGB die (dispositiven) gesetzlichen Vorschriften.[288] Gefragt ist daher nach einer konkreten gesetzlichen Ersatzregelung.[289] Eine interessengerechte Lückenfüllung des typischerweise kapitalistisch geprägten Publikumspersonengesellschaftsvertrags ist hingegen mithilfe der auf einen kleinen Gesellschafterkreis zugeschnittenen Normen des Personengesellschaftsrechts kaum zu erreichen. Die § 306 Abs. 2 BGB entlehnte Verweisung auf Gesetzesrecht wird hingegen denkbar weit verstanden; sie erfasst ebenso ungeschriebene Normen, also einschlägige,

---

[286] Hierzu und zur Übertragung minderheitsrechtsschützender Wertungen mithilfe des KAGB ausführlich Drittes Kapitel A. III.

[287] *Grunewald*, GesR, 10. Aufl., § 1 Rn. 36; zum Verbot der geltungserhaltenden Reduktion vgl. *Bork*, BGB AT, 4. Aufl., Rn. 1786.

[288] *Grunewald*, in: MüKo, HGB, 4. Aufl., § 161 Rn. 136; vgl. dazu auch *Roloff/Looschelders*, in: Erman, BGB, 16. Aufl., § 306 Rn. 6.

[289] Vgl. BGH v. 11. 10. 2011 – VI ZR 46/10 = NJW 2012, 222, 224.

konkretisierende Rechtsprechung wie auch Analogieschlüsse.[290] Auf den ersten Blick öffnete sich dadurch auch in der Publikumspersonengesellschaft die Möglichkeit, unwirksame Klauseln bereits auf Ebene der Anwendung dispositiven Rechts – insbesondere durch Übertragung kapitalgesetzlicher Vorgaben und Wertungen – zu ersetzen, soweit diese im Einzelfall zumindest geübte Praxis der Rechtsprechung sind.

Ein solcher pauschaler Ansatz liefe hingegen den wesensimmanenten Besonderheiten der Publikumspersonengesellschaft zuwider: Als Kind der Vertragspraxis bildet gerade in Publikumspersonengesellschaften die Gesellschaftssatzung das Fundament gegenseitiger Rechte und Pflichten.[291] Eine jede Substituierung unwirksamer Satzungsklauseln kann daher nicht ungeachtet des Willens der Beteiligten erfolgen, wie er in den wirksamen Teilen des Publikumspersonengesellschaftsvertrags Ansatz und Ausdruck gefunden hat.

b) Ergänzende Vertragsauslegung

Die gleichsam unter dispositives Gesetzesrecht fallenden (allgemeinen) Vorschriften der §§ 133, 157 BGB gebieten sodann eine ergänzende Vertragsauslegung.[292] Ziel der ergänzenden Vertragsauslegung muss sein, eine Regelung zu finden, welche die Parteien bei Kenntnis der Unwirksamkeit der betroffenen Vertragsklausel bei sachgerechter Abwägung der beiderseitigen Interessen vereinbart hätten.[293] Spiegelbildlich zum Kontrollmaßstab richterlicher Inhaltskontrolle bietet sich dabei ein Rekurs auf normative körperschaftliche Schutzkonzepte[294] an. Dies ist – wie bereits auf Ebene der Auslegung des Gesellschaftsvertrages – nicht unproblematisch:

Für die Betroffenen wird im Vornherein nur schwerlich auszumachen sein, welches normative Schutzkonzept inwieweit im konkreten Fall nichtiger Vertragsklauseln (analoge) Anwendung finden könnte. Gleiches gilt für die Ermittlung solch einer hypothetischen Parteivereinbarung durch das erkennende Gericht. Gerade weil es sich dabei um eine Einzelfallfrage handelt, liegt es im Ermessen des Gerichts, die gesellschaftsrechtlichen Beziehungen der Publikumspersonengesellschafter insoweit ebenso einzelfallspezifisch zu gestalten.[295] Im Besonderen erfährt dieses Ermessen eine Beschränkung durch die kapitalistische Ausrichtung der jeweiligen

---

[290] Vgl. BGH v. 14.05.1996 – XI ZR 257/94 = NJW 1996, 2092, 2093; *Canaris*, ZIP 1996, 1109, 1115 f.; *Schlosser*, in: Staudinger, BGB, 13. Neubearb., § 306 Rn. 11.

[291] Siehe oben Erstes Kapitel A. II. 2. a).

[292] Allgemein BGH v. 01.02.1984 – VIII ZR 54/83 = NJW 1984, 1177; vgl. *Mock*, in: R/GvW/H, HGB, 5. Aufl., § 161 Rn. 100; die Vorfrage, ob ein ersatzloser Wegfall der unwirksamen Klausel eine sachgerechte Lösung darstellt, kann im Recht der Publikumspersonengesellschaften typischerweise verneint werden, dazu lesenswert BGH v. 11.10.2011 – VI ZR 46/10 = NJW 2012, 222 ff.

[293] *Grüneberg*, in: Palandt, BGB, 79. Aufl., § 306 Rn. 13.

[294] Siehe dazu oben Zweites Kapitel B. III. 2. b) cc).

[295] Im Ergebnis zustimmend *Grunewald*, in: MüKo, HGB, 4. Aufl., § 161 Rn. 136.

Publikumspersonengesellschaft. Sie ist zugleich Gebot und Grenze der Übertragung kapitalgesellschaftsrechtlicher Vorgaben. Als Faustformel gilt daher: Je weniger der Gesellschaftsvertrag der jeweiligen Publikumspersonengesellschaft kapitalistisch geprägt ist, umso weniger lassen sich weitreichende Wertungsübertragungen, d. h. Ermessensbeschränkungen, aus dem Recht der Kapitalgesellschaften rechtfertigen. Sinngemäß gilt dies ebenso für Wertungsübertragungen aus den Vorschriften der geschlossenen Publikumsinvestment-KG nach den §§ 149 ff. KAGB.

C. Fazit

Die Publikumspersonengesellschaft findet ihren rechtsdogmatischen Ursprung allen voran in ihrer Gesellschaftssatzung, der folglich besondere Bedeutung zuteilwird. Infolge der kapitalistischen Organisationsstruktur der Publikumspersonengesellschaft ist dabei ein objektiver Auslegungsmaßstab zugrunde zu legen. Bleiben bei der Auslegung des Publikumspersonengesellschaftsvertrages Fragen offen, kann im Rahmen einer ergänzenden Vertragsauslegung ein Blick auf sachverwandte kapitalgesellschaftsrechtliche Wertungen geworfen werden.

Trotz privatautonomer Vertragsgestaltungsfreiheit können jedoch bereits im allgemeinen Privatrecht verankerte Mechanismen minderheitsrechtsschützende Wirkung zugunsten minderheitlich beteiligter Publikumspersonengesellschafter entfalten: Von nicht zu unterschätzender Bedeutung ist eine an den Maßstäben von Treu und Glauben ausgerichtete Inhaltskontrolle des Publikumspersonengesellschaftsvertrages. Mit deren Hilfe bietet sich auch auf Ebene der inhaltlichen Prüfung des Gesellschaftsvertrages die grundsätzliche Möglichkeit, Rekurs auf minderheitsrechtsschützende Wertungen des Kapitalgesellschaftsrechts zu nehmen. Im Recht der geschlossenen Publikumsinvestment-KG ist dabei der gesetzliche Anwendungsvorrang der Bestimmungen des HGB zu beachten. Denkbar erscheint darüber hinaus, im Rahmen der Inhaltskontrolle von Gesellschaftsverträgen herkömmlicher Publikumspersonengesellschaften auch minderheitsrechtsschützende Wertungsgrundsätze aus dem Recht der geschlossenen (Publikums-)Investment-KG zu berücksichtigen, soweit diese wesensmäßig übertragbar sind.

Drittes Kapitel

Mechanismen des Minderheitenrechtsschutzes in Publikumspersonengesellschaften

A. Normativ angelegte Minderheitenrechte

Der Minderheitenschutz[296] von Kapitalanlegern ist dem deutschen Gesetzgeber mittlerweile ein zentrales rechtspolitisches Anliegen.[297] Dass er diesem seither durch legislatorische Maßnahmen beizukommen versucht, sollte daher nicht verwundern. Auffällig ist hierbei, dass gesetzlicher Minderheitenschutz abhängig von dessen gesellschaftsspezifischer Verortung unterschiedliche Regelungsansätze und -dichten aufweist. Inwieweit diese als Maßnahmen zur dogmatischen Begründung von Minderheitenrechten in Publikumspersonengesellschaften brauchbar gemacht werden können, soll Gegenstand nachfolgender Analyse sein.

I. Personengesellschaftsrechtlicher Minderheitenrechtsschutz

Im Gesellschaftsrecht ruft die gesellschaftsinterne Willensbildung klassischerweise Bedarf nach Minderheitenrechten hervor. Grundlagenentscheidungen werden im Kapital- wie im Personengesellschaftsrecht mithilfe von Gesellschafterbeschlüssen getroffen. Im (gesetzestypischen) Personengesellschaftsrecht ist dabei erinnerlich der Grundsatz der konsensualen Entscheidungsfindung in den §§ 709 Abs. 1 BGB, 119 Abs. 1 HGB angelegt.[298] Hiernach bedürfen Gesellschafterbeschlüsse nicht nur der Zustimmung aller an der Beschlussfassung beteiligten Gesellschafter, sondern der aller Gesellschafter.[299] Abweichend hiervon eröffnet der jeweilige Abs. 2 vorstehender Normen im Grundsatz die Möglichkeit, kraft Gesellschaftsvertrages Mehrheitsentscheidungen nach Köpfen[300] nicht nur betreffend Geschäftsführungsangelegenheiten, sondern auch betreffend Grundlagenentschei-

---

[296] Siehe dazu auch *K. Schmidt*, GesR, 4. Aufl., S. 466, der Minderheitenschutz nicht als juristischen Terminus, sondern vielmehr als rechtspolitisches Programm begreift.

[297] Vgl. dazu etwa die Begründung zum Gesetzesentwurf der Bundesregierung über ein Gesetz zur Umsetzung der Richtlinie 2011/61/EU über die Verwalter alternativer Investmentfonds (AIFM-Umsetzungsgesetz – AIFM-UmsG), BT-Drucks. 17/12294, S. 1 f.

[298] *Picot*, BB 1993, 13; siehe dazu auch schon oben Zweites Kapitel A. II. 3.

[299] *Roth*, in: Baumbach/Hopt, HGB, 39. Aufl., § 119 Rn. 2.

[300] *Westermann*, in: Erman, BGB, 16. Aufl., § 709 Rn. 7.

dungen zu treffen.[301] Der überstimmten Minderheit steht insoweit der im Gesellschafterbeschluss Ausdruck gefundene Wille der Majorität gegenüber. In diesen Fällen sieht das normative Personengesellschaftsrecht, das vom Grundsatz der Einstimmigkeit ausgeht, allerdings keinen (formellen[302]) Minderheitenrechtsschutz vor.[303] Vielmehr finden sich im Gesetzesrecht der Personengesellschaften nur vereinzelt minderheitsschützende Vorgaben: Zu nennen sind hier klassischerweise die Rechte auf Informationseinholung[304] und auf Absetzung[305] der Geschäftsführung. Mit Recht konstatiert *Klöhn*[306] daher, dass Minderheitenrechtsschutz im Personengesellschaftsrecht *„nur sehr rudimentär gesetzlich geregelt"* ist.

II. Kapitalgesellschaftsrechtlich verorteter Minderheitenschutz

Die Anwendung normativer (personalistisch geprägter) Regelungen des Personengesellschaftsrechts in Publikumspersonengesellschaften verliert mit deren zunehmend körperschaftlicher Prägung ihre Legitimität.[307] Die dem Grunde nach wesensmäßige Übertragung kapitalgesellschaftsrechtlicher Vorgaben erweist sich damit nicht lediglich als bloße Notlösung zur Gestaltung von Minderheitenrechten im Recht der Publikumspersonengesellschaft, sondern gerade als zweckmäßiges Mittel zur Erfassung ihrer kapitalistischen Organisationsstruktur.

Wie ein historischer Rückblick zeigt, wurde der Minderheitenschutz dem Kapitalgesellschaftsrecht wahrlich nicht in die Wiege gelegt.[308] Etwa in der Begründung[309] zur Aktienrechtsnovelle[310] im Jahre 1884 vertrat der Gesetzgeber noch die Auffassung, Mehrheitsentscheidungen erfolgten stets nicht zur bloßen Durchsetzung von Partikular- oder Sonderinteressen, sondern vielmehr im gesamtheitlichen Ak-

---

[301] *Picot*, BB 1993, 13, 20; zur Vereinbarkeit von Mehrheitsentscheidungen mit dem Gleichbehandlungsgrundsatz vgl. *G. Hueck*, Der Grundsatz der gleichmäßigen Behandlung im Privatrecht, S. 305 ff.

[302] Zur Unterscheidung zwischen formellem und materiellem Minderheitenrechtsschutz vgl. *Enzinger*, in: MüKo, HGB, 4. Aufl., § 119 Rn. 60 ff.

[303] Dazu auch *Picot*, BB 1993, 13, 14.

[304] Im Einzelnen siehe Drittes Kapitel C. III.

[305] Im Einzelnen siehe Drittes Kapitel C. V.

[306] *Klöhn*, AcP 216 (2016), 281, 283 f.

[307] *Habermeier*, in: Staudinger, Eckpfeiler des Zivilrechts, 5. Aufl., R. Rn. 13.

[308] Ähnlich konstatierend *Wiedemann*, GesR, Bd. I, S. 408.

[309] Vgl. dazu die Allgemeine Begründung zum Gesetz betreffend die Kommanditgesellschaften auf Aktien und die Aktiengesellschaften (1884), abgedruckt bei *Schubert/Hommelhoff*, Hundert Jahre modernes Aktienrecht, S. 407, 466.

[310] Gesetz, betreffend die Kommanditgesellschaften auf Aktien und die Aktiengesellschaften vom 18. Juli 1884, RGBl. Band 1884, Nr. 22, S. 123–170; abgedruckt bei *Schubert/Hommelhoff*, Hundert Jahre modernes Aktienrecht, S. 560 ff.

tiengesellschaftsinteresse[311]; so heißt es darin: *„Der Regel nach muß man von dem Grundsatz ausgehen, daß die Gesellschaftsorgane die ihnen durch Gesetz oder Statut verliehenen Befugnisse legal ausüben ... und daß auch die Generalversammlung in ihren Mehrheitsbeschlüssen nicht die Sonderinteressen einzelner Aktionäre, sondern das Interesse des Ganzen verfolgt. Darauf beruht das Wesen einer Aktiengesellschaft und ihrer Organisation."*[312] In dieselbe Richtung – wenn auch ungleich drastischer – äußerte sich das Reichsgericht[313] im Jahre 1908 mit der Feststellung, die *„mit der erforderlichen Stimmenanzahl gefaßten Beschlüsse der Mehrheit für die Minderheit [seien im Grundsatz] auch dann maßgebend, wenn sie dieser als verkehrt, wirtschaftlich nachteilig und die Bestrebungen der Minderheit beschädigend erscheinen."* Damit waren Minderheitenrechte in Aktiengesellschaften zumindest von Seiten der höchstrichterlichen Rechtsprechung *de facto* teilweise negiert worden. So willkürlich der hiermit geebnete Weg erscheinen mag, so sehr sollte die Zurückdrängung von Minderheitsrechten der Funktions- und Organisationsfähigkeit der Gesellschaft dienlich sein.[314] Allerdings wurden besonders wesentlichen und willkürlichen Eingriffen in die Aktionärsstellung bereits mithilfe der allgemein zivilrechtlichen Merkmale der Sittenwidrigkeit sowie von Treu und Glauben Schranken gesetzt.[315]

Ein nachhaltiger – gesellschaftsrechtlich verorteter – Sinneswandel zeichnete sich erst nach Ende des Zweiten Weltkriegs ab.[316] Spätestens mit Novellierung des Aktienrechts im Jahre 1965 wurden Minderheitenrechte in der Aktiengesellschaft auch normativ gefestigt.[317]

Ebenso wartet das heutige Aktienrecht mit einer Fülle systematischer anlegerschützender Normen auf. Das Kerninstrument dieses Minderheitenrechtsschutzes liegt im Verbot unzulässiger Rechtsausübung.[318] Spezifischen normativen Ausdruck

---

[311] *Wiedemann*, GesR, Bd. I, S. 408 zeichnet insoweit vorstellungsgetreu das Bild vieler, in gleichem Maße einflussloser (Klein-)Aktionäre.

[312] Vgl. ferner *Fischer*, Minderheitenschutz bei Kapitalgesellschaften (1967), S. 59 f.; siehe hierzu auch *Fischer*, in: FS Barz, 1974, 33; vgl. aber auch *Bayer*, in: FS Hopt 2010, 373, 378, der in der Aktienrechtsnovelle aus dem Jahre 1884 bereits Anlegerschutzaspekte festmacht; ferner wurde mit der Aktienrechtsnovelle 1884 ein Schutzsystem der Kapitalerhaltung und Kapitalaufbringung geschaffen, vgl. dazu *Bayer*, in: Bayer/Habersack, Aktienrecht im Wandel, Bd. 2, Kap. 17, Rn. 47.

[313] RG v. 08.04.1908 – I 595/07 = RGZ 68, 235, 245 f.; hierzu ebenfalls *Fischer*, in: FS Barz 1974, 33 f.

[314] Dazu ausführlich *Wiedemann*, GesR, Bd. I, S. 408 f.

[315] Vgl. dazu ausführlich *Wieland*, Handelsrecht, Bd. 2 (1931), S. 203.

[316] *Fischer*, Minderheitenschutz bei Kapitalgesellschaften (1967), S. 59 ff.; hierauf verweisend *Wiedemann*, GesR, Bd. I, S. 409.

[317] Vgl. dazu etwa schon den Gesetzesentwurf der Bundesregierung zu einem Aktiengesetz, BT-Drucks. IV/171, S. 111, 117, 149, 162, 181; bis dahin lag das gesetzgeberische Hauptaugenmerk auf dem Schutz der Gesellschaftsgläubiger, vgl. *Wiedemann*, Minderheitenschutz und Aktienhandel, S. 4.

[318] Vgl. dazu etwa *Weipert*, in: MüHdBGesR, Bd. 2, 4. Aufl., § 13 Rn. 19.

findet dieser Grundsatz etwa in dem individuellen Anfechtungsrecht von Hauptversammlungsbeschlüssen (vgl. § 243 Abs. 2 AktG) sowie den konzernrechtlichen Regelungen der §§ 309 ff. AktG.[319]

Auch im Recht der GmbH[320] finden sich zuhauf normativ verortete Minderheitenrechte. Konzeptionell unterscheiden sich diese von ihren aktiengesetzlichen Korrelaten jedoch maßgeblich durch ihren fehlenden Zuschnitt auf ein mitgliederstarkes Anlegerpublikum. Ob ihrer Ausrichtung als körperschaftlich organisierte Gesellschaft können sich Analogien zu GmbH-rechtlichen Vorschriften im Einzelfall dennoch anbieten. Vor allem zeigen sich GmbH-gesetzliche Regelungen vielfach weniger formstreng als aktienrechtliche Vorschriften.[321]

Der dennoch nicht minder naheliegende Rekurs auf normativ im Aktienrecht verankerte Minderheitenrechte fand bereits im Jahre 1975 Anerkennung[322] durch den Bundesgerichtshof. Zur Klarstellung sei hier jedoch erwähnt, dass der jener Entscheidung zugrundeliegende Gesellschaftsvertrag bereits explizit auf Vorschriften des AktG verwies.

Inwieweit auch ohne ausdrückliche Inbezugnahme im Gesellschaftsvertrag „offene Lücken“[323] im Recht der Publikumspersonengesellschaften durch Vorgaben des Kapitalgesellschaftsrechts geschlossen werden können, ist nicht nur dogmatisch interessant, sondern auch praktisch von großer Bedeutung. Mit dem vermehrten Aufkommen von Publikumspersonengesellschaften sah sich die Rechtsprechung mit dem Ziel sachgemäßer Fortbildung des Minderheitenschutzes vielfach veranlasst, Anleihe an anlegerschützenden Vorschriften des Kapitalgesellschaftsrechts zu nehmen.[324] Gegenstand nachfolgender Analyse ist damit das dogmatische Fundament der Übertragung von kapitalgesellschaftlichen Wertungsmaßstäben auf das Recht der Publikumspersonengesellschaften.[325]

---

[319] Hierauf hinweisend *Weipert*, in: MüHdBGesR, Bd. 2, 4. Aufl., § 13 Rn. 19.

[320] Vgl. dazu den Bundesregierungsentwurf über ein Gesetz zur Änderung des Gesetzes betreffend die Gesellschaften mit beschränkter Haftung und anderer handelsrechtlicher Vorschriften, BT-Drucks. 8/1347, S. 11 f., 27 f., 43 ff., wonach Minderheitenrechte in Form von Auskunfts- und Einsichtsrechten im Recht der GmbH gestärkt werden sollten.

[321] Vgl. nur *Jaletzke*, in: MüHdBGesR, Bd. 2, 5. Aufl., § 66 Rn. 1.

[322] BGH v. 14.4.1975 – II ZR 147/73 = NJW 1975, 1318; hierauf hinweisend *Stimpel*, in: FS Fischer, 1979, 771, 773.

[323] Ausführlich zum Begriff *Hefermehl*, in: Soergel, BGB, Bd. 2, 13. Aufl., Anh. § 133 Rn. 13.

[324] So die ausdrückliche Darstellung bei BayObLG v. 04.07.1985 – B Reg. 3 Z 43/85 = NJW 1986, 140; vgl. dazu im Allgemeinen auch schon oben Erstes Kapitel A. II.

[325] Grundlegend zur Methodik der Analogiebildung, vgl. *Larenz*, Methodenlehre der Rechtswissenschaft, 6. Aufl., S. 381 ff.; *Zippelius*, Juristische Methodenlehre, 11. Aufl., S. 52 ff.

1. Planwidrige Regelungslücke

Geradezu typisch für das Recht der Personengesellschaften sind die sich dort auftuenden Regelungslücken[326] betreffend Publikumspersonengesellschaften: Der Gesetzgeber hat das Personengesellschaftsrecht personalistisch ausgestaltet, nämlich als eine „*kooperative Verbindung eines geschlossenen Vertragspartnerkreises*".[327] Naturgemäß ist Publikumspersonengesellschaften aufgrund ihres körperschaftlichen Charakters eine kooperative Verbindung fremd. Vielmehr zeichnen sich Publikumspersonengesellschaften gerade durch einen offenen, auf eine Vielzahl von Anlegern gerichteten Zusammenschluss von Gesellschaftern aus.[328] Erinnerlich sind im Recht gesetzestypischer Personengesellschaften vor allem Minderheitenrechte nahezu kaum anzutreffen.[329]

Die Planwidrigkeit[330] der daraus resultierenden Regelungslücken im Personengesellschaftsrecht speist sich maßgeblich daraus, dass der Gesetzgeber die sich erst aus der Vertragsgestaltung ergebende körperschaftliche Prägung von Publikumspersonengesellschaften nicht vorhergesehen hat und dies auch nicht konnte. Auch bis heute findet die Publikumspersonengesellschaft in den personengesellschaftsrechtlichen Vorgaben in BGB und HGB keine Erwähnung.

Nicht von vornherein ausgeschlossen erscheint, ob die Einführung des KAGB im Jahre 2013 an der soeben konstatierten planwidrigen Regelungslücke rüttelt. So erfolgte damit doch erstmals eine spezifische normative Anerkennung von Publikumspersonengesellschaften, namentlich der geschlossenen Publikumsinvestment-KG; eine ausdrückliche Ergänzung normativer Vorgaben für herkömmliche[331] Publikumspersonengesellschaften bzw. Publikums-KGen blieb hingegen aus. Gegen den denkbaren Umkehrschluss, der Gesetzgeber mache damit nunmehr deutlich, herkömmliche Publikumspersonengesellschaften nur dem personengesellschaftlichen Regelungsregime unterwerfen zu wollen, streiten bereits die Begründungserwägungen in dem Gesetzesentwurf[332] der Bundesregierung. Durch eben diese sollte vorrangig[333] das Umsetzungsverlangen des europäischen Richtliniengebers befriedigt werden. Auch findet sich im besagten Regierungsentwurf kein Hinweis darauf,

---

[326] Zum Begriff der Regelungslücke *Busche*, in: MüKo, BGB, 8. Aufl., § 157 Rn. 38 ff. m.w.N.

[327] *K. Schmidt*, GesR, 4. Aufl., S. 1697.

[328] Siehe dazu ausführlich oben Erstes Kapitel B. II. 2.

[329] Dazu ausführlich oben Erstes Kapitel A. I.

[330] Allgemein *Bork*, BGB AT, 4. Aufl., Rn. 143 ff.

[331] Siehe dazu oben Erstes Kapitel B. III. 1., Erstes Kapitel B. III. 2. und Erstes Kapitel B. III. 3. a).

[332] Vgl. Begründung zum Gesetzesentwurf der Bundesregierung über ein Gesetz zur Umsetzung der Richtlinie 2011/61/EU über die Verwalter alternativer Investmentfonds (AIFM-Umsetzungsgesetz – AIFM-UmsG), BT-Drucks. 17/12294, S. 187 ff.

[333] Eine überschießende Umsetzung der europarechtlichen Vorgaben erkennend *Casper*, in: Staub, HGB, Bd. 4, 5. Aufl., § 161 Rn. 257 ff.

die jüngst geschaffene Form der geschlossenen Publikumsinvestment-KG verstehe sich als einzig denkbares publikumskommanditgesellschaftliches Fondsvehikel. Im Gegenteil machen gerade die §§ 1 ff., 149 KAGB deutlich, dass der Gesetzgeber fernab des Anwendungsbereichs des KAGB sowie des Formzwangs der (geschlossenen Publikums-)Investment-KG dem Rechtsanwender weitgehend freie Hand lässt.

Innerhalb des Rechts der geschlossenen Publikumsinvestment-KG lassen sich gute Gründe anführen, eine planwidrige Regelungslücke zu verneinen und damit eine entsprechende Analogienbildung nach kapitalgesellschaftlichen Wertungen zu versagen. Im KAGB erklärte der Gesetzgeber das Aktienrecht vielfach *expressis verbis* als entsprechend anwendbar.[334] Damit läge der Umkehrschluss nahe, dass einer Heranziehung weiterer kapitalgesellschaftlicher oder zumindest aktienrechtlicher Vorgaben der normativ erklärte gesetzgeberische Wille entgegenstünde. Eine solche These findet in den Gesetzesmaterialien[335] zum KAGB hingegen keine Stütze. Vielmehr bringt der Gesetzgeber dort erinnerlich[336] zum Ausdruck, dass er mit dem Anwendungsbefehl nach § 149 Abs. 1 S. 2 KAGB auch auf Rechtsprechung verweist, die zur herkömmlichen Publikums-KG bzw. Publikumspersonengesellschaft erging und welche zugleich Maß an kapitalgesellschaftlichen Vorgaben nimmt.[337]

2. Vergleichbare Interessenlage

Für die Analogienbildung müssen ferner die Interessenlagen „vergleichbar" sein. Namentlich hat die Interessenlage des kapitalgesellschaftlich geregelten Falles der des nicht geregelten, publikumspersonengesellschaftsrechtlichen Falles weitgehend zu entsprechen.[338]

Eine grundsätzliche Vergleichbarkeit der Rechtsstellungen von einerseits in AG bzw. GmbH beteiligter Minderheitsanleger und andererseits rein kapitalistisch beteiligter Minderheitsanleger in Publikumspersonengesellschaften kann bereits festgestellt werden: (Minderheits-)Gesellschaftern beider Seiten ist gemein, dass sie grundsätzlich kein Interesse an einer Beteiligung im operativen Geschäft der Gesellschaft haben; ihr Hauptinteresse liegt auf einer rein kapitalmäßigen Beteiligung. Hierfür leisten die vorgenannten (Minderheits-)Aktionäre respektive GmbH-Gesellschafter jeweils eine begrenzte Kapitaleinlage, wofür ihnen seitens der Gesell-

---

[334] Vgl. nur die §§ 18 Abs. 2 und 3, 94 Abs. 1 S. 2, 95 Abs. 1 S. 1 KAGB.

[335] Begründung der Bundesregierung zum Entwurf eines Gesetzes zur Umsetzung der Richtlinie 2011/61/EU über die Verwalter alternativer Investmentfonds (AIFM-Umsetzungsgesetz – AIFM-UmsG), BT-Drucks. 17/12294.

[336] Siehe dazu Zweites Kapitel B. III. 2.

[337] Zustimmend *Paul*, in: Weitnauer/Boxberger/Anders, KAGB, § 149 Rn. 7; *Könnecke*, in: Baur/Tappen, Investmentgesetze, Bd. 2, 4. Aufl., § 149 KAGB Rn. 21 f.

[338] Jeweils grundlegend *Bork*, BGB AT, 4. Aufl., Rn. 145; *Larenz*, Methodenlehre der Rechtswissenschaft, 6. Aufl., S. 381; *Reimer*, Juristische Methodenlehre, S. 258 ff.

schaft im Gegenzug üblicherweise eine gewinnmehrende Vermögensverwaltung versprochen wird.[339]

Trotz des grundsätzlichen Gleichlaufs der Anlegerinteressen ist im Rahmen der jeweils fraglichen Gesetzesanalogie in Form einer Einzelanalogie[340] zu untersuchen, ob auch die jeweils betroffene Norm ein entsprechendes Anlegerverständnis zugrunde legt. Maßgebend ist hierbei insbesondere der Grad kapitalistischer Prägung der jeweiligen Publikumspersonengesellschaft. In den Blick zu nehmen ist insofern die konkrete Ausgestaltung des Publikumspersonengesellschaftsvertrages.[341] Denn auch wenn eine grundsätzliche Vergleichbarkeit gegeben sein mag, kann die Fassung der Satzung im Einzelfall dagegen sprechen, kapitalgesellschaftsrechtliche Wertungen einer entsprechenden Anwendung im Recht der Publikumspersonengesellschaft zuzuführen.[342] Insbesondere dürfen insoweit zutage tretende Unterschiede der zu vergleichenden Interessenlagen dabei nicht von solchem Gewicht sein, dass sie einer Übertragung der gesetzlichen Wertung entgegenstehen.[343] Ebenso hinderlich für die Heranziehung kapitalgesellschaftsrechtlicher Regelungen kann es sein, wenn dadurch publikumspersonenrechtliche Gläubigerschutzvorschriften beeinträchtigt würden.[344]

III. Minderheitenrechtsschutz nach dem KAGB

Inwieweit der Gesetzgeber das (publikumspersonengesellschaftsrechtliche) Regelungsregime der geschlossenen Publikumsinvestment-KG mit minderheitsschützenden Instrumenten versehen hat und diese Ausstrahlungswirkung hinsichtlich der herkömmlichen Publikums-KG respektive Publikumspersonengesellschaft entfalten, bedarf näherer Betrachtung.

1. Minderheitsschützende Wertungen im KAGB

Ein umfassendes Regelwerk an Minderheitenrechten findet sich im KAGB nicht. Der europäische Richtliniengeber[345] sowie der hieraufhin tätig gewordene deutsche

---

[339] Zu typischen Eigenschaften von Minderheitsaktionären vgl. *Henssler/Wiedemann*, in: Aktienrecht im Wandel, Bd. 2, S. 17 f.

[340] Zum Begriff der Einzelanalogie vgl. *Würdinger*, AcP 206 (2006), 946, 953.

[341] BGH v. 04.07.1977 – II ZR 150/75 = BGHZ 69, 207, 220.

[342] Vgl. BGH v. 04.07.1977 – II ZR 150/75 = BGHZ 69, 207, 220; BGH v. 12.07.1982 – II ZR 201/81 = BGHZ 84, 383, 386 f.; BGH v. 11.01.2011 – II ZR 187/09 = NZG 2011, 276, 278.

[343] *Larenz*, Methodenlehre der Rechtswissenschaft, 6. Aufl., S. 381 f.

[344] So ausdrücklich BGH v. 12.07.1982 – II ZR 201/81 = NJW 1982, 2500, 2501.

[345] Vgl. dazu die Erwägungen des Richtliniengebers in RL 2009/65/EG, S. 1 ff. sowie RL 2011/61/EU, S. 1 ff.

Gesetzgeber[346] setzten den Schwerpunkt vielmehr darauf, Anlegerschutz in kommanditgesellschaftlich organisierten Fondsgesellschaften durch regulatorische Instrumente zu optimieren. Dennoch finden sich in den §§ 149 ff. KAGB gesellschaftsrechtliche Sonderregelungen zugunsten von Anlegern der geschlossenen (Publikums-)Investment-KG: Eine für Anleger besonders günstige Rechtsfolge sieht § 152 Abs. 3 S. 2 bis 5 KAGB vor, wonach Nachschusspflichten nicht bestehen, § 707 BGB nicht abdingbar ist und entgegenstehende Vereinbarungen unwirksam sind.[347] Auch gilt die Erfüllung des Abfindungsanspruchs im Falle des Ausscheidens eines Kommanditisten während der Laufzeit der geschlossenen (Publikums-)Investment-KG nach § 152 Abs. 6 S. 1 KAGB nicht als Rückzahlung der Kommanditeinlage. Um klassische Minderheitenrechte handelt es sich hierbei freilich nicht, vielmehr um minderheitsschützende Wertungen. Der Gesetzgeber nahm aber auch im Übrigen davon Abstand, Minderheitenrechte ausdrücklich in den zur geschlossenen (Publikums-)Investment-KG ergangenen §§ 149 bis 161 KAGB festzuhalten.

Als weitere Vorgabe minderheitsrechtsschützenden Charakters kann das in § 152 Abs. 1 S. 3 KAGB verankerte Gleichstellungsgebot[348] begriffen werden. Hiernach ist der mittelbar beteiligte Anleger oder der am Erwerb einer mittelbaren Beteiligung Interessierte einem unmittelbar beteiligten Anleger bzw. einem am Erwerb eines solchen Anteils Interessierten gleichgestellt, folglich mit entsprechenden Gesellschafterrechten bedacht.[349]

2. Ausstrahlungswirkung

Geradezu pionierhaft wirft *Wiedemann*[350] die Frage auf, inwieweit anlegerschützende Wertungsmaßstäbe aus dem KAGB eine Ausstrahlungswirkung auf herkömmliche Publikums-KGen, über die Verweise der §§ 161 Abs. 2, 105 Abs. 3 HGB aber auch auf weitere Formen von Publikumspersonengesellschaften, entfalten können. Denn anders als minderheitenrechtsschützende Normen aus dem Kapitalgesellschaftsrecht hatte der Gesetzgeber bei Schaffung der §§ 149 bis 161 KAGB

---

[346] Vgl. dazu die Begründung der Bundesregierung über ein Gesetz zur Umsetzung der Richtlinie 2011/61/EU über die Verwalter alternativer Investmentfonds (AIFM-Umsetzungsgesetz – AIFM-UmsG), BT-Drucks. 17/12294, S. 187 sowie den Entwurf der Bundesregierung über ein Gesetz zur Umsetzung der RL 2014/91/EU des Europäischen Parlaments und des Rates vom 23.07.2014 zur Änderung der RL 2009/65/EG zur Koordinierung der Rechts- und Verwaltungsvorschriften, betreffend bestimmte Organismen für gemeinsame Anlagen in Wertpapieren (OGAW) im Hinblick auf die Aufgaben der Verwahrstelle, die Vergütungspolitik und Sanktionen, BT-Drucks. 18/6744, S. 35 ff.

[347] Vgl. *Oetker*, in: Oetker, HGB, 6. Aufl., § 167 Rn. 28; ausführlich zur Rückgewähr der (Haft-)Einlage *Oetker*, in: Oetker, HGB, 6. Aufl., § 172 Rn. 59 ff.; *Paul*, in: Weitnauer/Boxberger/Anders, KAGB, § 152 Rn. 21; *Wiedemann*, NZG 2013, 1041, 1042.

[348] Siehe dazu schon oben Erstes Kapitel B. III. 3. b) bb) (2).

[349] Ausführlich *Könnecke*, in: Baur/Tappen, Investmentgesetze, Bd. 2, 4. Aufl., § 152 KAGB Rn. 37 ff.

[350] *Wiedemann*, NZG 2013, 1041, 1043; dazu ebenfalls *Wallach*, ZGR 2014, 289, 323.

gerade eine Publikums-KG vor Augen, wenngleich auch versehen mit investment-rechtsspezifischen Neuerungen. Dies vergegenwärtigt auch die in § 149 Abs. 1 S. 2 HGB angeordnete subsidiäre Geltung des Rechts der herkömmlichen Publikums-KG. Ebenso subsidiär inkorporiert in das Recht der geschlossenen (Publikums-) Investment-KG werden damit die zur herkömmlichen Publikums-KG ergangene Judikatur sowie die insoweit zum Kapitalgesellschaftsrecht gezogenen Analogien.[351] Auch ein dem entgegenläufiger Rekurs auf anlegerschützende respektive minder-heitsrechtsschützende Aspekte aus dem Regelwerk des KAGB scheint sich damit für das Recht der herkömmlichen Publikums-KG anzubieten. Im KAGB getroffene Wertungen könnten demnach grundsätzlich Berücksichtigung finden, um Rechts-fragen zu erörtern, welche sich im Rahmen einer herkömmlichen Publikums-KG bzw. Publikumspersonengesellschaft stellen.[352]

Konkret könnten übertragungsfähige Wertungen etwa im Bereich der Regelungen zur Rechtsstellung des Anlegers zu suchen sein. Rechtsdogmatisch fände eine solche Wertungsübertragung ihren Platz voraussichtlich schon im Rahmen der Gesetzes-auslegung bei der Erörterung gegenseitiger Rechte und Pflichten der betroffenen Gesellschafter.[353] Ein weiteres denkbares – besonders in der Rechtspraxis nicht zu vernachlässigendes Anwendungsgebiet – wäre die Zugrundelegung investment-kommanditgesellschaftlicher Wertungsmaßstäbe im Rahmen der richterlichen In-haltskontrolle[354] nach Treu und Glauben.

Um dogmatischen – insbesondere aber auch teleologischen – Friktionen bei der Übertragung von Wertungen in das Recht herkömmlicher Publikums-KGen re-spektive Publikumspersonengesellschaften vorzubeugen, hat dieser eine zweistufige Prüfung der Übertragungsfähigkeit voranzugehen:[355]

Zunächst ist zu untersuchen, ob eine Wertungsübertragung in zeitlicher Hinsicht in Betracht kommt. Denn mit Recht darf bezweifelt werden, dass eine Ausstrah-lungswirkung zeitlich uneingeschränkt Geltung beanspruchen kann: Erinnerlich dient das KAGB insbesondere der Umsetzung der Richtlinie 2011/61/EU.[356] Vor allem letztere erließ[357] der europäische Normgeber nicht zuletzt vor dem Hintergrund der Finanzmarktkrise aus dem Jahre 2007. Mit Rücksicht darauf befürwortet *Cas-*

---

[351] Siehe dazu schon oben Zweites Kapitel B. III. 3. b) bb) (2).

[352] In diese Richtung *Mock*, in: R/GvW/H, HGB, 5. Aufl., § 161 Rn. 21; zugunsten einer Ausstrahlungswirkung des KAGB bezogen auf Publikumspersonengesellschaften, die von kleinen KVGen i.S.d. §§ 44 ff. KAGB verwaltet werden, *Zetsche*, AG 2013, 613, 628 f.; hierauf hinweisend *Casper*, ZHR 179 (2015), 44, 77 f.

[353] Wohl zustimmend *Casper*, ZHR 179 (2015), 44, 77 f.

[354] Siehe dazu oben Zweites Kapitel B. III.

[355] Zustimmend *Casper*, ZHR 179 (2015), 44, 77 f., der sich gegen eine rein opportunistisch motivierte Wertungsübertragung ausspricht.

[356] Vgl. dazu abermals die amtliche Bezeichnung des Gesetzesentwurfs der Bundesregie-rung über ein Gesetz zur Umsetzung der Richtlinie 2011/61/EU über die Verwalter alternativer Investmentfonds (AIFM-Umsetzungsgesetz – AIFM-UmsG), BT-Drucks. 17/12294.

[357] Dazu ausführlich *Rotter/Gierke*, VuR 2014, 255, 256 ff.

per[358] eine Ausstrahlungswirkung daher grundsätzlich nur betreffend herkömmliche Publikums-KGen respektive Publikumspersonengesellschaften, die seit Inkrafttreten des KAGB ins Leben gerufen wurden. Als weiteres Korrektiv zeitlicher Ausstrahlungswirkung ließe sich die Idee des Grundsatzes der unechten Rückwirkung[359] bemühen.[360] Dementsprechend wäre bei vor Inkrafttreten des KAGB abgeschlossenen Publikumspersonengesellschaftsverträgen eine Interessen- und Güterabwägung vorzunehmen, inwieweit der jeweilige Vertrauensschutz zugunsten der vertraglichen/gesetzlichen (Alt-)Regelung oder zugunsten einer Ausstrahlungswirkung der jeweiligen kapitalanlagegesetzlichen Neuregelung ausfällt. Wenngleich die Beschränkung durch die Grundsätze der unechten Rückwirkung in der Rechtstheorie durchaus ihre Berechtigung finden kann, erscheint sie doch in Anbetracht des Bedürfnisses nach praktikablen Lösungsansätzen und hinreichender Rechtssicherheit nicht uneingeschränkt praxistauglich.

Ferner ist in sachlicher Hinsicht danach zu fragen, ob die zu übertragende Wertung dem Anleger- bzw. Minderheitenrechtsschutz zu dienen bestimmt ist; insofern darf die in Rede stehende Wertung nicht ausschließlich Ausdruck investmentspezifischer Besonderheiten des KAGB sein.[361] Mit anderen Worten muss die vom Gesetzgeber im KAGB getroffene Wertung gleichermaßen mit der Organisationsstruktur herkömmlicher Publikumspersonengesellschaften vereinbar sein. Zu denken ist dabei an die im Rahmen der Rechtsanalogie aufgestellten Maßstäbe der vergleichbaren Interessenlage[362].

Eine andere Frage ist, ob im Falle einer Regelungslücke in herkömmlichen Publikumspersonengesellschaften zunächst eine Ausstrahlungswirkung der jeweiligen sachverwandten Vorschrift aus dem Recht der geschlossenen Publikumsinvestment-KG in Betracht zu ziehen ist, bevor an kapitalgesellschaftsrechtlichen Regelungen Maß genommen werden kann. Hierfür streitet die Rechtsnatur der geschlossenen Publikumsinvestment-KG als Publikumspersonengesellschaft. Dies darf aber nicht darüber hinwegtäuschen, dass auch die sog. Theorie der Ausstrahlungswirkung mit den Instrumenten der Rechtsanalogie arbeitet. Folglich liegt es nicht ohne weiteres näher, problemverwandte Regelungsansätze zunächst im KAGB zu suchen. Vielmehr erweisen sich KAGB, AktG und GmbHG grundsätzlich als gleichberechtigte Gradmesser anlässlich der Lösungsfindung im Recht (herkömmlicher) Publikumspersonengesellschaften. Vorbehaltlich investmentspezifischer Besonderheiten indiziert allerdings die Ausrichtung der geschlossenen Publikumsinvestment-KG auf

---

[358] *Casper*, ZHR 179 (2015), 44, 77 f.; zugunsten einer Ausstrahlungswirkung auf Altfälle siehe *Könnecke*, in: Baur/Tappen, Investmentgesetze, Bd. 1, 3. Aufl., § 149 KAGB Rn. 17 m.w.N.

[359] Vgl. dazu entsprechend *Grzeszick*, in: Maunz/Dürig, GG, 81. EL, Art. 20 Rn. 88 ff.; *Schulze-Fielitz*, in: Dreier, GG, Bd. 2, 3. Aufl., Art. 20 R Rn. 164 ff.

[360] Hierauf eingehend *Casper*, in: Staub, HGB, Bd. 4, 5. Aufl., § 161 Rn. 282.

[361] Vgl. *Casper*, ZHR 179 (2015), 44, 77 f.

[362] Siehe oben Erstes Kapitel A. II. 2.

einen breiten Anlegerkreis in sachlicher Hinsicht insoweit bereits eine Vergleichbarkeit der Interessenlagen.

IV. Fazit

Es hat sich gezeigt, dass das gesetzliche Personengesellschaftsrecht keinen umfassenden Minderheitenrechtsschutz für Anleger in Publikumspersonengesellschaften gewährleistet. Die körperschaftliche Prägung von Publikumspersonengesellschaften erweist sich hingegen als Einfallstor, in Einzelfragen vorsichtig an
Vorschriften des Kapitalgesellschaftsrechts Maß zu nehmen. Voraussetzung hierfür
ist neben dem Vorliegen einer planwidrigen Regelungslücke und vergleichbaren
Interessenlage insbesondere, dass personengesellschaftsrechtliche Gläubigerschutzvorschriften nicht unterlaufen werden. Ferner finden sich im Recht der geschlossenen Publikumsinvestment-KG minderheitsschützende Aspekte. Ergänzt
werden diese durch bestehende minderheitsrechtsschützende Grundsätze aus dem
Recht herkömmlicher Publikumspersonengesellschaften. Demgegenüber können
jedoch auch die im Recht der geschlossenen Publikumsinvestment-KG angelegten,
minderheitsschützenden Wertungen in der Lage sein, eine Ausstrahlungswirkung
zugunsten herkömmlicher Publikumspersonengesellschaften zu entfalten.

B. Minderheitenrechtsschutz durch allgemeine gesellschaftsrechtliche Grundsätze

Als Ergänzung bestehender gesetzgeberischer Ansätze, hat die höchstinstanzliche
Rechtsprechung unter Hilfestellung der Literatur allgemeine Rechtsgrundsätze
herausgebildet. Im Kern soll mit ihnen ein weitgehend verallgemeinerungsfähiger
Kompromiss zwischen der Privatautonomie und dem Bedarf an Minderheitenschutz
gefunden werden.

I. Bestimmtheitsgrundsatz

Hinreichenden Schutz von Mehrheitsentscheidungen betroffener Minderheitsgesellschafter in Personengesellschaften wollte die frühere Rechtsprechung[363] im
Einklang mit der einst vorherrschenden Lehre mit dem sog. *Bestimmtheitsgrundsatz*

---

[363] BGH v. 12.11.1952 – II ZR 260/51 = NJW 1953, 102, 103; dazu *Schäfer*, NZG 2014,
1401, 1402 ff.; *Möhrle*, in: MüHdBGesR, Bd. 2, 4. Aufl., § 2 Rn. 133.

gewährleistet wissen.[364] Allgemein gehaltene Mehrheitsklauseln sollten sich hiernach nicht auf die Vornahme „*ganz ungewöhnlicher*" Vertragsänderungen beziehen. Positiv formuliert erzielte eine Mehrheitsklausel fernab laufender Geschäftsführungsangelegenheiten nur die gewünschte Wirkung, soweit sich der im Einzelfall anvisierte Beschlussgegenstand bei restriktiver Auslegung zweifelsfrei aus dem Gesellschaftsvertrag ergab. Hintergrund war die Annahme, einem Gesellschafter könne bei Vertragsschluss nicht unterstellt werden, seine antizipiert erteilte Zustimmung solle hinsichtlich jeglicher vertragsändernder Beschlüsse gelten.[365] Vielmehr solle eine solche Einwilligung nur so weit reichen, wie sie zumindest durch Auslegung im Einzelfall zu ermitteln war.[366] Folge war, dass in der Praxis aus Vorsichtsgründen vielfach sogar Aufzählungslisten denkbarer Beschlusspunkte Einzug in Verträge von Personengesellschaften fanden.[367] Auch der Bundesgerichtshof hatte bereits vor Jahrzehnten mit Recht erkannt, dass gerade bei Publikumspersonengesellschaften „*vielfach eine vernünftige Fortentwicklung der Gesellschaftsunternehmungen unmöglich sein würde und selbst an krisenhaften Zuständen nichts geändert werden könnte*" und dort deshalb der Bestimmtheitsgrundsatz nicht als Maßstab herangezogen werden dürfe.[368]

II. Treuepflicht

1. Grundlagen

Handlungs- und Unterlassungsansprüche (minderheitsbeteiligter) Gesellschafter gegenüber Mitgesellschaftern als auch gegenüber der Publikumspersonengesellschaft – über § 31 BGB auch betreffend Geschäftsführungsmaßnahmen – können sich aus der sog. *Treuepflicht*[369] ergeben.[370] Sie wird zu den wichtigsten minderheitsschützenden Instrumenten im Gesellschaftsrecht gezählt[371] und hat vor allem als

---

[364] Zutreffend weist *K. Schmidt*, JuS 2015, 655, 656 darauf hin, dass der Minderheitenschutz in Form der „*sog. Bestimmtheit nur die formelle Legitimation der Mehrheitsbeschlüsse und nicht den Individualschutz von Minderheitsgesellschaftern betrifft.*"

[365] Vgl. *Risse/Höfling*, NZG 2017, 1131, 1133.

[366] Vgl. *Risse/Höfling*, NZG 2017, 1131, 1133.

[367] Hinweis etwa bei *K. Schmidt*, JuS, 2015, 655, 656; *Risse/Höfling*, NZG 2017, 1131, 1134.

[368] Siehe schon BGH v. 13.03.1978 – II ZR 63/77 = NJW 1978, 1382; vgl. auch BGH v. 21.10.2014 – II ZR 84/13 = NZG 2014, 1296, womit der Bestimmtheitsgrundsatz nunmehr auch für personalistische Personengesellschaften als aufgegeben gilt.

[369] *Hüffer*, in: FS Steindorff, 1990, 59, 73 nennt diese eine „*Generalklausel des Richterrechts*".

[370] *Hadding/Kießling*, in: Soergel, BGB, Bd. 9/1, 13. Aufl., § 705 Rn. 58; vgl. dazu auch BGH v. 20.03.1995 – II ZR 205/94 = DStR 1995, 1232 (*Girmes*-Entscheidung); zur rechtsökonomischen Sinnhaftigkeit der Treuepflicht vgl. *Klöhn*, AcP 216 (2016), 281, 309 ff.

[371] BGH v. 01.02.1988 – II ZR 75/87 = NJW 1988, 1579, 1583; statt vieler *Emmerich*, in: Heymann, HGB, Bd. 2, 2. Aufl., § 109 Rn. 9; zu Recht findet sich bei *K. Schmidt*, GesR,

Prüfungsmaßstab im Rahmen der Inhaltskontrolle der Gesellschaftssatzung praktische Bedeutung. Als allgemeiner, nicht normierter gesellschaftsrechtlicher Grundsatz[372] ist die Treuepflicht durchweg anerkannt[373], wenngleich ihr dogmatischer Ursprung unterschiedlich beurteilt wird.[374] Als rechtliche Grundlage werden sowohl der (Publikumspersonen-)Gesellschaftsvertrag in Verbindung mit dem Grundsatz von Treu und Glauben i.S.d. § 242 BGB[375] sowie eine eigenständige gesellschaftsrechtliche Förderungspflicht aus § 705 BGB[376] ausgemacht.[377] Die Daseinsberechtigung des Treuepflichtgebots liegt in der Erkenntnis, dass gesteigerter gesellschafterlicher Einfluss auf die Geschicke der (Publikumspersonen-)Gesellschaft ein zunehmendes Bedürfnis nach Minderheitenschutz hervorruft.

Im Recht der geschlossenen (Publikums-)Investment-KG fällt auf, dass deren Geschäftsführung nach § 153 Abs. 1 S. 3 Nr. 1 KAGB dazu verpflichtet ist, bei der Ausübung ihrer Tätigkeit im ausschließlichen Interesse der Gesellschafter und der Integrität des Marktes zu handeln.[378] Diese Handlungsanweisung kann als spezialgesetzliche Ausprägung der gesellschaftlichen Treuepflicht verstanden werden.

---

4. Aufl., S. 593 m.w.N. die Klarstellung, dass die Treuepflicht auch Minderheitsgesellschafter verpflichten kann.

[372] Vgl. *K. Schmidt*, GesR, 4. Aufl., S. 587 f.

[373] *Casper*, in: Staub, HGB, Bd. 4, 5. Aufl., § 161 Rn. 188.

[374] *Schäfer*, in: Staub, HGB, Bd. 3, 5. Aufl., § 105 Rn. 228; wohlgemerkt finden sich in Nr. 4.3 des deutschen Corporate Governance Kodex für Vorstandsmitglieder deutscher börsennotierter Aktiengesellschaften treuepflichtähnliche Verhaltensanweisungen, deren Inhalt sich jedoch im Wesentlichen in der Wiedergabe gesellschaftsrechtlicher Grundsätze erschöpft.

[375] *Böttcher*, in: Erman, BGB, 16. Aufl., § 242 Rn. 169; *Emmerich*, in: Heymann, HGB, Bd. 2, 2. Aufl., § 109 Rn. 5a; *Hahn*, in: MüHdBGesR, Bd. 7, 5. Aufl., § 50 Rn. 65; *K. Schmidt*, GesR, 4. Aufl., S. 587 f.; *A. Teichmann*, Gestaltungsfreiheit in Gesellschaftsverträgen, 1970, S. 170; *Westermann*, in: Erman, BGB, 15. Aufl., § 705 Rn. 49; i.E. zustimmend, jedoch kritisch gegenüber der Anwendung des § 242 BGB, *Hüffer*, in: FS Steindorff, 1990, 59, 65 f., 70 ff.

[376] Vgl. dazu die Nachweise bei *Hadding/Kießling*, in: Soergel, BGB, SchuldR 9/1, 13. Aufl., § 705 Rn. 58.

[377] Siehe dazu auch BGH v. 13.07.1981 – II ZR 56/80 = BGHZ 81, 264, 266, wonach sich zugunsten einer Treuepflicht anführen lässt, dass der *„Gesellschaftsvertrag im Unterschied zum reinen Austauschverhältnis auf ein gedeihliches Zusammenwirken der Gesellschafter zur Erreichung eines gemeinsamen Zwecks angelegt"* ist.

[378] Vgl. dazu auch den wortlautgleichen § 9 Abs. 2 Nr. 1 InvG a.F. sowie die inhaltlich ähnliche Vorschrift des § 153 Abs. 1 S. 3 Nr. 2 KAGB; der alleinige Fokus auf die Interessen der Anleger unterscheidet sich von dem im Aktienrecht verfolgten Ansatz, wonach der Vorstand sein Handeln zudem nach den Interessen der Gesellschaft, der Arbeitnehmer und des Gemeinwohls zu richten hat, vgl. *München*, in: Baur/Tappen, Investmentgesetze, Bd. 2, 4. Aufl., § 119 KAGB Rn. 4.

2. Inhalt und Abdingbarkeit

Die Tragweite der Treuepflicht resümiert *Westermann*[379] allgemeingültig als „*eine aus dem Gesellschaftsvertrag abgeleitete generalklauselartig formulierte allgemeine Verhaltenspflicht, den gemeinsamen Zweck und die persönlichen Beweggründe jedes einzelnen Gesellschafters so gut wie möglich miteinander in Einklang zu bringen.*" Die konkrete Bestimmung von Inhalt und Reichweite der Treuepflicht erfolgt demnach ausgehend von dem der Gesellschaft jeweils zugrundeliegenden Gesellschaftsvertrag.[380] Typischerweise enger zu ziehen sind die inhaltlichen Grenzen der Treuepflicht mithin bei der Publikumspersonengesellschaft in Konsequenz ihrer körperschaftlichen Prägung[381] und dem damit entsprechend dünneren personalistischen Band zwischen Publikumspersonengesellschaftern untereinander sowie gegenüber der Gesellschaft selbst.[382] Innerhalb der in der Publikumspersonengesellschaft aufgrund der körperschaftlichen Prägung[383] insgesamt geminderten Treuepflichtbindung korreliert der Umfang des von ihr jedem Gesellschafter auferlegten Pflichtenkanons mit dem Grad dessen jeweiliger Möglichkeiten der Einflussnahme auf die Gesellschaft.[384] Der Bindungsgrad an bestehende Treuepflichten ist damit Abbild der jeweils an der Publikumspersonengesellschaft gehaltenen Beteiligung.[385] Klassischer Anwendungsfall der Treuepflicht ist etwa eine sich daraus ergebende Zustimmungspflicht zu Gesellschafterbeschlüssen.[386] Denkbar ist etwa, dass bestimmte Mehrheitsentscheidungen einerseits im Interesse der Publikumspersonengesellschaft geboten sind, jedoch gleichermaßen dem Individualinteresse einzelner (Minderheits-)Gesellschafter widerstreben. So kann sich aus der Treuepflicht für das Recht der Publikumspersonengesellschaft etwa ausnahmsweise auch das Gebot ergeben, an einer Erhöhung des vereinbarten Beitrags teilzunehmen.[387] Ein solcher Konfliktfall ist mithilfe einer Abwägung der widerstreitenden Interessen aufzulösen, wobei gerade in (typischerweise anonym strukturierten) Publikumspersonengesellschaften im Grundsatz das Gesellschaftsinter-

---

[379] *Westermann*, in: Erman, BGB, 16. Aufl., § 705 Rn. 49; ähnlich *Hüffer*, in: FS Steindorff, 1990, 59, 69 unter Verweis auf eine entsprechende richterliche Praxis.

[380] Zustimmend *Lettl*, AcP 202 (2002), 3, 7 f.; siehe auch schon *Fischer*, in: FS Barz, 1974, 33, 36.

[381] Dazu ausführlich oben Erstes Kapitel B. II. 2.

[382] Vgl. etwa BGH v. 19.11.1984 – II ZR 102/84 = NJW 1985, 972; *Casper*, in: Staub, HGB, Bd. 4, 5. Aufl., § 161 Rn. 188; *K. Schmidt*, GesR, 4. Aufl., S. 592.

[383] Dazu ausführlich siehe oben Erstes Kapitel B. II. 2.

[384] *Böhm*, in: MüHdBGesR, Bd. 3, 5. Aufl., § 32 Rn. 19; *Klöhn*, AcP 216 (2016), 281, 309, 313.

[385] *Böhm*, in: MüHdBGesR, Bd. 3, 5. Aufl., § 32 Rn. 19.

[386] So etwa bei BGH v. 05.11.1984 – II ZR 111/84 = NJW 1985, 974; BGH v. 19.06.2008 – III ZR 46/06 = NZG 2008, 588, 591.

[387] Vgl. nur BGH v. 19.10.2009 – II ZR 240/08 = BGHZ 183, 1; lesenswert zur Vereinbarkeit mit § 707 BGB, insbesondere vor dem Hintergrund von § 152 Abs. 3 KAGB, vgl. *Haas*, NJW 2010, 984 f.

esse die persönlichen Belange der einzelnen Gesellschafter überwiegt.[388] Diese widerlegbare Vermutung ergibt sich daraus, dass sich die Gesellschafter zur Erreichung eines gemeinsamen Ziels, namentlich der Förderung des Gesellschaftsinteresses, im Zuge der Publikumspersonengesellschaft zusammengeschlossen haben.[389]

Sieht man die Grundlage der Treuepflicht im Gesellschaftsvertrag, bildete dieser also deren Tragweite ab, so dürfte die Treuepflicht formaljuristisch gleichermaßen gesellschaftsvertraglichen Beschränkungen oder womöglich gar einem vollständigem Ausschluss zugänglich sein.[390] *Armbrüster*[391] wirft zumindest gegen einen vollständigen Ausschluss ein, dass Treuepflichten dem mitgliedschaftlichen Rechtsverhältnis entspringen, weswegen eine ausschließliche Fokussierung auf den Vertrag die Rechtsnatur der Treuepflichten als objektiv-rechtliche Verhaltenspflichten verkennen würde. Ob dieser lebhaften Diskussion in der Rechtswissenschaft resümierte der Bundesgerichtshof[392]: Die *„Treuepflicht ist jedem Gesellschaftsverhältnis ohne ausdrückliche Regelung immanent."* Eine vollumfängliche gesellschaftsvertragliche Abbedingung kann daher nicht erwogen werden. Demgegenüber kann im Personengesellschaftsrecht grundsätzlich eine partielle Einschränkung der gesellschafterlichen Treuepflicht in Betracht kommen.[393] Eine konkrete, allgemeingültige Grenze zur Zulässigkeit von Beschränkungen der Treuepflicht in Publikumspersonengesellschaften lässt sich nicht ziehen. Jedoch sollte die in der Publikumspersonengesellschaft bereits im Grundsatz abgeschwächte Treuepflicht zugleich als zwingender Mindeststandard begriffen werden. Ansonsten drohe das Institut der Treuepflicht im Publikumspersonengesellschaftsrecht leerzulaufen. Dennoch sind die Hürden einer aus der Treuepflicht abgeleiteten Verpflichtung, einer Beitragserhöhung zuzustimmen, in (Publikum-)Personengesellschaften in Ansehung des Beitragserhöhungsverbots[394] nach § 707 BGB (i.V.m. §§ 105 Abs. 3, 161 Abs. 2 HGB) besonders hoch anzusetzen.[395]

Die im Recht der geschlossenen (Publikums-)Investment-KG angesiedelte Einzelausprägung der gesellschaftlichen Treuepflicht in § 153 Abs. 1 S. 3 Nr. 1 KAGB bewahrt (Minderheits-)Gesellschafter davor, dass die Geschäftsführung über Gebühr Eigeninteressen verfolgt.[396] Einer etwaigen Möglichkeit vertraglicher Einschränkung oder gar Abbedingung dieser Vorgabe dürfte deren eindringlicher Wortlaut *„Die Geschäftsführung ist verpflichtet …"* entgegenstehen.

---

[388] Vgl. *Grunewald*, GesR, 10. Aufl., § 1 Rn. 17.

[389] *Grunewald*, GesR, 10. Aufl., § 1 Rn. 17.

[390] Hierauf eingehend *Armbrüster*, ZGR 2014, 333, 350.

[391] *Armbrüster*, ZGR 2014, 333, 350.

[392] BGH v. 09.06.2015 – II ZR 420/13 = NZG 2015, 995.

[393] *Schäfer*, in: Ulmer/Schäfer, GbR und PartG, 7. Aufl., § 705 Rn. 226, 235.

[394] Dazu ausführlich sogleich; vgl. auch *Schäfer*, in: Staub, HGB, Bd. 3, 5. Aufl., § 119 Rn. 40.

[395] BGH v. 04.07.2005 – II ZR 354/03 = NZG 2005, 753, 754.

[396] Vgl. *Jesch*, in: Frankfurter Komm., KAGB, § 153 Rn. 13.

Eine andere Frage ist, ob sich die klare Handlungsanweisung bezüglich der Geschäftsführung der geschlossenen (Publikums-)Investment-KG aus § 153 Abs. 1 S. 3 Nr. 1 KAGB auf das Recht der herkömmlichen Publikumspersonengesellschaft übertragen lässt.[397] Hierfür streitet zunächst die anlegerschützende Rechtsnatur der Vorschrift, weswegen insoweit eine Vereinbarkeit mit der Organisationsstruktur herkömmlicher KGen bzw. Publikumspersonengesellschaften gegeben ist. Auch ist trotz spezialgesetzlicher Verortung der Regelung im KAGB nicht ersichtlich, warum die Geschäftsleitung einer herkömmlichen KG bzw. Publikumspersonengesellschaft ihre Tätigkeit nicht ebenfalls an den Interessen der kapitalistisch beteiligten (Minderheits-)Gesellschafter ausrichten sollte.

3. Rechtsfolgen bei Verstößen

Die Rechtsfolgen von Verstößen gegen die Treuepflicht können wie folgt differenziert werden:

Ist die aus dem Treuegebot hergeleitete Unterlassungspflicht auf den Nichteintritt einer Rechtswirkung gerichtet, so bleibt diese aus, ist also das intendierte Rechtsgeschäft nichtig.[398] Prominentes Beispiel hierfür ist ein in der Gesellschafterversammlung treuepflichtwidrig abgegebener Widerspruch.[399] Gerichtliche Klärung derartiger Streitfragen kann insoweit mittels Unterlassungsklage – oder subsidiär[400] vorbehaltlich der Voraussetzungen des § 256 Abs. 1 ZPO – mittels Feststellungsklage erreicht werden.[401]

Ergibt sich aus der Treuepflicht demgegenüber ein Anspruch auf positives „Tun", ist die Leistungsklage statthaft.[402] Zu denken ist etwa an die Pflicht zur Stimmabgabe in der Gesellschafterversammlung.[403] In Fällen treuepflichtwidrigen Stimmverhaltens, das die Gesellschaft der Gefahr der Handlungsunfähigkeit aussetzt, geht die Rechtsprechung[404] gar dazu über, eine entsprechende treuepflichtkonforme Stimmabgabe zu fingieren. Konkret hatte der Bundesgerichtshof eine entgegen der Treuepflicht nicht abgegebene Gesellschafterstimme (zu einer Beitragserhöhung) in

---

[397] Zu den Voraussetzungen der Ausstrahlungswirkung des Rechts der geschlossenen (Publikums-)Investment-KG auf das Recht der herkömmlichen Publikumspersonengesellschaften siehe oben Drittes Kapitel A. III. 2.

[398] *Hadding/Kießling*, in: Soergel, BGB, SchuldR 9/1, 13. Aufl., § 705 Rn. 64; *Wiedemann*, GesR, Bd. I, S. 431.

[399] Hierauf hinweisend *Grunewald*, GesR, 10. Aufl., § 1 Rn. 19.

[400] Vgl. dazu auch *Saenger*, in: Saenger, ZPO, 8. Aufl., § 256 Rn. 1 ff.

[401] *Hadding/Kießling*, in: Soergel, BGB, SchuldR 9/1, 13. Aufl., § 705 Rn. 64.

[402] *Hadding/Kießling*, in: Soergel, BGB, SchuldR 9/1, 13. Aufl., § 705 Rn. 64.

[403] Hierauf hinweisend *Grunewald*, GesR, 10. Aufl., § 1 Rn. 19.

[404] BGH v. 05.11.1984 – II ZR 111/84 = NJW 1985, 974; anerkennend *K. Schmidt*, GesR, 4. Aufl., S. 1676 f.; ebenfalls zustimmend und weitere Nachweise bei *Henze/Notz*, in: E/B/J/S, HGB, 3. Aufl., Anh. B. Rn. 47.

einer Publikums-GmbH & Co. OHG treuepflichtkonform als abgegeben fingiert.[405] Sofern der betroffene Gesellschafter einer bestehenden Zustimmungspflicht nicht nachkommt, kann dies bei entsprechender gesellschaftsvertraglicher Regelung jedoch auch zu seinem Ausscheiden führen.[406]

Daneben können insbesondere vertragliche Schadensersatzansprüche aus § 280 BGB in Betracht kommen. Das im Personengesellschaftsrecht grundsätzlich geltende Haftungsprivileg der eigenüblichen Sorgfalt im Sinne des § 708 BGB[407] kommt bei der Publikumspersonengesellschaft nicht zum Tragen.[408] Für treuepflichtwidrige Stimmrechtsabgaben wird – in Anlehnung an aktienrechtliche Maßstäbe – teilweise eine Beschränkung auf vorsätzliches Handeln gefordert, um der Gefahr gehemmten Stimmrechtsverhaltens in der Gesellschafterversammlung vorzubeugen.[409]

4. Praktisches Bedürfnis

Die tatsächliche Bedeutsamkeit der gesellschaftlichen Treuepflicht wird bei einem Blick in die Rechtsprechung offenbar: In zahlreichen Entscheidungen stärkte die Judikatur[410] die Rechtsstellung (minderheitsbeteiligter) Gesellschafter durch Anerkennung mannigfaltiger, auf der Treuepflicht beruhender Handlungs-, Unterlassungs- sowie Schadensersatzansprüche. Zu erklären ist dies hauptsächlich damit, dass sich der jeweilige Umfang der Treuepflicht an der im Einzelfall zugrundeliegenden Gesellschaftssatzung orientiert und der Rechtspraxis für dessen Bestimmung (nach richterlichem Ermessen) damit konkrete Anhaltspunkte bietet.[411] Insofern ebnet die Treuepflicht den Weg hin zu einer auf den Einzelfall angepassten Rechtsfindung, deren Inhalt von den betroffenen Gesellschaftern jedoch nicht immer antizipiert werden kann.

---

[405] BGH v. 19. 10. 2009 – II ZR 240/08 = BGHZ 183, 1, 6.

[406] In der zugrundeliegenden Konstellation fingierte der Bundesgerichtshof infolge gesellschaftlicher Treuepflicht eine Zustimmung zu einer Gesellschaftsvertragsklausel, wonach beitragszahlungspflichtige Gesellschafter bei nicht fristgerechter Zahlung aus der Gesellschaft ausscheiden, siehe BGH v. 19. 10. 2009 – II ZR 240/08 = BGHZ 183, 1 ff.

[407] Dazu ausführlich *Wertenbruch*, in: E/B/J/S, HGB, 3. Aufl., § 105 Rn. 181 ff.

[408] BGH v. 04. 07. 1977 – II ZR 150/75 = NJW 1977, 2311; BGH v. 12. 11. 1979 – II ZR 174/77 = NJW 1980, 589, 591.

[409] Vgl. *Casper*, in: Staub, HGB, Bd. 4, 5. Aufl., § 161 Rn. 194 m.w.N.

[410] Vgl. etwa die Nachweise bei *Habermeier*, in: Staudinger, BGB, 13. Neubearb., § 705 Rn. 52.

[411] Kritisch noch *Roitzsch*, Der Minderheitenschutz im Verbandsrecht, S. 38.

III. Gleichbehandlungsgrundsatz

1. Grundlagen

Mehrheitsbeschränkende Wirkung und damit klassisch minderheitsschützende Funktion hat im Recht der Publikumspersonengesellschaften der sog. *Gleichbehandlungsgrundsatz*[412]. Ihm zufolge sind jedem (Publikumspersonen-)Gesellschafter unter gleichen Voraussetzungen gleiche Rechte zuzubilligen.[413] Wenngleich er als notwendiges Korrektiv zu Mehrheitsbeschlüssen nur im AktG expliziten normativen Niederschlag[414] gefunden hat, ist er doch Kernbestandteil[415] des Gesellschaftsrechts.[416] Seine originäre rechtsdogmatische Herkunft wird mit Recht in der gesellschaftsrechtlichen Treuepflichtbindung und den sich daraus ergebenden Rechten und Pflichten festgemacht.[417] Denklogische Grundvoraussetzung des umfassenden Geltungsanspruchs des Gleichbehandlungsgrundsatzes ist, dass eine Ungleichbehandlung im Einzelfall überhaupt vorstellbar erscheint.[418] Dies ist vor allem dann gegeben, wenn die Durchsetzung eines Mehrheitswillens ohne Rücksicht auf das Einvernehmen der hiervon betroffenen Gesellschafter – wie im Fall von Mehrheitsentscheidungen – möglich ist.[419]

2. Inhalt und Abdingbarkeit

Nach seinem Schutzzweck bewahrt der Gleichbehandlungsgrundsatz (Minderheits-)Gesellschafter grundsätzlich vor sachlich nicht zu rechtfertigender und willkürlicher Ungleichbehandlung jedweder Art, insbesondere solcher durch Mehr-

---

[412] Tiefgehend zu Herkunft und Existenzberechtigung des Gleichbehandlungsgrundsatzes, vgl. *Wiedemann*, GesR, Bd. I, S. 427 ff.; nicht zu verwechseln mit Gleichbehandlung ist die sog. *Gleichstellung*, die nicht Chancengleichheit, sondern Ergebnisgleichheit fordert; *Habermeier*, in: Staudinger, BGB, 13. Neubearb., § 705 Rn. 53 verweist in diesem Zusammenhang auf das mit dem Gleichbehandlungsgrundsatz verbundene Risiko des Einfalls *„distributiver Gerechtigkeitslehren"*.

[413] *Weipert*, in: MüHdBGesR, Bd. 2, 4. Aufl., § 14 Rn. 5.

[414] Siehe dazu § 53a AktG: *„Aktionäre sind unter gleichen Voraussetzungen gleich zu behandeln."*; zur Entstehungsgeschichte der Norm vgl. *Drygala*, in: KölnKomm, AktG, Bd. 1, 3. Aufl., § 53a Rn. 1 ff.; im (Publikums-)Personengesellschaftsrecht findet der Gleichbehandlungsgrundsatz dagegen (bloße) Ausprägung in den §§ 706 Abs. 1, 709 Abs. 1, 711, 722 Abs. 1, 734, 735 BGB, §§ 114 Abs. 1, 119 Abs. 2, 121 Abs. 3, 122, 125 Abs. 1 HGB, vgl. *Roth*, in: Baumbach/Hopt, HGB, 39. Aufl., § 109 Rn. 29; *Schäfer*, in: MüKo, BGB, § 705 Rn. 251.

[415] *K. Schmidt*, GesR, 4. Aufl., S. 462 f.; *Wiedemann*, GesR, Bd. I, S. 427; *Weipert*, in: MüHdBGesR, Bd. 2, 4. Aufl., § 14 Rn. 5.

[416] In diese Richtung schon RG v. 15.05.1936 – II 291/35 = RGZ 151, 321, 326; ebenso *Emmerich*, in: Heymann, HGB, Bd. 2, 2. Aufl., § 109 Rn. 12.

[417] Vgl. *Habermeier*, in: Staudinger, BGB, 13. Neubearb., § 705 Rn. 53; *Lieder*, in: Oetker, HGB, 6. Aufl., § 109 Rn. 33; *Partikel*, in: Schwerdtfeger, GesR, 3. Aufl., § 161 Rn. 32; *K. Schmidt*, GesR, 4. Aufl., S. 462 f.

[418] *Schäfer*, in: Staub, HGB, Bd. 3, 5. Aufl., § 109 Rn. 36.

[419] *Wiedemann*, GesR, Bd. I, S. 428 f.

heitsentscheidungen.[420] Die Diskussion wird damit weg von formal-objektiven Kriterien hin zu der (Wertungs-)[421]Frage verlagert, inwieweit das kollektive Gesellschaftswohl gesellschaftereigene Individualinteressen überwiegt.[422] In seinem Bestand kann der Grundsatz gleichmäßiger Behandlung nicht abbedungen werden, auch nicht durch qualifizierten Mehrheitsbeschluss; nichtsdestotrotz bleibt den betroffenen Gesellschaftern unbenommen, einer entsprechenden Ungleichbehandlung im Einzelfall zuzustimmen, d. h. insoweit auf Minderheitenrechtsschutz zu verzichten.[423] Eine antizipiert (gesellschaftsvertraglich) pauschal erteilte Zustimmung wird jedoch regelmäßig an einer richterlichen Inhaltskontrolle[424] scheitern.[425] Die Nichtigkeit einer solch pauschal erteilten Zustimmung erweist sich insofern gerade als notwendige Konsequenz des in seinem Bestand unantastbaren Grundsatzes gleichmäßiger Behandlung. Ansonsten wäre es den Initiatoren einer Publikumspersonengesellschaft ein Leichtes, das Gleichbehandlungsgebot durch die Aufnahme entsprechender Verzichtsklauseln in die Satzung zu untergraben. Um potentiell betroffene Publikumspersonengesellschafter dennoch nicht über Gebühr ihrer Dispositionsfreiheit zu entheben, muss man sich den Sinn und Zweck des Gleichbehandlungsgrundsatzes vor Augen führen. Soweit dem (Minderheits-)Gesellschafter im Einzelfall etwaig drohende Ungleichbehandlungen gesellschaftsvertraglich in Art und Reichweite hinreichend deutlich gemacht werden, beseitigt dies zwar nicht eine damit einhergehende Diskriminierung[426]. Mithilfe der konkreten Darlegung möglicher Ungleichbehandlung verliert diese jedoch ihren unvorhersehbaren sowie diskriminierenden[427] Charakter. Im Falle überbordender Ungleichbehandlung, also satzungsmäßig angelegten, besonders einschneidenden Ungleichbehandlungen, ist aus kompensatorischen Erwägungen ein gleichermaßen gesellschaftsrechtlich angelegtes Austrittsrecht zu fordern. Rechtsdogmatisch könnte dieses im Wege ergänzender Vertragsauslegung geschaffen werden.

---

[420] *Haas/Mock*, in: R/GvW/H, HGB, 4. Aufl., § 161 Rn. 143; *Hadding/Kießling*, Soergel, BGB, SchuldR 9/1, 13. Aufl., § 705 Rn. 65; *Schneider*, in: MüAnwHdB, PersGesR, 3. Aufl., § 4 Rn. 119; *K. Schmidt*, GesR, 4. Aufl., S. 465 f. erkennt in dem Gleichbehandlungsgrundsatz zwei Schutzrichtungen: den *status positivus* als positives Leistungsrecht sowie den *status negativus* als Abwehrrecht.

[421] Anders *Wiedemann*, GesR, Bd. I, S. 429, der den Maßstab des Gleichbehandlungsgrundsatzes allein in objektiven Kriterien sieht.

[422] Dazu kritisch *Wiedemann*, GesR, Bd. I, S. 430 f.

[423] *Schäfer*, in: Staub, HGB, Bd. 3, 5. Aufl., § 105 Rn. 254.

[424] Dazu ausführlich oben Zweites Kapitel B. III.

[425] Vgl. auch *Schäfer*, in: Staub, HGB, Bd. 3, 5. Aufl., § 105 Rn. 250, der diese Frage als ungeklärt erachtet; a.A. betreffend die gesetzestypische GbR, vgl. *Hadding/Kießling*, in: Soergel, BGB, 13. Aufl., § 705 Rn. 65 m.w.N.

[426] Zum Begriff des *Diskriminierungsverbots* vgl. *K. Schmidt*, GesR, 4. Aufl., S. 462 f.

[427] *Emmerich*, in: Heymann, HGB, Bd. 2, 2. Aufl., § 109 Rn. 15 m.w.N.

3. Rechtsfolgen bei Verstößen

Gesellschafterbeschlüsse und -maßnahmen, die dem Grundsatz gleichmäßiger Behandlung zuwiderlaufen, sind, soweit weder Auslegung noch Zustimmung Abhilfe schaffen können, grundsätzlich unwirksam.[428]

Außerdem ist im Falle eines Verstoßes gegen den Gleichbehandlungsgrundsatz seitens der betroffenen Gesellschafter an Ansprüche auf Erfüllung oder Schadensersatz nach § 280 BGB zu denken.[429] Statt einer Anwendung der Haftungsprivilegierung[430] des § 708 BGB führt die strukturelle Verwandtschaft zwischen Publikumspersonen- und Kapitalgesellschaften im Rahmen des Vertretenmüssens zur Anwendung des Sorgfaltsmaßstabs eines *„ordentlichen Geschäftsmannes"* nach Art des § 43 Abs. 1 GmbHG.[431] Soweit gleichheitssatzwidrig begünstigte Gesellschafter an der Ungleichbehandlung beteiligt waren, stehen auch gegen diese Direktansprüche des benachteiligten Gesellschafters im Raum.[432]

Ist ein Gesellschafter von einer ungerechtfertigten Ungleichbehandlung betroffen, steht ihm offen, seinen Erfüllungs- oder Unterlassungsanspruch klageweise geltend zu machen.[433] In seltenen Fällen kann überdies eine Feststellungsklage i.S.d. § 256 Abs. 1 ZPO statthaft sein.

Die kraft Schadensersatzanspruchs geschuldete Wiederherstellung des *status quo ante* ist entweder durch Naturalrestitution oder Geldersatz zu bewirken. Hingegen ist ein Anspruch auf wertmäßig entsprechende Vorteilsgewährung im Falle einer sog. *„Gleichheit im Unrecht"*, etwa bei gleichheitswidrigen Sonderzuwendungen qua Mehrheitsentscheidung an einzelne Gesellschafter, nicht vorgesehen, da rechtswidrige Zustände ansonsten perpetuiert würden. In derartigen Fällen ist der von einzelnen Gesellschaftern erlangte gleichheitswidrige Sondervorteil im Wege der Naturalrestitution an die Gesellschaft zurückzuerstatten.[434] Nur in Ausnahmefällen ist an eine Ausgleichsgewährung an die benachteiligten Gesellschafter zu denken, wobei es grundsätzlich im Ermessen der Gesellschaft liegt, auf welche Art und Weise sie den *status quo ante* wiederherstellt.[435] Er-

---

[428] *Habermeier*, in: Staudinger, BGB, 13. Neubearb., § 705 Rn. 56; bei entsprechender satzungsmäßiger Regelung kommt alternativ eine bloße Anfechtbarkeit in Betracht, vgl. *Hadding/Kießling*, Soergel, BGB, SchuldR 9/1, 13. Aufl., § 705 Rn. 67; vgl. aber auch *K. Schmidt*, GesR, 4. Aufl., S. 464 f., der gegen den Gleichbehandlungsgrundsatz verstoßende Mehrheitsentscheidungen in der (Publikums-)Personengesellschaft lediglich anfechtbar wissen will.

[429] *Hadding/Kießling*, Soergel, BGB, SchuldR 9/1, 13. Aufl., § 705 Rn. 67.

[430] Siehe dazu schon oben Drittes Kapitel B. II. 3.

[431] BGH v. 12. 11. 1979 – II ZR 174/77 = NJW 1980, 589, 591.

[432] *Habermeier*, in: Staudinger, BGB, 13. Neubearb., § 705 Rn. 56.

[433] OLG Karlsruhe v. 23. 11. 1982 – 3 U 71/81 = ZIP 1983, 445; hierauf eingehend *Roth*, in: Baumbach/Hopt, HGB, 39. Aufl., § 109 Rn. 30.

[434] *Grunewald*, GesR, 10. Aufl., § 1 Rn. 27.

[435] *Emmerich*, in: Heymann, HGB, Bd. 2, 2. Aufl., § 109 Rn. 16 m.w.N.

messensbegrenzende Umstände können sich dabei ergeben aus Treu und Glauben unter gleichzeitiger Berücksichtigung der schutzwürdigen Interessen des betroffenen Gesellschafters und der Gesellschaft.[436]

4. Praktisches Bedürfnis

Die maßgebenden Bedeutungsfelder des Gleichbehandlungsgrundsatzes in der publikumspersonengesellschaftsrechtlichen Wirklichkeit lassen sich in drei Obergruppen kategorisieren:[437] Beitragspflichten der Gesellschafter, Auskunfts-, Einsichts- und Stimmrechte sowie das Erlös- und Entnahmerecht.

Konkret ist der Gleichbehandlungsgrundsatz in der Lage, jedem (Minderheits-) Gesellschafter Schutz vor ungleichmäßiger Einziehung ausstehender Einlagen (sog. Vorwegeinziehung) zu gewähren, es sei denn, es besteht eine sachliche Rechtfertigung[438] oder eine entsprechende Satzungsklausel.[439] Aus dem Gebot gleichmäßiger Behandlung kann in der Publikumspersonengesellschaft zudem ein Leistungsverweigerungsrecht bezogen auf vorzeitige Einzahlungsaufforderungen folgen.[440] Führt man den Gedanken zum Verbot der Vorwegeinziehung fort, wird man gleichermaßen annehmen dürfen, dass dem (Minderheits-)Gesellschafter gegenüber der Gesellschaft ein Anspruch auf Unterlassung sachwidriger Betagung/Stundung ausstehender Einlagepflichten anderer Gesellschafter zusteht. Ebenso vermittelt der Gleichbehandlungsgrundsatz ein gleichmäßiges Partizipationsrecht im Rahmen vorgesehener Kapitalerhöhungen, womit sich entgegenstehende Mehrheitsbeschlüsse als unwirksam erweisen.[441]

Nicht quantifizierbare Rechte, namentlich etwa Auskunfts-, Einsichts- und Stimmrechte, unterliegen einem absoluten Gleichheitsgebot, d. h. selbst in geringem Maße beteiligte Minderheitsgesellschafter können insoweit in Art und Umfang gleiche Rechte beanspruchen wie Mehrheitsgesellschafter.[442]

Soweit in der jeweiligen Person der Gesellschafter infolge steuerlicher Progressionswirkung durch eine in Zeitpunkt und Höhe für alle Gesellschafter quotal gleichmäßige Entnahmepolitik individuelle Nachteile drohen, sind (gesellschaftsvertragliche) Abweichungen vom Gleichbehandlungsgrundsatz zulässig.[443] Ge-

---

[436] OLG Karlsruhe v. 23.11.1982 – 3 U 71/81 = ZIP 1983, 445.

[437] So zutreffend *Schäfer*, in: Staub, HGB, Bd. 3, 5. Aufl., § 105 Rn. 252.

[438] OLG München v. 22.12.2000 – 23 U 4484/97 = NZG 2001, 558, 560.

[439] *Roth*, in: Baumbach/Hopt, HGB, 39. Aufl., § 109 Rn. 29; *Schäfer*, in: Staub, HGB, Bd. 3, 5. Aufl., § 105 Rn. 252.

[440] Hierzu sowie zur Subsidiarität der Einrede des nicht erfüllten Vertrages i.S.d. § 320 BGB siehe *Habermeier*, in: Staudinger, BGB, 13. Neubearb., § 706 Rn. 24 m.w.N.

[441] BGH v. 30.09.1974 – II ZR 148/72 = WM 1974, 1151, 1153; hierzu *Schäfer*, in: Staub, HGB, Bd. 3, 5. Aufl., § 105 Rn. 252.

[442] Zum Recht der GmbH vgl. *Lieder*, in: Michalski et al., GmbHG, 3. Aufl., § 13 Rn. 119.

[443] *Schäfer*, in: Staub, HGB, Bd. 3, 5. Aufl., § 105 Rn. 253.

rechtfertigt ist insoweit, das Gewinnentnahmerecht unter Berücksichtigung der auf den jeweiligen Gesellschaftsanteil fallenden steuerlichen Aspekte zu beschränken und den Differenzbetrag auf Darlehenskonten der Gesellschafter angemessen zu verzinsen.[444]

IV. Lehre vom Kernbereich der Mitgliedschaftsrechte und Rekurs auf die Treuepflicht

1. Hergebrachte Methodik

Unter dem Eindruck des Bedürfnisses nach Minderheitenrechtsschutz wurde die sog. *Kernbereichslehre*[445] entwickelt. Mit ihr sollen (Minderheits-)Gesellschafter vor Eingriffen in den Kernbereich ihrer Mitgliedschaft geschützt werden.[446] Unter dem sog. mitgliedschaftlichen Kernbereich der Gesellschafterrechte in Personengesellschaften ist traditionell die Gesamtheit der Individualrechte zu verstehen, bei deren Beschränkung oder Entzug dem übergangenen Gesellschafter zwingend ein Stimmrecht zustehen müsse.[447]

Abhängig von ihrer Schutzintensität und hierzu korrelierenden Rechtfertigungserfordernissen lassen sich unter dem Schutz des Kernbereichs stehende Rechte wie folgt unterteilen[448]:

a) Unverzichtbare Rechte

Zum Kernbereich der Mitgliedschaft gehören die sog. unverzichtbaren Rechte[449], wozu nur wenige Rechte gerechnet werden.[450] Sie werden verstanden als elementare mitgliedschaftliche Grundrechte, namentlich Selbstbestimmungsrechte[451], ohne die

---

[444] BGH v. 02.06.1977 – II ZR 126/75 = WM 1977, 1022; hierzu ebenfalls *Habermeier*, in: Staudinger, BGB, 13. Neubearb., § 705 Rn. 55; *Hahn*, in: MüHdBGesR, Bd. 7, 5. Aufl., § 50 Rn. 71.

[445] Siehe schon BGH v. 14.05.1956 – II ZR 229/54 = NJW 1956, 1198; *K. Schmidt*, GesR, 4. Aufl., S. 472 ff.

[446] Vgl. *Enzinger*, in: MüKo, HGB, 4. Aufl., § 119 Rn. 64; weitergehend zur Notwendigkeit des Schutzes des Kernbereichs der Mitgliedschaftsrechte *Klöhn*, AcP 216 (2016), 281, 303 ff.

[447] *Hermanns*, ZGR 1996, 103, 108; *Immenga*, ZGR 1974, 385, 415; *Psaroudakis*, in: Heidel/Schall, HGB, 1. Aufl., § 119 Rn. 11.

[448] Beachtung sollte finden, dass die insoweit einschlägige Terminologie nicht einheitlich verwendet, teilweise sogar synonym verwandt wird, vgl. dazu exemplarisch die Ausführungen bei BGH v. 21.10.2014 – II ZR 84/13 = NZG 2014, 1296, 1298; *Priester*, in: Scholz, GmbHG, 12. Aufl., Bd. 3, § 53 Rn. 43 f.; *Kleindiek*, GmbHR 2017, 674, 676.

[449] Siehe etwa BGH v. 10.10.1994 – II ZR 18/94 = NJW 1995, 194, 195.

[450] Vgl. *Schäfer*, in: Staub, HGB, Bd. 3, 5. Aufl., § 119 Rn. 39.

[451] Vgl. *Partikel*, in: Schwerdtfeger, GesR, 3. Aufl., § 161 HGB Rn. 22.

der Gesellschafter weder Einfluss noch Kontrolle innerhalb der Gesellschaft hätte.[452] Sie bilden den zwingenden Kernbereich der Mitgliedschaft ab und zeichnen sich dadurch aus, dass sie nicht abdingbar sind, also in ihrem Bestand nicht zur Disposition des betroffenen Gesellschafters stehen.[453] Der Schutz des Gesellschafters vor Eingriffen in seine mitgliedschaftlichen Rechte reicht damit so weit, wie er nicht auf deren Bestand verzichten kann.[454]

Da gerade gesellschafterliche Informationsrechte ein Mindestmaß an Einfluss und Kontrolle gewährleisten können, gelten sie grundsätzlich als unverzichtbar innerhalb der normativen Grenzen der §§ 716 Abs. 2[455] BGB, 118 Abs. 2[456], 166[457] HGB.[458] Auf Gesellschafterseite kann lediglich von deren Ausübung abgesehen werden, etwa durch Fernbleiben der Gesellschafterversammlung.[459] Von eben solcher Wichtigkeit ist der Anspruch auf Mitteilung der Namen und Adressen der Mitgesellschafter[460] sowie das Recht auf Teilnahme an der Gesellschafterversammlung, einschließlich des damit verbundenen Antrags- und Rederechts.[461] Eine Einschränkung des gesellschafterlichen Teilnahmerechts ist nur im Einzelfall bei sachlicher Rechtfertigung möglich.[462] Einer satzungsmäßigen Beschränkung ist hingegen das gesellschafterliche Stimmrecht[463] zugänglich; diese kann jedoch nur insoweit erfolgen, als dass die zu fassenden Beschlussgegenstände ohne Mitwirkung des Gesellschafters berührt sein dürfen.[464] Mit anderen Worten orientiert sich die Beschränkbarkeit des Stimmrechts im Einzelfall an der Beschränkbarkeit der von der Abstimmung betroffenen Beschlussgegenstände.

---

[452] *Martens*, in: Schlegelberger, HGB, Bd. 3 Hb. 1, 5. Aufl., § 119 Rn. 25.

[453] *Altmeppen*, NJW 2015, 2065, 2071; *K. Schmidt*, GesR, 4. Aufl., S. 470 f.; für das Aktienrecht zeitigt § 23 Abs. 5 S. 1 AktG eine solch formelle Satzungsstrenge; ein einzelfallmäßiger Verzicht auf die konkrete Rechtsausübung ist jedoch möglich, vgl. *Martens*, in: Schlegelberger, HGB, Bd. 3 Hb. 1, 5. Aufl., § 119 Rn. 26.

[454] Vgl. etwa *Altmeppen*, NJW 2015, 2065, 2071.

[455] Siehe *Hadding/Kießling*, in: Soergel, BGB, SchuldR 9/1, 13. Aufl., § 716 Rn. 12 ff.

[456] Siehe *Enzinger*, in: MüKo, HGB, 4. Aufl., § 118 Rn. 30 ff.; *Schäfer*, in: Staub, HGB, Bd. 3, 5. Aufl., § 119 Rn. 39.

[457] Siehe BGH v. 11.07.1988 – II ZR 347/87 = NJW 1989, 225 ff.; insbesondere steht der von § 166 Abs. 3 HGB eröffnete Rechtsweg nicht zur Disposition der Gesellschafter, vgl. *Wawrzinek*, S. 191 f.

[458] *K. Schmidt*, GesR, 4. Aufl., S. 470 f.; *Röttger*, S. 184; zur Sonderkonstellation der Mediatisierung von Informationsrechten siehe Drittes Kapitel C. III. 5.

[459] *K. Schmidt*, GesR, 4. Aufl., S. 470 f.

[460] Vgl. BGH v. 11.01.2011 – II ZR 187/09 = NZG 2011, 276, 279 m.w.N.

[461] *Martens*, in: Schlegelberger, HGB, Bd. 3 Hb. 1, 5. Aufl., § 119 Rn. 25; *Wilhelm*, S. 123; zum unabdingbaren Umfang des Teilnahmerechts vgl. *Röttger*, S. 190 ff.

[462] *K. Schmidt*, GesR, 4. Aufl., S. 471; *Martens*, in: Schlegelberger, HGB, Bd. 3 Hb. 1, 5. Aufl., § 119 Rn. 25.

[463] Zum Begriff des Stimmrechts vgl. *Wiedemann*, GesR, Bd. I, S. 367.

[464] *Jaletzke*, in: MüHdBGesR, Bd. 2, 4. Aufl., § 66 Rn. 25; zur Beschränkbarkeit des Stimmrechts, vgl. ferner *Heid*, DB 1985, Beil. 4, 1/2 f.

Gar gänzlich unverzichtbar ist hingegen das bei der Publikumspersonengesellschaft anerkannte[465] Recht der Austrittskündigung.[466] Dies lässt sich aus einem Erst-Recht-Schluss zu § 133 Abs. 3 HGB ableiten, wonach bereits eine das gesellschafterliche Auflösungsrecht[467] beschränkende Vereinbarung nichtig ist.[468]

Zumindest für die GmbH[469] sowie für die herkömmliche Personengesellschaft[470] beurteilte der zweite Zivilsenat[471] das Recht, Klagen gegen Gesellschafterbeschlüsse anzustrengen, als unverzichtbar. Mit Recht wird ebenso die Gesellschafterklage – auch bekannt als *actio pro socio*[472] – als zentrales[473] Minderheitenrecht in Publikumspersonengesellschaften zu den unverzichtbaren Rechten gezählt.[474]

b) Unentziehbare Rechte

Als Sonderfall unverzichtbarer Rechte gelten die sog. unentziehbaren Rechte.[475] Auf letztere kann der Gesellschafter zwar verzichten, sie können ihm jedoch nicht gegen seinen Willen respektive nur mit seinem Einverständnis entzogen werden.[476] Die Existenz unentziehbarer Rechte lässt sich rechtsdogmatisch insbesondere aus § 35 BGB herleiten. Dem dort verankerten allgemeinen Rechtsgrundsatz[477] zufolge können *„Sonderrechte eines Mitglieds nicht ohne dessen Zustimmung durch Be-*

---

[465] *Schäfer*, in: Staub, HGB, Bd. 3, 5. Aufl., § 133 Rn. 3 m.w.N.

[466] In der Satzung können jedoch bestimmte Ereignisse von dem Merkmal des wichtigen Grundes ausgeschlossen werden, soweit damit die Kündigung aus wichtigem Grund nicht faktisch unmöglich gemacht wird vgl. *Roth*, in: Baumbach/Hopt, HGB, 39. Aufl., § 133 Rn. 19 ff.; *Casper*, in: Staub, HGB, Bd. 4, 5. Aufl., § 161 Rn. 225; *Schäfer*, in: Staub, HGB, Bd. 3, 5. Aufl., § 133 Rn. 70 ff.; ausführlich zum Ausscheiden aus der Gesellschaft siehe Drittes Kapitel C. VI. 2.

[467] Dazu ausführlich siehe Drittes Kapitel C. VI. 1.

[468] In dieselbe Richtung *Martens*, in: Schlegelberger, HGB, Bd. 3 Hb. 1, 5. Aufl., § 119 Rn. 25.

[469] BGH v. 21.03.1988 – II ZR 308/87 = BGHZ 104, 66, 71; hierauf eingehend *Haas*, in: R/GvW/H, HGB, 5., § 119 Rn. 25.

[470] BGH v. 13.02.1995 – II ZR 15/94 = NJW 1995, 1218 f.; hierauf eingehend *Oetker*, in: Oetker, HGB, 6. Aufl., § 161 Rn. 35.

[471] BGH v. 21.03.1988 – II ZR 308/87 = BGHZ 104, 66, 71; hierauf eingehend *Haas*, in: R/GvW/H, HGB, 5. Aufl., § 119 Rn. 25; siehe ferner BGH v. 13.02.1995 – II ZR 15/94 = NJW 1995, 1218 f.

[472] Ausführlich *Mock*, JuS 2015, 590 ff.

[473] Dazu *Mock/Cöster*, GmbHR 2018, 67.

[474] Eine Einschränkung bleibt jedoch möglich, vgl. *Haas*, in: R/GvW/H, HGB, 5. Aufl., § 119 Rn. 28, § 105 Rn. 79 m.w.N.

[475] *Hermanns*, ZGR 1996, 103, 110.

[476] Dazu *Martens*, in: Schlegelberger, HGB, Bd. 3 Hb. 1, 5. Aufl., § 119 Rn. 25 f.; *K. Schmidt*, GesR, 4. Aufl., S. 470 ff.

[477] Siehe nur *Ellenberger*, in: Palandt, BGB, 79. Aufl., § 35 Rn. 4; *Hadding*, in: Soergel, BGB, Bd. 1, 13. Aufl., § 34 Rn. 2 m.w.N.

schluss der Mitgliederversammlung beeinträchtigt werden". Sonderrechte[478] werden verstanden als individuellen Gesellschaftern satzungsmäßig verliehene Vorrechte.[479] Daneben speisen sich die unentziehbaren Rechte aus den sog. Grundmitgliedsrechten, wozu das Stimmrecht, Informationsrecht, Gewinnbeteiligungsrecht wie auch das Recht auf Beteiligung am Liquidationserlös gezählt werden.[480]

Nicht nur der Eingriff in Sonderrechte bedarf der Zustimmung des betroffenen Gesellschafters, sondern auch der in Grundmitgliedschaftsrechte.[481] Bei der zu erteilenden Zustimmung handelt es sich nicht um eine solche nach Art des § 709 BGB, sondern vielmehr um ein selbständiges Rechtsgeschäft in Form einer (konkreten)[482] Zustimmung nach § 182 BGB.[483] Fehlt eine solch notwendige Zustimmung, ist der Beschluss schwebend unwirksam.[484] Ein absoluter Zustimmungsvorbehalt besteht jedoch nicht; auch Sonderrechte können bei wichtigem Grund entzogen werden.[485] Ebenso ist die Situation vorstellbar, dass der betroffene Gesellschafter aufgrund seiner gesellschaftlichen Treuepflicht[486] *„in Ausnahmefällen"* – wie der Bundesgerichtshof im Jahre 2006 noch betonte – seine Zustimmung zu erteilen hat.[487]

Ferner lässt sich aus § 707 BGB[488] sowie vor dem Hintergrund des (allgemeinen[489]) Rechtsgedankens der §§ 180 Abs. 1 AktG, 53 Abs. 3 GmbHG für das Publikumspersonengesellschaftsrecht das sog. *„Belastungsverbot"* festmachen.[490] Hiernach sind Beschlüsse nichtig, die dem Gesellschafter per Mehrheitsbeschluss Pflichten auferlegen, deren Art und Umfang sich nicht vermittels Gesellschaftsvertrages bestimmen lassen.[491] Insoweit gewährt das Belastungsverbot Schutz des Privatvermögens des Anlegers.[492] Für das Recht der geschlossenen (Publikums-)

---

[478] Zum historischen Ursprung von Sonderrechten vgl. *Leuschner*, in: MüKo, BGB, 8. Aufl., § 35 Rn. 2 f.

[479] *Martens*, in: Schlegelberger, HGB, Bd. 3 Hb. 1, 5. Aufl., § 119 Rn. 27.

[480] *K. Schmidt*, GesR, 4. Aufl., S. 472; *Röttger*, S. 161 ff.

[481] *Enzinger*, in: MüKo, HGB, 4. Aufl., § 119 Rn. 70; *Schäfer*, in: MüKo, BGB, 8. Aufl., § 709 Rn. 91.

[482] Um den Zustimmungsvorbehalt nicht leerlaufen zu lassen, sind (gesellschaftsvertragliche) Generaleinwilligungen ausgeschlossen, vgl. die Nachweise zur h.M. bei *Schäfer*, in: Staub, HGB, Bd. 3, 5. Aufl., § 119 Rn. 44.

[483] *Schäfer*, in: MüKo, BGB, 8. Aufl., § 709 Rn. 91.

[484] Vgl. BGH v. 28.05.1979 – II ZR 172/78 = WM 1979, 1058, 1059; *Enzinger*, in: MüKo, HGB, 4. Aufl., § 119 Rn. 70.

[485] Vgl. *K. Schmidt*, GesR, 4. Aufl., S. 471 ff.; *Leuschner*, in: MüKo, BGB, 8. Aufl., § 35 Rn. 13.

[486] Dazu siehe Zweites Kapitel B. II. 2.

[487] BGH v. 23.01.2006 – II ZR 126/04 = NJW-RR 2006, 829, 831.

[488] Vgl. hierzu schon RG v. 23.11.1917 – II 242/17 = RGZ 91, 166 ff.

[489] In diese Richtung schon BGH v. 14.05.1956 – II ZR 229/54 = NJW 1956, 1198, 1200.

[490] *Picot*, BB 1993, 13, 17; *K. Schmidt*, GesR, 4. Aufl., S. 473 f. m.w.N.

[491] Ausführlich *Wiedemann*, ZGR 1977, 690, 692.

[492] *Priester*, NZG 2015, 529, 530.

Investment-KG hat der Gesetzgeber in § 152 Abs. 2 S. 1 KAGB sogar festgehalten, dass eine Rückgewähr der Einlage oder eine Ausschüttung, die den Wert der Kommanditeinlage unter den Betrag der Einlage herabmindert, nur mit Zustimmung des betroffenen Kommanditisten erfolgen darf. Bei mittelbarer Beteiligung über einen Treuhandkommanditisten bedarf nach § 152 Abs. 2 S. 3 Hs. 1 KAGB die Rückgewähr der Einlage oder eine Ausschüttung, die den Wert der Kommanditeinlage unter den Betrag der Einlage herabmindert, zusätzlich der Zustimmung des betroffenen mittelbar beteiligten Anlegers.

2. Jüngere Rechtsprechung des Bundesgerichtshofs

Mit der bereits erwähnten Grundsatzentscheidung[493] zum Bestimmtheitsgrundsatz ließ der zweite Senat in einem *obiter dictum* anklingen, sich von der hergebrachten Dogmatik der Lehre vom Kernbereich der Mitgliedschaft zu entfernen.[494] Gleichwohl prüft der Bundesgerichtshof die Zulässigkeit streitgegenständlicher Mehrheitsentscheidungen nach wie vor zweistufig[495]: Zunächst ist auf einer ersten Stufe nach Maßgabe allgemeiner Auslegungsgrundsätze[496] der §§ 133, 157 BGB zu untersuchen, ob der Gesellschaftsvertrag eine Mehrheitsentscheidung über den jeweils in Rede stehenden Beschlussgegenstand an sich überhaupt zulässt.[497]

Sodann ist auf einer zweiten Stufe die materielle Legitimation des zu fassenden Beschlusses zu ermitteln. Die konstatierte Distanzierung des Senats von der Kernbereichslehre soll dennoch nicht darüber hinwegtäuschen, dass „unverzichtbare Gesellschafterrechte" nach wie vor nicht zur Disposition von Majoritätsentscheidungen stehen.[498] Allerdings macht der Senat für die Legitimation von Mehrheitsentscheidungen nicht mehr zum Maßstab, ob diese in Rechte eingreifen, die bislang als vom sog. Kernbereich der Mitgliedschaft erfasst galten.[499]

---

[493] BGH v. 21.10.2014 – II ZR 84/13 = NZG 2014, 1296.

[494] Siehe auch *Priester*, NZG 2015, 529 ff.; *Schäfer*, in: MüKo, BGB, 8. Aufl., § 709 Rn. 93; siehe aber auch *Kleindiek*, GmbHR 2017, 674, 678, der sich kritisch zu der Frage äußert, ob eine Distanzierung tatsächlich vorliegt.

[495] BGH v. 21.10.2014 – II ZR 84/13 = NZG 2014, 1296; vgl. aber auch schon BGH v. 15.01.2007 – II ZR 245/05 = NJW 2007, 1685; BGH v. 24.11.2008 – II ZR 116/08 = DStR 2009, 280; BGH v. 19.10.2009 – II ZR 240/08 = BGHZ 183, 1; BGH v. 15.11.2011 – II ZR 266/09 = NZG 2012, 393; BGH v. 16.10.2012 – II ZR 239/11 = NZG 2013, 63.

[496] Allein maßgeblich insoweit die objektive Auslegung, vgl. oben Erstes Kapitel A. II. 2. a).

[497] Der Bundesgerichtshof weist in diesem Zusammenhang darauf hin, dass die Vor- und Nachteile einer Mehrheitsklausel die Gesellschafter je nach Abstimmungsverhalten treffen, weswegen sie an sich wertneutral ist, vgl. BGH v. 24.11.2008 – II ZR 116/08 = DStR 2009, 280, 282.

[498] BGH v. 21.10.2014 – II ZR 84/13 = NZG 2014, 1296, 1300.

[499] BGH v. 21.10.2014 – II ZR 84/13 = NZG 2014, 1296, 1298.

Im Zuge der materiellen Wirksamkeitsprüfung stellt der Bundesgerichtshof neuerdings darauf ab, ob die jeweils streitgegenständliche Mehrheitsentscheidung eine „*Verletzung der gesellschafterlichen Treuepflicht*" zur Folge hat.[500] Doch bemüht der Bundesgerichtshof die im Rahmen der Kernbereichslehre ausformulierten Erkenntnisse noch insoweit, als dass er bei Eingriffen in unentziehbare Rechte im Grundsatz einen Verstoß gegen die gesellschafterliche Treuepflicht annimmt, wohingegen in sonstigen Fällen der betroffene Minderheitsgesellschafter entsprechenden Beweis zu erbringen hat.[501]

Neben einer Verletzung des Treuepflichtgebots kann bei bestimmten[502] Beschlüssen auf der zweiten Prüfungsstufe eine Zustimmung erforderlich sein.[503] Liegt eine solch erforderliche Zustimmung einzelner Gesellschafter nicht vor, soll der gefasste Majoritätsbeschluss diesen gegenüber relativ unwirksam sein.

Daneben soll es bei (jeglichen) Eingriffen in die individuelle Rechtsstellung einzelner Gesellschafter darauf ankommen, „*ob der Eingriff im Interesse der Gesellschaft geboten ist und dem betroffenen Gesellschafter unter Berücksichtigung seiner eigenen schutzwerten Belange zumutbar ist*".[504]

3. Stellungnahme

Der neuerlichen Judikatur ist zunächst zugute zu halten, dass sie eine nähere Ausrichtung am Einzelfall möglich macht. Anders als bei bislang in die Kategorien „*unverzichtbar*" und „*unentziehbar*" systematisierten Gesellschafterrechten, stellt die nunmehr entworfene Methodik – abseits von Eingriffen in unverzichtbare Rechte – kompromisslos auf die jeweiligen Umstände ab. Auch werden die der Publikumspersonengesellschaft zugeschriebenen Charakteristika so verstärkt Beachtung finden.[505]

Kritisch zu sehen ist indes, dass die Rechtsprechung die von ihr unter Anregung der Literatur entwickelten Grundsätze zum Kernbereich der Mitgliedschaft wohl durch das neue Merkmal der richterlichen Treuepflichtprüfung ersetzt hat. Wenngleich dieser Ansatz pragmatisch erscheinen mag, werfen die vom Bundesgerichtshof aufgestellten Erfordernisse der „*Gebotenheit*" und „*Zumutbarkeit*" von

---

[500] BGH v. 21.10.2014 – II ZR 84/13 = NZG 2014, 1296, 1298.

[501] BGH v. 21.10.2014 – II ZR 84/13 = NZG 2014, 1296, 1298.

[502] Exemplarisch ist das Beitragserhöhungsverbot zu erwähnen, vgl. BGH v. 21.10.2014 – II ZR 84/13 = NZG 2014, 1296, 1299.

[503] Siehe dazu aber auch *Schäfer*, in: MüKo, BGB, 8. Aufl., § 709 Rn. 93.

[504] BGH v. 21.10.2014 – II ZR 84/13 = NZG 2014, 1296; *Hoppe/Mühling*, in: Hesselmann/Tillmann/Mueller-Thuns, Handbuch GmbH & Co. KG, Rn. 2.305; klarstellend weist der Bundesgerichtshof darauf hin, dass die jüngere Treuepflichtprüfung „*allgemein für alle Beschlussgegenstände*" Geltung beansprucht.

[505] Ähnlich optimistisch *Binz/Sorg*, in: Binz/Sorg, Die GmbH & Co. KG, 12. Aufl., § 13 Rn. 71.

Eingriffen in Mitgliedschaftsrechte freilich Fragen nach deren konkreter Begriffsdefinition auf.

Die Folgen sind absehbar: So wenig der zweite Senat den Instanzgerichten in dem hier interessierenden Urteil Vorgaben macht, welche Maßstäbe anzuwenden sind, so wenig kann der Rechtsunterworfene diese voraussehen. Verminderte Rechtssicherheit schmälert nicht nur die Erfolgsaussichten eines etwaigen Zivilprozesses, sondern bereits die Motivation, einen solchen anzustrengen. Die darauf geäußerte Befürchtung[506], der Minderheitenschutz würde dadurch beschnitten, findet insoweit durchaus ihre Berechtigung.

Einer solch beunruhigenden Entwicklung wird wohl nur dadurch Einhalt geboten werden können, dass sich die neuerliche Treuewidrigkeitsprüfung weitgehend an den zur Treuepflicht über Jahrzehnte hinweg entwickelten Grundsätzen orientiert.

Auch ist unklar geblieben, warum der Senat bei Eingriffen in den mitgliedschaftlichen Kernbereich nunmehr das Merkmal des Treuepflichtverstoßes geprüft wissen will, führt doch bereits das Fehlen einer erforderlichen Zustimmung zur Nichtigkeit der verabschiedeten Gesellschafterentscheidung.[507]

Mit Folgefragen behaftet ist ferner die mit der genannten Entscheidung bekräftigte Anerkennung „relativ unwirksamer Gesellschafterbeschlüsse". Zwar ist diese Rechtsfigur etwa bei Beitragserhöhungen in der Lage, mehrheitlich überstimmte Gesellschafter vor einer weitergehenden Einzahlungspflicht zu bewahren, andererseits kann damit insoweit auch eine Verwässerung der von den Minderheitsgesellschaftern gehaltenen Anteilen zementiert werden.[508]

V. Interessenabwägung

Bemerkenswerterweise wirft *Picot*[509] zugunsten des Minderheitenrechtsschutzes zusätzlich ein, die Rechtswirkungen von Majoritätsentscheidungen gegenüber Minderheitsanlegern könnten subsidiär zu den vorstehenden allgemeinen Grundsätzen des Gesellschaftsrechts vermittels einer billigen Abwägung widerstreitender Interessen kompensiert werden. Dabei soll an den im Rahmen der Kernbereichslehre nach Schutzintensität systematisierten Rechten Maß genommen werden, um von Mehrheitsentscheidungen betroffene gesellschafterliche Individualrechte zu wahren respektive den überstimmten Gesellschaftern zu kompensatorischen Maßnahmen zu

---

[506] Vgl. nur *Priester*, EWiR 2015, 71, 72.

[507] Ebenso krit. *Klöhn*, AcP 216 (2016), 281, 290.

[508] Vgl. *Ulmer*, ZIP 2015, 657, 661; ebenso krit. *Altmeppen*, NJW 2015, 2065, 2069 f.; zustimmend betreffend die (relative) Unwirksamkeit von Verträgen *Risse/Höfling*, NZG 2017, 1131, 1132; für eine Anerkennung relativ unwirksamer Gesellschafterbeschlüsse *Klöhn*, AcP 216 (2016), 281, 290 m.w.N.

[509] *Picot*, BB 1993, 13, 18.

verhelfen.[510] Unzumutbare Vertragsänderungen könnten etwa dadurch ausgeglichen werden, dass zugunsten der betroffenen Minderheitsgesellschafter ein Recht zur fristlosen Kündigung sowie ein damit gekoppelter Anspruch auf eine angemessene Abfindung anerkannt wird.[511]

Offen bleibt jedoch die rechtsdogmatische Verortung dieser subsidiären Interessenabwägung. Auch ist trotz Orientierung an den Errungenschaften der Kernbereichslehre zu besorgen, dass sich mit der (richterlichen) Interessenabwägung ein weiteres Tor hin zu mehr rechtlicher Unvorhersehbarkeit und damit weg von den Interessen aller an der Publikumspersonengesellschaft Beteiligten öffnet.

VI. Das Wesen der Publikumspersonengesellschaft als Maßstab richterlicher Inhaltskontrolle

Zur Begründung von Minderheitenrechten – und damit einhergehend zur Beschränkung der Vertragsfreiheit der Initiatoren – lässt sich ein Rekurs auf die wesensmäßigen[512] Eigenschaften der Publikumspersonengesellschaft in Ansatz bringen.[513] Hiermit soll der Versuch unternommen werden, zugunsten minderheitlich beteiligter Gesellschafter Abwehrrechte aus der Rechtsnatur der Publikumspersonengesellschaft abzuleiten. Auf den ersten Blick droht hier jedoch ein Zirkelschluss: Denn wie sollen die Wesensmerkmale einer Publikumspersonengesellschaft, die ihren Ausgangspunkt im Gesellschaftsvertrag finden, diesem zugleich Vorgaben machen? Zur Auflösung dieser Problematik bietet es sich an, auf Wesensmerkmale von Publikumspersonengesellschaften im Allgemeinen abzustellen. Normativen Halt findet dieser Ansatz im Aktienrecht in § 241 Nr. 3 Alt. 1 AktG. Das hiermit in Bezug genommene Wesen der Aktiengesellschaft, welches Namensgeber für die amtliche Überschrift von § 1 AktG war, ist ebenfalls allgemein zu bestimmen; auf das Wesen der im Raum stehenden, konkreten Aktiengesellschaft kommt es also nicht an. Dies hat zur Folge, dass bei der Ermittlung des Wesens von Publikumspersonengesellschaften insbesondere die bereits zum Wesen von Aktiengesellschaften zusammengetragenen Erkenntnisse[514] Berücksichtigung finden können. Diese ließen sich sodann als Maßstab einer gesellschaftsrechtlichen Inhaltskontrolle gebrauchen. Ebenso wie im Aktienrecht erweist sich der Prüfungsmaßstab des Wesens der Publikumspersonengesellschaft allerdings oftmals als zu unbestimmt und somit im Regelfall als nicht praxistauglich. Ob dieser Erwägungen kommt ihm

---

[510] *Picot*, BB 1993, 13, 18.

[511] *Picot*, BB 1993, 13, 18.

[512] Eine ausführliche Betrachtung des sogenannten Wesensarguments „im juristischen Begründen" findet sich bei *Scheuerle*, AcP 163 (1963), S. 429 ff.

[513] Ausführlich zur Eingrenzung der Vertragsfreiheit durch das „Wesen" der Gesellschaft vgl. A. *Teichmann*, Gestaltungsfreiheit in Gesellschaftsverträgen, 1970, S. 3 ff.

[514] Siehe dazu etwa *Noack/Zetzsche*, in: KölnKomm, AktG, Bd. 5, 3. Teillieferung, 4. Aufl., § 241 Rn. 123 ff.

daher auch im Recht der Publikumspersonengesellschaften nur die Funktion eines Auffangtatbestandes zu.

VII. Fazit

Über Jahrzehnte hinweg entwickelte die Rechtsprechung mit Hilfestellung der Literatur zahlreiche Grundsätze zugunsten minderheitsbeteiligter Gesellschafter. Ausgangspunkt für Inhalt und Reichweite dieser Grundsätze ist die mitgliedschaftliche Stellung des jeweiligen Gesellschafters. Die sich daraus abzuleitenden Minderheitenrechte sind infolge der kapitalistischen Organisationsstruktur der Publikumspersonengesellschaften regelmäßig deutlich weniger ausgeprägt, als in herkömmlichen Personengesellschaften. Inhaltlich bringen die allgemeinen Grundsätze keinen bestimmten, jedoch bestimmbaren Minderheitenrechtsschutz hervor; die einzelfallmäßige Ausgestaltung des Publikumspersonengesellschaftsvertrags dient der Konkretisierung der sich aus den allgemeinen Grundsätzen ergebenden Minderheitenrechte. Vor allem dürfte mit der legislativen Einzelausprägung der gesellschaftlichen Treuepflicht in § 153 Abs. 1 S. 3 Nr. 1 KAGB der Diskussion[515], inwieweit die gesellschaftliche Treuepflicht im Recht der geschlossenen (Publikums-)Investment-KG respektive Publikumspersonengesellschaft grundsätzlich Geltung beansprucht, ein jähes Ende gesetzt sein. Zudem dürfte sich dieses gesetzgeberische Urteil für das Recht der geschlossenen (Publikums-)Investment-KG als Argument dafür bemühen lassen, dass sich die gesellschaftliche Treuepflicht auch im Recht herkömmlicher Publikumspersonengesellschaften weitgehend der Disposition der Vertragsparteien entzieht. Demgegenüber zeigt sich, dass die durch Kasuistik konkretisierte minderheitsschützende Lehre vom Kernbereich der Mitgliedschaftsrechte jüngst durch den Bundesgerichtshof[516] selbst getrübt wurde. Hingegen kann ein Rekurs auf die Aspekte der Treuepflicht insoweit zu wiederkehrender Klarheit verhelfen.

C. Minderheitenrechte in der Praxis der Publikumspersonengesellschaft

Gerade in der Rechtspraxis kann auf Seiten minderheitsbeteiligter Publikumspersonengesellschafter in mannigfaltigen Konstellationen das Bedürfnis bestehen, vermittels Minderheitenrechten nicht uneingeschränkt der Mehrheitsmacht der übrigen Gesellschafter ausgesetzt zu sein. Als besonders praxisrelevant erweist sich folglich die Frage, welche konkreten Anlässe die Konstruktion von Minderheiten-

---

[515] Zum Stand der Diskussion der Abdingbarkeit der Treuepflicht vgl. *Fleischer/Harzmeier*, NZG 2015, 1289, 1290.

[516] BGH v. 21. 10. 2014 – II ZR 84/13 = NZG 2014, 1296.

rechten erforderlich machen und, darauf aufbauend, inwieweit letztere angemessenen Minderheitenrechtsschutz versprechen. Brauchbar gemacht werden können hierfür die bereits erörterten Ansätze zur Begründung von Minderheitenrechten. Zu berücksichtigen sind dabei ebenso die von Rechtsprechung und Literatur in jahrzehntelanger Übung herausgebildeten Schutzmechanismen zur Stärkung der Rechtsstellung von (minderheitlich beteiligten) Publikumspersonengesellschaftern.

I. Der Gesellschaftsbeitritt

Bereits im Rahmen der Errichtung einer Publikumspersonengesellschaft besteht für Anleger die Möglichkeit, dieser durch Abschluss eines Gesellschaftsvertrages mit den Initiatoren beizutreten. Üblicher ist hingegen, dass die Anleger der Publikumspersonengesellschaft erst nach Gründung beitreten.[517] Im Grundsatz bedürfte der Beitritt eines jeden einzelnen Gesellschafters einer Änderung der Gesellschaftssatzung.[518] Da sich dies bei Publikumspersonengesellschaften aufgrund der Vielzahl beitretender Gesellschafter typischerweise nur schwerlich organisieren lässt[519], sind von Seiten der Initiatoren anderweitige Beitrittsgestaltungen entwickelt worden. Im Recht der Publikums-KG ist es üblich, den Komplementär[520] oder die Publikums-KG[521], wiederum vertreten durch den Komplementär, schon kraft Gesellschaftsvertrages mit einer Abschlussvollmacht zu versehen.[522] Der sodann bilateral geschlossene Beitrittsvertrag[523] entfaltet nach den §§ 164 ff. BGB Rechtswirkungen für und gegen die bisherigen Gesellschafter.[524] In gleicher Weise können auch Dritte bevollmächtigt werden, Aufnahmeverträge im Namen und mit Wirkung für alle Gesellschafter abzuschließen.[525] Wird der Anleger durch arglistige Täuschung zum Gesellschaftsbeitritt bewogen, gilt dieser zunächst als wirksam.[526] Die

---

[517] *Casper*, in: Staub, HGB, Bd. 4, 5. Aufl., § 161 Rn. 146.

[518] Vgl. *Oetker*, in: Oetker, HGB, 6. Aufl., § 161 Rn. 127.

[519] Vgl. etwa *Grunewald*, in: MüKo, HGB, 4. Aufl., § 161 Rn. 154.

[520] So etwa in BGH v. 17. 11. 1975 – II ZR 120/74 = WM 1976, 15.

[521] So etwa in BGH v. 15. 11. 1977 – II ZR 95/76 = WM 1978, 136.

[522] Zur höchstrichterlichen Anerkennung beider Gestaltungsvarianten vgl. BGH v. 01. 03. 2011 – II ZR 16/10 = ZIP 2011, 957 f.; sinngemäß übertragen lässt sich dieser Gestaltungsansatz auch auf sonstige Formen der Publikumspersonengesellschaft.

[523] Der Beitrittsvertrag wird – ebenso wie die Publikumspersonengesellschaftsvertrag – nach allgemeinen Grundsätzen ausgelegt, siehe dazu oben Zweites Kapitel A. II. 2. a); *Jaletzke*, in: MüHdBGesR, Bd. 2, 4. Aufl., § 65 Rn. 7; a.A. *Casper*, in: Staub, HGB, Bd. 4, 5. Aufl., § 161 Rn. 147, 134.

[524] *Bergmann*, WM 2018, Sonderbeilage Nr. 1, 3, 29; *Mock*, in: R/GvW/H, HGB, 5. Aufl., § 161 Rn. 114; *Grunewald*, in: MüKo, HGB, 4. Aufl., § 161 Rn. 154; *Mutter/Müller*, in: MüAnwHdB, PersGesR, 3. Aufl., § 1 Rn. 152.

[525] Vgl. BGH v. 16. 11. 1981 – II ZR 213/80 = NJW 1982, 877, 879.

[526] *Mock*, in: R/GvW/H, HGB, 5. Aufl., § 161 Rn. 116.

Grundsätze der fehlerhaften Gesellschaft gewähren arglistig getäuschten (Minderheits-)Gesellschaftern sodann einen wichtigen Grund zur fristlosen Kündigung.[527]

II. Beitrags- und Nachschusspflichten der Gesellschafter

Vornehmlich in Publikumspersonengesellschaften, die als Anlagevehikel zur Finanzierung eines Großprojekts dienen, besteht die Gefahr, dass sich der zugrunde gelegte Finanzierungsplan als unrichtig erweist, bevor das Investitionsobjekt fertig gestellt ist und Ertrag erbringen kann.[528] In solchen Fällen gehen die Geschäftsleiter nicht selten dazu über, die Gesellschafter um eine quotale Finanzierung des benötigten Betrags zu ersuchen.

Für (Minderheits-)Gesellschafter besteht im Recht der Personengesellschaften nach § 707 BGB in Verbindung mit §§ 161 Abs. 2, 105 Abs. 3 HGB im Grundsatz keine Pflicht zur Erhöhung des vereinbarten Betrags oder zur Ergänzung der durch Verlust geminderten Einlage.[529] Hiervon kann jedoch abgewichen werden, verbliebe ansonsten die Liquidation der (Publikums-)Personengesellschaft vielfach als einzige Alternative. Vorstellbar ist eine nachträgliche Änderung der entsprechenden Satzungsregelung durch Mehrheitsbeschluss. Eine der Beschlussfassung zugrundeliegende gesellschaftsvertragliche Bestimmung muss nach den Worten des Bundesgerichtshofs[530] eindeutig sein und Ausmaß sowie Umfang einer möglichen zusätzlichen Belastung erkennen lassen; erforderlich ist hierfür die Festlegung einer Obergrenze oder sonstiger Kriterien zur Begrenzung des Erhöhungsrisikos.[531] Dieses verhältnismäßig großzügige Zugeständnis der Rechtsprechung an die gesellschaftsrechtliche Vertragspraxis verdeutlicht ein Blick auf die klaren, sachverwandten Regelungen des Kapitalgesellschaftsrechts. Die §§ 180 Abs. 1 AktG, 53 Abs. 3 GmbHG konkretisieren das „Gesellschaftergrundrecht" in Form des allgemeinen gesellschaftsrechtlichen Belastungsverbots[532], indem sie die Abänderung des Gesellschaftsvertrages zur Begründung von Nachschusspflichten unter den Zustimmungsvorbehalt der hiervon betroffenen Kapitalgesellschafter stellen. Zwar

---

[527] *Mock*, in: R/GvW/H, HGB, 5. Aufl., § 161 Rn. 116; ausführlich zur arglistigen Täuschung sowie allgemein zu Minderheitenrechten im Zusammenhang mit dem Ausscheiden aus der Publikumspersonengesellschaft siehe Drittes Kapitel C. VI. 2. b).

[528] Hierauf hinweisend *Wilde*, NZG 2012, 215.

[529] So ausdrücklich BGH v. 05.03.2007 – II ZR 282/05 = NZG 2007, 381.

[530] Vgl. BGH v. 15.01.2007 – II ZR 245/05 = ZIP 2007, 475, 476; BGH v. 23.01.2006 – II ZR 126/04 = NZG 2006, 379; in diese Richtung bereits *A. Hueck*, Das Recht der offenen Handelsgesellschaft, 4. Aufl., S. 177.

[531] Hieraus wird sich ein allgemeines Transparenzgebot aufgrund des konkreten Bezugs zu § 707 BGB nur schwerlich schlussfolgern lassen.

[532] Dazu *Stein*, in: MüKo, AktG, Bd. 4, 4. Aufl., § 180 Rn. 4; *Zetzsche*, in: KölnKomm, AktG, 4. Aufl., Bd. 4, 4. Teillieferung, § 180 Rn. 5 m.w.N.

steht der personengesellschaftsrechtlich verortete Maßstab des Bundesgerichtshofs auf rechtsdogmatisch sicherem Terrain. Auch stärkt die vom Bundesgerichtshof anerkannte Möglichkeit gesellschaftsinterner Refinanzierung den Bestand der Publikumspersonengesellschaft. Für eine Übertragung der dem Kapitalgesellschaftsrecht entnommenen Regelungen auf Publikumspersonengesellschaften streitet hingegen das den Aktionären gleichgelagerte Interesse der Publikumspersonengesellschafter, die ursprünglich intendierte Kapitalbeteiligung – auch entgegen dem Willen einer Gesellschaftermehrheit – eben ganz regelmäßig nicht erhöhen zu müssen. Der entscheidende Unterschied beider Ansätze ist letztlich zeitlicher Natur: Die Zustimmung zur Erhöhung der Beitragspflichten erfolgt im Recht der Personengesellschaften bereits mit Beitritt zur Gesellschaft, also mit Annahme einer entsprechenden Vertragsklausel. Im Kapitalgesellschaftsrecht bedarf der Gesellschafterbeschluss als solcher nach § 180 Abs. 1 AktG zu seiner Wirksamkeit im Grundsatz der Zustimmung aller von der Beitragserhöhung betroffenen Gesellschafter.

Häufig wird in der Publikumspersonengesellschaft die Zustimmung der Gesellschafter zu zukünftigen – typischerweise regelmäßigen – Beiträgen schon antizipiert durch gesellschaftsvertragliche Regelungen eingeholt (sog. gespaltene Beitragspflicht[533]). Da zukünftig zu erbringende Beitragsleistungen insoweit schon in den ursprünglichen Gesellschaftsvertrag Einzug finden, also keine Änderung des Gesellschaftsvertrages erfordern, handelt es sich dabei gerade nicht um die Erhöhung des vereinbarten Beitrags i.S.d. § 707 BGB.[534] Dessen Schutzzweck gebietet dennoch, den Umfang zukünftiger Beitragsleistungen dem beitragspflichtigen Gesellschafter hinreichend vor Augen zu führen. Voraussetzung der Wirksamkeit einer entsprechenden Regelung ist nach dem Bundesgerichtshof[535], dass eine solche eindeutig aus dem Gesellschaftsvertrag hervorgeht und die Höhe der nachzuschießenden Beiträge im Gesellschaftsvertrag zumindest objektiv bestimmbar ist. Anders verhält es sich für die Statuierung bloßer Nachschussrechte. Denn insoweit steht es den Minderheitsgesellschaftern frei, ihre Kapitalbeteiligung zu erhöhen.

Für das Recht der geschlossenen Publikumsinvestment-KG hat der Gesetzgeber mit § 152 Abs. 3 S. 2 bis 5 KAGB ausdrückliche Regelungen erlassen, um Kommanditisten vor Nachschusspflichten zu bewahren. Spiegelbildlich dürfte die Vereinbarung gespaltener Beitragspflichten damit auch in der geschlossenen Publikumsinvestment-KG möglich bleiben. Entgegen der Ansicht *Wiedemanns*[536] streiten

---

[533] Zum Begriff vgl. BGH v. 05. 11. 2007 – II ZR 230/06 = NZG 2008, 65; vgl. ferner *Wilde*, NZG 2012, 215.

[534] So auch *Habermeier*, in: Staudinger, BGB, 13. Neubearb., § 707 Rn. 3; *Wertenbruch*, DStR 2007, 1680, 1681.

[535] BGH v. 19. 03. 2007 – II ZR 73/06 = WM 2007, 835; BGH v. 23. 01. 2006 – II ZR 126/04 = NZG 2006, 379; BGH v. 04. 07. 2005 – II ZR 354/03 = NZG 2005, 753.

[536] *Wiedemann*, NZG 2013, 1041, 1043.

hierfür sowohl der Wortlaut der Vorschrift, als auch die Gesetzesbegründung.[537] Über § 149 Abs. 1 Hs. 2 KAGB kommen hinsichtlich derartiger Vertragsklauseln zugunsten (minderheitlich) beteiligter Anlagegesellschafter dieselben Maßstäbe zur Anwendung wie im Recht der herkömmlichen Publikumspersonengesellschaft. Anderenfalls stünden deren Gesellschafter besser als der Kommanditist einer geschlossenen Publikumsinvestment-KG.

Im Übrigen können Minderheitsgesellschaftern nur in rar gesäten Extremfällen Nachschusspflichten auferlegt werden. Minderheitsschützende Hilfestellung gibt hier die Treuepflicht, welche (Minderheits-)Gesellschafter nur unter Beachtung *„besonders hohe[r] Anforderungen"* zur Zustimmung zu einem Kapitalerhöhungsbeschluss verpflichten kann.[538] Eine Pflicht zur Beitragserhöhung besteht nur, soweit diese im Gesellschaftsinteresse geboten und dem betroffenen Gesellschafter unter Berücksichtigung seiner schützenswerten Belange zumutbar ist.[539] Auch ist es die Treuepflicht, die (Minderheits-)Gesellschaftern dazu verhilft, einen Kapitalerhöhungsbeschluss ohne zugrunde liegenden Kapitalbedarf oder sonst abseits der Förderung des Gesellschaftszwecks abzuwehren.[540]

III. Informationsrechte

Erinnerlich sind (Minderheits-)Gesellschafter in Publikumspersonengesellschaften ganz regelmäßig von Angelegenheiten der Geschäftsführung ausgeschlossen. Gesellschaftsrelevante Informationen sind insofern zunächst den Geschäftsführern vorbehalten. Dennoch oder gerade deshalb besteht auf Seiten der investierenden Gesellschafter das Bedürfnis, sich über Vorgänge in der Gesellschaft in hinreichendem Maße unterrichten zu können. Denn nur hierdurch wird den kapitalistisch beteiligten Anlegern ermöglicht, laufende Chancen und Risiken ihrer Investition einschätzen und ihre primären mitgliedschaftlichen Verwaltungsrechte sinnvoll einsetzen zu können, sei es etwa durch die Ausübung von Stimmrechten oder die Feststellung des Jahresabschlusses.

---

[537] Vgl. dazu auch den Gesetzesentwurf der Bundesregierung über ein Gesetz zur Umsetzung der Richtlinie 2011/61/EU über die Verwalter alternativer Investmentfonds (AIFM-Umsetzungsgesetz – stAIFM-UmsG), BT-Drucks. 17/12294, S. 250.

[538] OLG Stuttgart v. 31.03.2010 – 14 U 20/09 = BeckRS 2010, 11561; BGH v. 02.07.2009 – III ZR 333/08 = NZG 2009, 1143; BGH v. 05.03.2007 – II ZR 282/05 = NZG 2007, 381.

[539] Vgl. BGH v. 26.03.2007 – II ZR 22/06 = NZG 2007, 582; BGH v. 04.07.2005 – II ZR 354/03 = NZG 2005, 753, 754; Kasuistik vom Bundesgerichtshof versagter Nachschussbestimmungen in Publikumspersonengesellschaften findet sich bei *Mock*, R/GvW/H, HGB, 5. Aufl., § 161 Rn. 108; ausführlich Nachschussverpflichtungen im Rahmen der „Sanieren oder Ausscheiden"-Rechtsprechung des BGH, vgl. Drittes Kapitel C. VI. 5. c).

[540] *Hadding/Kießling*, Soergel, BGB, 13. Aufl., § 707 Rn. 3 m.w.N.

Hier setzen Informations- und Kontrollrechte[541] an. Sie gehören anerkanntermaßen als sekundäre[542] Verwaltungsrechte zum Kernbestand personengesellschaftlicher Mitgliedschaft.[543] Gemein ist allen Überwachungsrechten aller Gesellschaftsformen, dass ihnen zur Durchsetzung primärer Verwaltungsrechte[544] eine Sicherungsfunktion zukommt, welche die Reichweite der Informationsrechte einerseits positiv bestimmt, andererseits auch negativ begrenzt.[545]

Im Übrigen bemisst sich die konkrete Ausgestaltung eines jeden Auskunfts- und Informationsrechts vor allem nach der Gesellschaftsform, die der jeweiligen Publikumspersonengesellschaft zugrunde liegt – wohlgemerkt unter Berücksichtigung durchgreifender körperschaftlicher Besonderheiten der Publikumspersonengesellschaft.

1. Inhalt normativer Informationsrechte

a) Publikums-GbR und -oHG

In der (Publikums-)GbR vermittelt § 716 Abs. 1 BGB[546] jedem von der Geschäftsführung ausgeschlossenen (Minderheits-)Gesellschafter grundsätzlich das individuelle Recht, sich über Angelegenheiten der Gesellschaft persönlich zu unterrichten, Geschäftsbücher sowie Papiere der Gesellschaft einzusehen und sich aus ihnen eine Vermögensübersicht anzufertigen. Eine nahezu wortgleiche – und auch inhaltsgleiche[547] – Vorschrift findet sich für die (Publikums-)oHG in § 118 Abs. 1 HGB[548]. Entgegen dem Eindruck des Wortlauts der genannten Vorschriften ist deren Anspruchsinhalt grundsätzlich nicht auf ein Aktivwerden des Anspruchsgegners gerichtet, vielmehr beschränkt er sich auf eine bloße Duldung der normierten Informationseinholung.[549] Wohlgemerkt ist das Informationsrecht von GbR- und oHG-Gesellschaftern ob deren unbeschränkter Haftung denkbar weit zu verstehen.[550]

---

[541] Weiterführend zur Begrifflichkeit, vgl. *Grunewald*, in: MüKo, HGB, 4. Aufl., § 166 Rn. 1; *Wiedemann*, GesR, Bd. I, S. 374.

[542] Zur Unterscheidung zwischen primären und sekundären Verwaltungsrechten vgl. *Weipert*, in: MüHdBGesR, Bd. 2, 5. Aufl., § 15 Rn. 1.

[543] Vgl. *K. Schmidt*, GesR, 4. Aufl., S. 624 f.; zur entsprechenden Unverzichtbarkeit siehe schon oben Drittes Kapitel B. IV. 1. a).

[544] Dazu *Weipert*, in: MüHdBGesR, Bd. 2, 4. Aufl., § 12 Rn. 5 f.

[545] BGH v. 02.07.1979 – II ZR 213/78 = GmbHR 1979, 204 f.; *Weipert*, in: MüHdBGesR, Bd. 2, 5. Aufl., § 15 Rn. 1.

[546] Ausführlich zum Anspruchsinhalt vgl. *Habermeier*, in: Staudinger, BGB, 13. Neubearb., § 716 Rn. 5 ff.; *Schäfer*, in: MüKo, BGB, 8. Aufl., § 716 Rn. 6 ff.

[547] *Plückelmann*, in: MüAnwHdB, PersGesR, 3. Aufl., § 9 Rn. 4.

[548] Zum Anspruchsinhalt vgl. *Lieder*, in: Oetker, HGB, 6. Aufl., § 118 Rn. 9 ff.; zum weithin anerkannten Auskunftsanspruch, vgl. ferner *Becker*, S. 687 f.

[549] So schon BGH v. 08.07.1957 – II ZR 54/56 = BGHZ 25, 115, 120 für das Recht aus § 166 HGB; allgemein für das Personengesellschaftsrecht vgl. BGH v. 20.06.1983 – II ZR 85/82 = WM 1983, 910, 911; *Plückelmann*, in: MüAnwHdB, PersGesR, 3. Aufl., § 9 Rn. 4.

Ein daneben bestehender kollektiver Informationsanspruch in Form eines Sozialanspruchs ergibt sich in der (Publikums-)GbR aus den §§ 713, 666 BGB, welche von § 105 Abs. 3 HGB[551] für das Recht der (Publikums-)oHG inkorporiert werden. Hierin normiert ist ein Anspruch auf Auskunft und Rechenschaft gegenüber der Geschäftsführung, welcher sodann von dieser grundsätzlich nach entsprechend erfolgtem Gesellschafterbeschluss gegenüber der Gesellschaftergesamtheit zu erfüllen ist.[552]

Anerkannt ist ein subsidiäres mitgliedschaftliches Informationsrecht kraft Gesellschafterstellung.[553] Aufgrund seiner Ansiedlung im Kernbereich der Mitgliedschaft vermittelt dieses allgemeine Auskunftsrecht einen Anspruch auf Einräumung solcher Informationen, ohne deren Kenntnis die Ausübung mitgliedschaftlicher Rechte nicht sinnvoll möglich wäre.[554]

b) Publikums-KG

Mit § 166 Abs. 1 HGB gewährt der Gesetzgeber jedem als (Publikums-)Kommanditisten beteiligten Gesellschafter ein – ausweislich § 166 Abs. 2 HGB im Vergleich zu GbR und oHG – komprimierteres (ordentliches) funktionsgebundenes[555] Informationsrecht.[556] Dies berechtigt der Sache nach, *„die abschriftliche Mitteilung des Jahresabschlusses zu verlangen sowie dessen Richtigkeit unter Einsicht der Bücher und Papiere zu prüfen."*[557] Wie der Normgehalt des § 164 S. 1 Hs. 2 HGB impliziert, muss das kommanditistische Informationsrecht gleichermaßen auf Mitteilung der *„Handlungen"* der Geschäftsführung lauten. Unabhängig hiervon kann in der Publikums-KG im Falle des Vorliegens wichtiger Gründe kraft richterlicher Anordnung auch ein außerordentliches Informationsrecht nach Art des § 166 Abs. 3 HGB[558] bestehen.[559]

---

[550] *Brete/Braumann*, GWR 2019, 59, 61 f.

[551] Zur Reichweite der handelsrechtlichen Verweisung auf den Gesamthandsanspruch nach Art des § 666 BGB vgl. *Schäfer*, in: Staub, HGB, Bd. 3, 5. Aufl., § 105 Rn. 69.

[552] *Habermeier*, in: Staudinger, BGB, 13. Neubearb., § 713 Rn. 6; ausführlich zu Inhalt und Reichweite des kollektiven Informationsanspruchs vgl. *Schäfer*, in: MüKo, BGB, 8. Aufl., § 713 Rn. 8 ff.; zur Geltendmachung im Wege der actio pro socio siehe Fn. 617.

[553] Vgl. *Bergmann*, WM Sonderbeil. Nr. 1 zu Heft 15/2018, 3, 35 m.w.N.

[554] Siehe dazu auch Drittes Kapitel C. III. 1. d).

[555] Vgl. *Binz/Sorg*, in: Binz/Sorg, Die GmbH & Co. KG, 12. Aufl., § 5 Rn. 107.

[556] Vgl. auch *Becker*, S. 689; *Huber*, ZGR 1982, 539; *Roitzsch*, S. 160.

[557] Ausführlich zum sachlichen und zeitlichen Umfang des kommanditistischen Informationsanspruchs vgl. *Grunewald*, in: MüKo, HGB, 4. Aufl., § 166 Rn. 2 ff.; differenzierend zwischen Auskunfts- und Einsichtsrecht in der Publikums-KG vgl. *dies.*, a.a.O. Rn. 50 ff.; vgl. ferner *Lieder*, in: Oetker, HGB, 6. Aufl., § 166 Rn. 4 ff.

[558] Dazu BGH v. 14.06.2016 – II ZB 10/15 = BB 2016, 2253 ff. (mit Anm. *Mock*); ausführlich zu Voraussetzungen und Reichweite *Mock*, in: R/GvW/H, HGB, 5. Aufl., § 166 Rn. 20 ff.; zu den Besonderheiten in der Publikums-KG vgl. *dies.*, a.a.O., Rn. 68.

[559] Vgl. dazu die Darstellung bei OLG Celle v. 11.05.1983 – 9 U 160/82 = WM 1983, 741 f.

Über die §§ 161 Abs. 1, 105 Abs. 3 HGB existiert auch in der Publikums-KG ein kollektiver Informationsanspruch nach den §§ 713, 666 BGB.[560] Die Geltendmachung des kollektiven Informationsrechts darf jedoch nicht dazu führen, dass die naturgemäß gering ausgeprägte Reichweite des individuellen kommanditistischen Informationsrechts unterlaufen wird.[561]

Überdies wird zugunsten des (Publikums-)Kommanditisten noch ein Auskunftsrecht im Sinne des § 131 AktG[562] befürwortet.[563] *Kindler* begreift dieses sogar als allgemeinen gesellschaftsrechtlichen Grundsatz. Hierfür streitet schon dessen Ursprung[564] in der frühen Historie des (Aktien-)Gesellschaftsrechts. Auch in teleologischer Hinsicht ist festzuhalten, dass der gesteigerten Bedeutung der Gesellschafterversammlung in der (körperschaftlich organisierten) Publikumspersonengesellschaft nur mit einer Anpassung entsprechender gesellschafterlicher Auskunftsrechte beizukommen ist. Im Recht der geschlossenen (Publikums-)Investment-KG hat die Gesellschafterversammlung durch die §§ 125 Abs. 3, 155 KAGB sogar eine normative Aufwertung erfahren. Eine analoge Anwendung des § 131 AktG lässt sich auch nicht etwa mit dem Verweis auf die Verortung der Publikumspersonengesellschaft im Personengesellschaftsrecht ablehnen.[565] Wenngleich deren personengesellschaftsrechtlicher Ursprung nicht in Abrede gestellt werden soll, stechen Publikumspersonengesellschaften doch gerade durch ihre kapitalistische Organisationsverfassung hervor.

Konsens besteht demgegenüber insoweit, als dass sich auch Publikums-Kommanditisten auf ein ihrer Mitgliedschaft entspringendes, subsidiäres Auskunftsrecht berufen können, soweit die sinnvolle Wahrnehmung ihrer Verwaltungsrechte von der Erlangung solcher Informationen abhängt.[566]

c) Mehrgliedrige stille Publikumsgesellschaft

Das für den stillen Gesellschafter in § 233 HGB angelegte Informationsrecht ist inhaltsgleich mit dem des Kommanditisten[567], sodass die hierzu angestellten Erör-

---

[560] *Mock*, in: R/GvW/H, HGB, 5. Aufl., § 166 Rn. 41.

[561] Ähnlich *Roth*, in: Roth/Altmeppen, GmbHG, 8. Aufl., § 51a Rn. 43.

[562] Zu dessen Voraussetzungen und Reichweite siehe *Hoffmann-Becking*, in: MüHdBGesR, Bd. 4, 5. Aufl., § 38 Rn. 8 ff.; *Kubis*, in: MüKo, AktG, 4. Aufl., § 131 Rn. 10 ff.

[563] So *Becker*, S. 690; *Roth*, in: Baumbach/Hopt, HGB, 39. Aufl., Anh. § 177a Rn. 72; beachte auch *Mock*, in: R/GvW/H, HGB, 5. Aufl., § 166 Rn. 59, der das Auskunftsrecht nach Art des § 131 AktG nur bei entsprechender vertraglicher Regelung (vgl. § 163 HGB) als gegeben ansieht.

[564] Siehe dazu die Ursprungsvorschrift des § 112 AktG 1937 mit der bis heute währenden amtlichen Überschrift *„Auskunftsrecht des Aktionärs"*, RGBl. I S. 127.

[565] So aber OLG München v. 05.09.2008 – 31 Wx 63/07 = NZG 2008, 864, 866.

[566] Vgl. *Mock*, in: MüHdBGesR, Bd. 7, 5. Aufl., § 66 Rn. 21 m.w.N.

[567] Vgl. *Plückelmann*, in: MüAnwHdB, PersGesR, 3. Aufl., § 9 Rn. 2.

terungen[568] entsprechende Geltung in der (mehrgliedrigen) stillen Publikumsgesellschaft beanspruchen.

d) Anspruch auf Mitteilung der Namen und Adressen der Mitgesellschafter

Als praktisch besonders relevant gilt ein auf Übermittlung der Namen und Adressen der Mitgesellschafter lautender Anspruch. Denn in allen Arten von Publikumspersonengesellschaften besteht auf Seiten der Kleinanleger naturgemäß das Bedürfnis, die Ausübung von (Minderheits-)Rechten bzw. zivilprozessualen Handlungsoptionen gegenüber der Gesellschaft abzustimmen. Aus dem durch Satzung begründeten gesellschaftsvertraglichen Verhältnis folgt das Recht, seine Vertragspartner zu kennen bzw. deren Namen sowie Adressen zu erfahren.[569] Einen hierauf gerichteten Anspruch können unmittelbar beteiligte Publikumspersonengesellschafter gegenüber der Gesellschaft, alternativ gegenüber der Geschäftsführung oder unter Umständen sogar gegen Mitgesellschafter[570] geltend machen.[571] Rechtsdogmatisch versteht sich dieses Auskunftsrecht als unentziehbares, mitgliedschaftliches Recht aus dem durch den Gesellschaftsvertrag begründeten Vertragsverhältnis; ebenso kann dem als Treugeber fungierenden (Minderheits-)Anleger das Recht zukommen, Namen und Anschriften der anderen mittelbar und unmittelbar beteiligten Mitanleger zu erfahren, soweit die Stellung der Treugeber im Innenverhältnis derjenigen eines unmittelbar beteiligten Gesellschafters nachempfunden ist (Quasi-Gesellschafter).[572] Offenkundig wird damit der in der Diskretion liegende Attraktivitätsaspekt von Publikumspersonengesellschaften geschwächt. Die Flucht in die Anonymität gelingt demnach nur noch, sofern sich der Anlagegesellschafter treuhänderisch an der Publikumspersonengesellschaft beteiligt, ohne dass dessen rechtliche Einkleidung im Innenverhältnis vertraglich als Quasi-Gesellschafterstellung ausgeformt ist.

Datenschutzrechtliche Bedenken hinsichtlich eines Auskunftsverlangens über Namen und Anschriften von Mitgesellschaftern konnten in der Vergangenheit noch durch den Ausnahmetatbestand des § 28 Abs. 1 Nr. 1 BDSG a.F. ausgeräumt werden. Eine ähnliche Regelung findet sich in der nunmehr geltenden DSGVO[573]. Nach Art. 6

---

[568] Drittes Kapitel C. III. 1. b).

[569] Erstmals BGH v. 21.09.2009 – II ZR 264/08 = DStR 2010, 65 ff. versteht den auf Mitteilung von Namen und Adressen der Mitgesellschafter gerichteten Auskunftsanspruch bei der Publikums-GbR als „Angelegenheit der Gesellschaft" im Sinne von § 716 Abs. 1 BGB; allgemein zum (Publikums-)Personengesellschaftsrecht vgl. *Bergmann*, WM Sonderbeil. Nr. 1 zu Heft 15/2018, 3, 35.

[570] Dazu BGH v. 16.12.2014 – II ZR 277/13 = NZG 2015, 269, 272.

[571] Vgl. BGH v. 11.01.2011 – II ZR 187/09 = NZG 2011, 276, 277.

[572] So überzeugend BGH v. 05.02.2013 – II ZR 134/11 = WM 2013, 555 ff.; ebenso OLG München v. 16.01.2019 – 7 U 342/18 = NZG 2019, 540 ff.

[573] Verordnung (EU) 2016/679 (Datenschutz-Grundverordnung).

Abs. 1 lit. b) DSGVO ist die Verarbeitung, insbesondere die Übermittlung von Namen und Adressen von Mitgesellschaftern zulässig, sofern sie *„für die Erfüllung eines Vertrags, dessen Vertragspartei die betroffene Person ist, oder zur Durchführung vorvertraglicher Maßnahmen erforderlich [ist], die auf Anfrage der betroffenen Person erfolgen.“* Konsequent und wenig überraschend ist daher die Entscheidung des OLG München[574], wonach Regelungen der DSGVO einem gesellschafterlichen Auskunftsanspruch nicht entgegenstehen.

2. Schranken

Es liegt auf der Hand, dass das Minderheitenrecht auf Informationseinholung nicht unbegrenzt gewährleistet werden kann: Zu groß ist die zumindest abstrakte Gefahr, dass Gesellschafter eingeholte Informationen zweckwidrig zum Nachteil der Publikumspersonengesellschaft nutzen, indem sie diese etwa Mitbewerbern zugänglich machen. Daher gilt es, jedes Informationsrecht schon durch seinen Zweck zu beschränken.[575] Daneben kann die in der Publikumspersonengesellschaft typischerweise vertretene hohe Anzahl an Gesellschaftern die Geschäftsleitung bei der (individuellen) Erfüllung ihr obliegender Informationspflichten vor einen besonderen Verwaltungsmehraufwand stellen, welcher ebenso Ausdruck in den Schranken von Informationsrechten finden muss.

a) Gesetzlich verordnete Grenzen

Eine Begrenzung informationsrechtlicher Ansprüche kann sich von Gesetzes wegen ergeben.[576] Insoweit denkbar ist ein Rückgriff auf den Grundsatz[577] von Treu und Glauben nach § 242 BGB sowie auf das in § 226 BGB verankerte Schikaneverbot.[578] Die Rechtsprechung liest hieraus, dass Informationsrechte nicht ausgeübt werden dürfen, soweit die Interessen der Publikumspersonengesellschaft überwiegen. Zu ermitteln ist dies anhand einer Verhältnismäßigkeitsabwägung der sich im Einzelfall auf Seiten von Gesellschafter und Gesellschaft gegenüberstehenden schutzwürdigen Interessen. Dementsprechend versagt werden kann insbesondere ein Informationsverlangen bei mangelndem vernünftigen bzw. bei unverhältnismäßig

---

[574] OLG München v. 16. 01. 2019 – 7 U 342/18 = NZG 2019, 540 ff.

[575] *Weipert*, in: MüHdBGesR, Bd. 2, 5. Aufl., § 15 Rn. 41.

[576] Vgl. *Plückelmann*, in: MüAnwHdB, PersGesR, 3. Aufl., § 9 Rn. 41.

[577] Spezialgesetzliche Ausprägung findet dieser Grundsatz in den §§ 51a Abs. 2 GmbHG, 131 Abs. 3 S. 1 Nr. 1 und 5 AktG, hierzu *Weipert*, in: MüHdBGesR, Bd. 1, 4. Aufl., § 8 Rn. 19.

[578] So die ständige Rechtsprechung, vgl. schon RG v. 12. 02. 1930 – I 171/29 = RGZ 127, 243, 245; RG v. 16. 07. 1935 – II 379/34 = RGZ 148, 278 280; BGH v. 28. 10. 1953 – II ZR 149/52 = BGHZ 10, 385, 37; BGH v. 12. 06. 1954 – II ZR 154/53 = BGHZ 14, 53, 56 f.; BGH v. 20. 06. 1983 – II ZR 85/82 = WM 1983, 910; dazu auch jüngst BGH v. 11. 01. 2011 – II ZR 187/09 = NZG 2011, 276, 279; BGH v. 05. 02. 2013 – II ZR 134/11 = WM 2013, 555, 560.

unbedeutendem Interesse[579] sowie ein Einsichtnahmeverlangen eines Kommanditisten mit Wettbewerberstellung[580].[581]

Ein (Minderheits-)Gesellschafter muss sich jedoch nicht mit einer gänzlichen
Informationsverweigerung abfinden, soweit diesbezüglich mildere Mittel zur Verfügung stehen. Etwa im Falle drohender Informationsweitergabe durch einen bei
einem Mitbewerber engagierten Gesellschafter kann als milderes Mittel in Betracht
kommen die Einsichtnahme unter Ausschluss sensibler Geschäftsinformationen[582]
oder durch einen zur Verschwiegenheit verpflichteten Dritten (bspw. Wirtschaftsprüfer, Sachverständiger), welcher sich zur Wahrung geheimnisrelevanter Informationen verpflichtet.[583]

Weitere normative Grenzen gesellschafterlichen Informationsverlangens in
Publikumspersonengesellschaften werden dem Kapitalgesellschaftsrecht, dogmatisch gestützt auf dessen organisationsverfassungsmäßige Gemeinsamkeiten
zwischen AG, GmbH und Publikumspersonengesellschaft, entnommen.[584] In allen
Fällen (partieller) Versagung des Informationsrechtsverlangens trifft die Gesellschaft die Beweislast, hat sie also Tatsachen beizubringen, die entsprechende
Annahmen rechtfertigen.[585] Hinsichtlich der Modalitäten der Einsichtnahme (Ort,
Zeit, Verfahren) ist im Übrigen die gesellschaftsrechtliche Treuepflicht[586] zu beachten.[587]

---

[579] Vgl. nur BGH v. 11.01.2011 – II ZR 187/09 = NZG 2011, 276, 279 (zu treuhänderisch
beteiligten Kommanditisten); der Senat spricht insoweit von einem „*Auskunftsanspruch*",
welcher als anerkannt gilt, vgl. dazu die Nachweise bei *K. Schmidt*, GesR, 4. Aufl., S. 1749
Fn. 103.

[580] BGH v. 02.07.1979 – II ZR 213, 78 = GmbHR 1979, 204 f.; hierzu auch *Plückelmann*,
in: MüAnwHdB, PersGesR, 3. Aufl., § 9 Rn. 41 ff.; dies gilt nach den §§ 165, 112 HGB freilich
nicht bei der Publikums-KG, auch wenn die gesellschafterliche Treuepflicht im Einzelfall zur
Unterlassung geschäftsschädigender Maßnahmen verpflichten kann.

[581] Vgl. auch OLG München v. 16.01.2019 – 7 U 342/18 = NZG 2019, 540 ff., wonach ein
„*Auskunftsersuchen, das allein bzw. vorrangig/wesentlich dem Ziel dient, die Namen, Anschriften und Beteiligungshöhe der Mitgesellschafter dazu zu verwenden, um diesen Mitgesellschaftern Kaufangebote hinsichtlich ihrer Anteile zu unterbreiten*", keine unzulässige
Rechtsausübung darstellt.

[582] BGH v. 10.10.1994 – II ZR 18/94 = ZIP 1994, 1942, 1944.

[583] BGH v. 02.07.1979 – II ZR 213/78 = GmbHR 1979, 204 f.; vgl. ferner *Weipert*, in:
MüHdBGesR, Bd. 2, 4. Aufl., § 15 Rn. 42.

[584] BGH v. 10.10.1994 – II ZR 18/94 = ZIP 1994, 1942, 1944 (Hinweis zu § 51a Abs. 2
GmbHG); *Roth*, in: Baumbach/Hopt, 39. Aufl., Anh. nach § 177a Rn. 72.

[585] BGH v. 12.06.1954 – II ZR 154/53 = BGHZ 14, 53, 58 f.

[586] Dazu oben Zweites Kapitel B. II.

[587] Dazu ausführlich *Plückelmann*, in: MüAnwHdB, PersGesR, 3. Aufl., § 9 Rn. 35 ff.

b) Vertragliche Beschränkung

Ein beachtlicher Teil der Lehre erachtet einen vertraglichen Ausschluss gesetzlicher Informationsrechte in der (gesetzestypischen) GbR und oHG als möglich.[588] Fernab im Einzelfall potentieller Unvereinbarkeit mit allgemeinen (gesellschaftsrechtlichen) Grundsätzen[589] findet dieser Ansatz Rückhalt im Wortlaut von § 716 Abs. 2 und § 118 Abs. 2 HGB i.V.m. § 109 HGB – wohlgemerkt vorbehaltlich eines jeweils bestehenden Grundes zur Annahme unredlicher Geschäftsführung. Ein vollständiger Entzug wird jedoch mit dem geschützten Kernbereich[590] mitgliedschaftlicher Rechte kollidieren.[591]

Im Recht der KG ist der Wortlaut von § 166 Abs. 1 und 2 HGB weniger ergiebig. Zwar lässt sich in systematischer Hinsicht zumindest ob des Fehlens einer § 118 Abs. 2 HGB entsprechenden Vorschrift für einen vollständigen Ausschluss argumentieren. Dennoch erteilte der Bundesgerichtshof[592] diesem eine Absage für den Fall alternativloser Streichung, ohne dass diese im Gesellschaftsinteresse geboten und dem Gesellschafter unter Berücksichtigung schützenswerter Belange zumutbar wäre.

Weitgehend ungeklärt ist die gerade für Minderheitsgesellschafter bedeutende Frage, wie weit die Zulässigkeit partieller vertraglicher Einschränkungen gesellschafterlicher Informationsrechte reicht.[593] Für die Publikums-GbR und -oHG ergibt sich immerhin aus den §§ 716 Abs. 2 BGB, 118 Abs. 2 HGB die grundsätzliche Zulässigkeit beschränkender Vereinbarungen, über deren zulässige Reichweite dort allerdings nichts dargetan ist. Zur Begrenzung informationsrechtseinschränkender Vertragsgestaltung wird im Recht der Publikumspersonengesellschaft stellenweise[594] eine Anleihe an dem nach § 51a Abs. 3 GmbHG[595] gesetzlich garantierten Auskunfts- und Einsichtsrecht genommen. Insbesondere unter Verweis auf die divergierende Struktur von GmbHG und gesetzestypischer Personengesellschaft lässt sich eine Analogienbildung zugunsten letzterer mit guten Gründen ablehnen.[596] Dieses Kernargument der Analogiegegner verfängt dahingegen weniger in der körperschaftlichen[597] Verfassung der Publikumspersonengesellschaft. Denn abge-

---

[588] Siehe die Nachweise bei *Plückelmann*, in: MüAnwHdB, PersGesR, 3. Aufl., § 9 Rn. 30; *Drescher*, in: E/B/J/S, HGB, 3. Aufl., § 118 Rn. 33 (speziell zur oHG).

[589] Dazu oben Zweites Kapitel B. und Drittes Kapitel B.

[590] Dazu schon oben Drittes Kapitel B. IV.

[591] Ähnlich *Plückelmann*, in: MüAnwHdB, PersGesR, 3. Aufl., § 9 Rn. 31.

[592] BGH v. 10.10.1994 – II ZR 18/94 = ZIP 1994, 1942 ff. (bzgl. Aufnahme einer Konkurrenztätigkeit); ähnlich auch schon *Grunewald*, ZGR 1989, 545, 553.

[593] So ausdrücklich *Plückelmann*, in: MüAnwHdB, PersGesR, 3. Aufl., § 9 Rn. 29.

[594] BGH v. 11.07.1988 – II ZR 346/87 = NJW 1989, 225 f.; *Becker*, S. 690; *Grunewald*, in: MüKo, HGB, 4. Aufl., § 166 Rn. 51.

[595] Vgl. dazu *Hirte*, KapGesR, 8. Aufl., Rn. 4.37 ff.

[596] Insoweit überzeugend *Schäfer*, in: Staub, HGB, Bd. 3, 5. Aufl., § 118 Rn. 42 m.w.N.

[597] Dazu ausführlich oben Erstes Kapitel B. II. 2.

sehen von der Verwandtschaft der beiden Organisationsstrukturen würden gesetzliche Informationsrechte in der auf Majoritätsentscheidungen fußenden Publikumspersonengesellschaft regelmäßig Gegenstand gesellschaftsvertraglicher Abbedingung. Gerade der Gesetzgeber[598] sah beim Erlass von § 51a Abs. 3 GmbHG die Notwendigkeit, *„die Rechte der einzelnen Gesellschafter durch eine gesetzliche Regelung des Auskunfts- und Einsichtsrechts ...[zu] verstärken"*. Unter Rekurs hierauf erhebt der Bundesgerichtshof[599] gesetzliche Informationsrechte der Gesellschafter zu einem im Allgemeinen *„unverzichtbare[n] Instrument des Minderheitenschutzes."* Auch wenn der Minderheitenschutz so gesehen eine analoge Geltung des § 51a Abs. 3 GmbHG im Recht der Publikumspersonengesellschaft fordern lässt, wird dies ganz regelmäßig mit einem nicht unerheblichen Maß zusätzlichen Verwaltungsaufwands verbunden sein.

Zur Minimierung desselben ist an eine Ausübungsverlagerung[600] des gesetzlichen Informationsrechts auf zuständige Stellen (gesellschaftseigener Beirat, Sachverständiger, Wirtschaftsprüfer etc.) zu denken. Nur sofern eine entsprechende gesellschaftsvertragliche Regelung nicht vorgesehen ist, bleiben gesetzlich angelegte individuelle Informationsrechte der Publikumspersonengesellschafter analog § 51a Abs. 3 GmbHG gesichert.[601] Entgegen dessen Wortlaut ist aus teleologischen Gesichtspunkten eine vertragliche Erweiterung der gesetzlichen Informationsrechte zulässig.[602] Im Übrigen ist gerade auch der Anspruch auf Mitteilung der Namen und Adressen der weiteren Mitgesellschafter einer vertraglichen Abbedingung entzogen.[603]

c) Institutionalisierung[604]

In der Kautelarpraxis[605] üblich und auch zulässig[606] ist eine Institutionalisierung gesellschafterlicher Informations- und Kontrollrechte. So kann der Publikumspersonengesellschaftsvertrag vorsehen, dass (Minderheits-)Gesellschafter ihre Infor-

---

[598] Entwurf der Bundesregierung zu einem Gesetz zur Änderung des Gesetzes betreffend die Gesellschaften mit beschränkter Haftung und anderer handelsrechtlicher Vorschriften, BT-Drucks. 8/1347, S. 27 f.

[599] BGH v. 11. 07. 1988 – II ZR 346/87 = NJW 1989, 225 ff.

[600] Zur Zulässigkeit mediatisierender Vertragsklauseln siehe Erstes Kapitel B. III. 6. b) aa).

[601] In diese Richtung *Grunewald*, ZGR 1989, 545, 550 f. zur Publikums-KG.

[602] *Binz/Sorg*, in: Binz/Sorg, Die GmbH & Co. KG, 12. Aufl., § 5 Rn. 158.

[603] BGH v. 05. 02. 2013 – II ZR 134/11 = NJW 2013, 2190, 2193 m.w.N.; *Bergmann*, WM Sonderbeil. Nr. 1 zu Heft 15/2018, 3, 35.

[604] *Wiedemann*, in: GesR, Bd. I, S. 378 f.

[605] Vgl. dazu nur *Lang*, in: Hopt, VertrFormB, GesR, II.C.4 § 9 Abs. 1 lit. a).

[606] BGH v. 16. 01. 1984 – II ZR 36/83 = NJW 1984, 2470, 2471; OLG München v. 05. 09. 2008 – 31 Wx 63/07 = NZG 2008, 864, 865; anders noch BGH v. 03. 11. 1975 – II ZR 98/74 = WM 1975, 1299.

mationsrechte wahlweise selbst, durch einen qualifizierten[607] Nichtgesellschafter oder durch ein gesondertes Überwachungsorgan, im Regelfall einen gesellschaftsvertraglich eingerichteten Beirat[608], geltend machen können.[609]

Eine gesellschaftsvertragliche Klausel, wonach die Ausübung mitgliedschaftlicher Informationsrechte in die ausschließliche Zuständigkeit eines gesonderten Überwachungsorgans fällt, hat unterdessen besondere Anforderungen zu erfüllen: Das Überwachungsorgan muss von den Gesellschaftern durch Majoritätsentscheidung bei bestehender Möglichkeit zur Abberufung legitimiert worden sein.[610] Trotz einer vorbenannten vertraglichen Regelung kann sich der (Minderheits-)Gesellschafter in jedem Fall aus wichtigem Grund auf ein zum unverzichtbaren Kernbereich zählendes individuelles Auskunftsrecht berufen.[611]

3. Anspruchsberechtigter und -schuldner

Als Inhaber des jeweiligen individuellen Informationsrechts ist ein jeder (Minderheits-)Gesellschafter aktivlegitimiert, wohingegen der Publikumspersonengesellschaft als Anspruchsgegnerin die Passivlegitimation zukommt.[612] Die Rechtsprechung[613] erachtet es bei der Publikums-GbR, -oHG und -KG aus Zweckmäßigkeitserwägungen zudem als zulässig, den einzufordernden Anspruch direkt gegenüber der (für dessen Erfüllung ohnehin zuständigen) Geschäftsleitung geltend zu machen.[614] Hingegen richtet sich die Geltendmachung individueller Informationsansprüche bei der (mehrgliedrigen) stillen Publikumspersonengesellschaft ausschließlich gegen den Inhaber des Handelsgeschäfts nach Art des § 230 Abs. 1 HGB.[615]

---

[607] Typischerweise wird ein Nichtgesellschafter gefordert, der nicht in einer Konkurrenztätigkeit zur Gesellschaft stehen darf und von Berufs wegen (vgl. §§ 2 BORA, 43 WPO, 5 BOStB, 203 Abs. 1 Nr. 3 StGB) zur Verschwiegenheit verpflichtet ist, vgl. dazu *Lichtenschwimmer*, in: Fuhrmann/Wälzholz, Formularbuch Gesellschaftsrecht, 3. Aufl., Muster M 30.4 § 9 Abs. 2 S. 4.

[608] Ausführlich zum Beirat siehe Erstes Kapitel B. III. 6. b).

[609] *Mock*, in: R/GvW/H, HGB, 5. Aufl., § 161 Rn. 107; *ders.*, a.a.O., § 166 Rn. 58.

[610] *Grunewald*, in: MüKo, HGB, 4. Aufl., § 166 Rn. 53; *Kindler*, in: K/K/R/M, HGB, 8. Aufl., § 166 Rn. 7; *Martens*, in: Schlegelberger, HGB, Bd. 3 Hb. 1, 5. Aufl., § 166 Rn. 41 (jeweils zur Publikums-KG); *Wiedemann*, GesR, Bd. I, S. 378 fordert darüber hinaus, dass dem Überwachungsorgan *„gleichwertige Befugnisse"* zustehen müssen, was sich nach hiesigem Verständnis bereits aus der (vollständigen) Übertragung der Informationsrechte ergibt.

[611] *Wiedemann*, GesR, Bd. I, S. 379.

[612] So die vorherrschende Meinung, vgl. *Weipert*, in: MüHdBGesR, Bd. 1, 4. Aufl., § 8 Rn. 17.

[613] BGH v. 28.05.1962 – II ZR 156/61 = BB 1962, 899; BGH v. 20.06.1983 – II ZR 85/82 = WM 1983, 910 f.

[614] Vgl. auch *Plückelmann*, in: MüAnwHdB, PersGesR, 3. Aufl., § 9 Rn. 23.

[615] Vgl. *Plückelmann*, in: MüAnwHdB, PersGesR, 3. Aufl., § 9 Rn. 4.

Die Aktivlegitimation kollektiver Informationsansprüche nach den §§ 713, 666 BGB kommt der Publikumspersonengesellschaft als deren Inhaberin zu, wohingegen die Geschäftsführer als Anspruchsgegner passivlegitimiert sind.[616]

4. Rechtsschutz gegen Informationsverweigerung

Für die gerichtliche Geltendmachung individueller wie kollektiver Informationsansprüche[617] ist grundsätzlich der ordentliche Rechtsweg eröffnet, soweit die Streitigkeit nicht vertraglich einem Schiedsgericht zugewiesen ist.[618] Grundsätzlich ist eine Leistungsklage statthaft, wenngleich auch ein Antrag im einstweiligen Rechtsschutz verfolgt werden kann.[619] Deren sachliche wie örtliche Zuständigkeit richtet sich dabei nach den allgemeinen Regeln.[620]

Der Klageantrag muss nicht auf die Herausgabe bestimmter, namentlich genannter Dokumente lauten, was sich aus dem Verständnis heraus ergibt, dass eine abschließende Aufzählung der interessierenden Unterlagen vor deren Sichtung freilich häufig schwierig fallen dürfte. Den Bestimmtheitsanforderungen nach § 253 Abs. 2 Alt. 2 ZPO genügt demnach schon ein allgemein auf die Einsichtnahme in die Geschäftsbücher gerichteter Antrag.[621] Die Zwangsvollstreckung bestimmt sich nach vorherrschender Meinung[622] sodann nach § 883 ZPO[623].

5. Besonderheiten in Treuhandkonstellationen

Die nicht selten anzutreffende treuhänderische Beteiligung von (Minderheits-) Gesellschaftern in Publikumspersonengesellschaften führt zu einigen Besonderheiten:

---

[616] *Schilling*, in: Staub, HGB, Bd. 2, 4. Aufl., § 166 Rn. 4 m.w.N.

[617] Kollektive Informationsansprüche nach den §§ 713, 666 BGB können nach ganz h.M. vermittels der actio pro socio verfolgt werden, vgl. dazu *Mock/Cöster*, GmbHR 2018, 64; *Plückelmann*, in: MüAnwHdB, PersG, 3. Aufl., § 9 Rn. 49.

[618] *Weipert*, in: MüHdBGesR, Bd. 1, 4. Aufl., § 8 Rn. 26; *ders.*, a.a.O., § 58 Rn. 16; die gerichtliche Geltendmachung der außerordentlichen Informationsrechte nach den §§ 166 Abs. 3, 233 Abs. 3 HGB erfolgt gemäß den §§ 375 Nr. 1, 376 Abs. 1 FamFG im Rahmen der freiwilligen Gerichtsbarkeit, vgl. ausführlich *Casper*, in: Staub, HGB, Bd. 4, 5. Aufl., § 166 Rn. 49 ff.

[619] Siehe nur *Weipert*, DStR 1992, 1097, 1102; zur Problematik einstweiliger Verfügungen zu Informationsrechten vgl. *Weipert*, in: MüHdBGesR, Bd. 1, 4. Aufl., § 8 Rn. 26; darüber hinaus besteht die Möglichkeit, eine Schadensersatzklage nach den §§ 280 ff. BGB i.V.m. dem Gesellschaftsvertrag rechtshängig zu machen.

[620] Ausführlich *Mock*, in: MüHdBGesR, Bd. 7, 5. Aufl., § 66 Rn. 6 ff. (zur KG).

[621] Ähnlich *Weipert*, DStR 1992, 1097, 1102.

[622] Hierzu und zum Vollstreckungsansatz nach § 888 ZPO siehe die Nachweise bei *Weipert*, DStR 1992, 1097, 1102.

[623] Allgemein zur Zwangsvollstreckung nach § 883 ZPO vgl. *Bartels*, in: Stein/Jonas, ZPO, Bd. 8, 23. Aufl., § 883 Rn. 1 ff.

Bei der unechten Treuhand wird die Ausübungsbefugnis der Informationsrechte auf den Treuhänder übertragen bzw. letzterer insoweit entsprechend bevollmächtigt, infolgedessen es den Treugebern verwehrt ist, Informationsrechte direkt gegenüber der Gesellschaft geltend zu machen.[624]

Bei einer echten[625] treuhänderischen Beteiligung des Anlegerpublikums ohne quasi-kommanditistische Ausgestaltung des Innenverhältnisses in der Satzung stehen den Treugebern mangels Gesellschafterstellung die erörterten gesetzlichen Informationsrechte nicht zu. Zugleich folgt hieraus eine Mediatisierung der Informationsrechte in der Person des Treuhänders.[626] Gleichwohl bestehen im Innenverhältnis Informationsansprüche der Treugeber gegenüber dem Treuhänder nach § 666 BGB[627].[628] Sofern in der Geschäftspraxis allerdings Dissens darüber entsteht, ob der Treuhänder seine Informationsansprüche in gebührendem Maße gegenüber der Gesellschaft eingefordert hat, kann auf Seiten der Treugeber das Bedürfnis aufkommen, der Gesellschaft insoweit direkt gegenüberzutreten. Ein solch wirtschaftliches Interesse[629] des Treugebers vermag rechtsdogmatisch aber noch keinen Direktanspruch gegen die Gesellschaft zu konstruieren. Dies gilt umso mehr, als dass es im Falle der Anerkennung unmittelbarer Ansprüche des Treugebers gegen die Publikumspersonengesellschaft der gesetzgeberischen Gleichstellungsvorgaben des § 152 Abs. 1 S. 3 KAGB aus dem Recht der geschlossenen Investment-KG insoweit nicht bedurft hätte.

Etwas anderes gilt hingegen bei der qualifizierten Treuhand[630]. Der (Minderheits-)Gesellschafter kann hier schon aufgrund seiner im Innenverhältnis vertraglich eingeräumten rechtlichen Gleichstellung mit einem unmittelbar beteiligten Gesellschafter Informationsansprüche direkt gegenüber der Publikumspersonengesellschaft geltend machen. In der geschlossenen (Publikums-)Investment-KG kommen ausweislich § 152 Abs. 1 S. 3 KAGB die qualifizierte Treuhand und damit gleichsam die kommanditistischen Informationsrechte aus § 166 HGB zum Tragen.[631]

---

[624] Vgl. *Roth*, in: Baumbach/Hopt, 39. Aufl., Anh. § 177a Rn. 52; vgl. dazu auch *Mock/U. Schmidt*, in: MüHdBGesR, Bd. 7, 5. Aufl., § 73 Rn. 8.

[625] Dazu schon oben Erstes Kapitel B. III. 5. b) bb).

[626] Einer entsprechenden satzungsmäßigen Regelung zur Geltendmachung der gesetzlichen Informationsrechte vgl. etwa *Götze*, in: MüVertrHdB, Bd. 1, GesR, 8. Aufl., III. 11. § 5 Abs. 3 S. 1, dürfte damit nur deklaratorische Funktion zukommen.

[627] Ausführlich zum Inhalt der Auskunfts- und Rechenschaftspflicht nach Art des § 666 BGB vgl. *Beuthien*, in: Soergel, BGB, Bd. 10, 13. Aufl., § 666 Rn. 2 ff.

[628] *Haas/Mock*, in: R/GvW/H, HGB, 4. Aufl., § 166 Rn. 73.

[629] Diesen Ansatz verfolgend *Jaletzke*, in: MüHdBGesR, Bd. 2, 4. Aufl., § 63 Rn. 21.

[630] Dazu schon oben Erstes Kapitel B. III. 5. b) bb).

[631] *Wallach*, ZGR 2014, 289, 304.

6. Fazit

Gesellschaftsinterne Informationen bilden regelmäßig die Grundlage für die Ausübung weiterer Gesellschaftsrechte, da derartige Folgeentscheidungen nur auf Grundlage der relevanten Informationen getroffen werden können. Die Geltendmachung von Informationsrechten hat daher besondere praktische Relevanz. Die Informationsansprüche haben in den verschiedenen Formen von Publikumspersonengesellschaften unterschiedliche Ausprägungen erfahren. Nichtsdestotrotz lassen sich strukturelle Gemeinsamkeiten erkennen, weswegen auch von einem einheitlichen Informationsrecht gesprochen wird.[632] Seine Schranken findet es im Gesetz sowie vielfach auch in der Gesellschaftssatzung. Ferner ist üblich und zulässig, die Ausübung mitgliedschaftlicher Informationsrechte satzungsmäßig auf ein gesondertes Überwachungsorgan zu übertragen. In Treuhandkonstellationen können Informationsrechte nur im Falle der qualifizierten Treuhand unmittelbar von der Publikumspersonengesellschaft eingefordert werden. Eine solche ist im Recht der geschlossenen Publikumsinvestment-KG normativ angeordnet.

IV. Minderheitenrechte im Zusammenhang mit der Gesellschafterversammlung

Das Personengesellschaftsrecht überlässt dem Rechtsanwender in den §§ 161 Abs. 2, 119 HGB weitgehend die Entscheidung darüber, ob und inwieweit Gesellschafterversammlungen abzuhalten sind.[633] Die Modalitäten zu Einberufung und Ablauf solcher Gesellschafterversammlungen werden daher typischerweise im Gesellschaftsvertrag der Publikumspersonengesellschaft festgehalten.[634] Ergänzend können sich weitere Vorgaben aus einem Rückgriff auf regelungsverwandte kapitalgesellschaftsrechtliche Normen ergeben.[635] Ein einheitlicher Regelungskanon hat sich hierzu bislang weder in der Rechtsprechung noch in der Literatur herausbilden können.[636] Für Gesellschafterversammlungen in der geschlossenen (Publikums-) Investment-KG enthält § 150 Abs. 3 KAGB Vorgaben über Pflichtangaben im Gesellschaftsvertrag.

1. Einberufungsrechte

In Publikumspersonengesellschaften ist die Gesellschafterversammlung die zentrale Einrichtung, in der die Gesellschafter ihre (Minderheiten-)Rechte ausüben

---

[632] Vgl. *Becker*, S. 699.

[633] Vgl. *Jaletzke*, in: MüHdBGesR, Bd. 2, 4. Aufl., § 66 Rn. 1 f.

[634] *Jaletzke*, in: MüHdBGesR, Bd. 2, 4. Aufl., § 66 Rn. 2.

[635] Zustimmend *Lichtenschwimmer*, in: Fuhrmann/Wälzholz, Formularbuch Gesellschaftsrecht, 3. Aufl., Muster M 30.4 Rn. 15.

[636] *Jaletzke*, in: MüHdBGesR, Bd. 2, 4. Aufl., § 66 Rn. 2

können.[637] Demgemäß entscheidend ist die Vorfrage, ob und unter welchen Voraussetzungen deren Einberufung zu erfolgen hat bzw. von minderheitlich beteiligten Gesellschaftern verlangt werden kann.

a) Ordentliche Gesellschafterversammlung

Eine ausdrückliche Rechtspflicht, (ordentliche) Gesellschafterversammlungen durchzuführen, sieht das Gesetzesrecht der Personengesellschaften nicht vor. Die Entscheidung, in der Publikumspersonengesellschaft Gesellschafterversammlungen einzuberufen, obliegt vielmehr regelmäßig kraft Gesellschaftsvertrages[638] der jeweiligen Gesellschaft, vertreten durch ihre Geschäftsführer.[639] Dem liegt das Bedürfnis zugrunde, einen rechtlichen Rahmen zu schaffen, um Gesellschafterbeschlüsse im Sinne der §§ 709 Abs. 1 BGB, 119 Abs. 1 HGB erzielen zu können. In der typischerweise gesellschafterreichen Publikumspersonengesellschaft bietet sich hierfür in Anlehnung an das Kapitalgesellschaftsrecht an, regelmäßig eine ordentliche Gesellschafterversammlung abzuhalten.[640] Ebenso ist im kapitalistisch geprägten Publikumspersonengesellschaftsrecht der Regelungszweck der §§ 175 Abs. 1 S. 2, 120 Abs. 1 S. 1 AktG zu berücksichtigen. Denn hiermit soll eine hinreichend frühe Feststellung des Jahresabschlusses[641] respektive eine hinreichend frühe Entlastung der Mitglieder der Geschäftsleitung gesichert werden. Folglich erscheint es damit auch in der Publikumspersonengesellschaft geboten, die Gesellschafterversammlung grundsätzlich innerhalb der ersten acht Monate des Geschäftsjahres abzuhalten.[642]

Die Pflicht, die Beschlussgegenstände zusammen mit der Ladung zur Gesellschafterversammlung entsprechend § 51 GmbHG mitzuteilen – solange nicht anderweitige gesellschaftsvertragliche Regelungen bestehen – verneinte der Bundesgerichtshof zwar bei einer als stille Gesellschaft organisierten Publikumspersonengesellschaft.[643] Entsprechend herangezogen wird § 51 Abs. 1 S. 2 GmbHG allerdings für Einberufungsfristen zu Gesellschafterversammlungen. Die dort genannte Mindestfrist von einer Woche soll den Gesellschaftern ermöglichen, die eigene Teilnahme an der Gesellschafterversammlung einzurichten und ist sowohl zu beachten bei gesellschaftsvertraglich zu bestimmenden Ladungsfristen, wie auch bei

---

[637] Vgl. nur *Schneider*, ZGR 1978, 1, 25.

[638] *Roth*, in: Baumbach/Hopt, HGB, 39. Aufl., Anh. § 177a Rn. 76; analog § 49 Abs. 1 GmbHG gilt selbiges auch im Falle des Fehlens einer solchen Regelung im Gesellschaftsvertrag, vgl. *Oetker*, in: Oetker, HGB, 6. Aufl., § 161 Rn. 147.

[639] *Casper*, in: Staub, HGB, Bd. 4, 5. Aufl., § 161 Rn. 195.

[640] Die Einrichtung eines Umlaufverfahrens ist zwar denkbar, wird aber aufgrund der typischerweise großen Anzahl beteiligter Publikumspersonengesellschafter nicht für praktikabel gehalten, vgl. *Götze*, in: MüVertrHdB, Bd. 1, 7. Aufl., III. 11 Anm. 15.

[641] Vgl. *Hennrichs/Pöschke*, MüKo, AktG, 4. Aufl., § 175 Rn. 16.

[642] Zustimmend *Wilhelm*, S. 118.

[643] BGH v. 30.03.1999 – II ZR 20–97 = NJW 1998, 1946.

Fehlen einer solchen Regelung im Gesellschaftsvertrag.[644] Zu Recht nimmt *Schneider*[645] gar Maß an der in § 123 Abs. 1 S. 1 AktG bestimmten dreißigtägigen Frist. Denn ist der Gesellschafterversammlung einer Publikumspersonengesellschaft doch schon aufgrund der zu ladenden Vielzahl an Anlegern eine besondere Nähe zur aktienrechtlichen Hauptversammlung kaum abzusprechen. Der Rechtspraxis ist daher zu einer entsprechend großzügig bemessenen Ladungsfrist zu raten.[646] Der Beginn der Ladungsfrist wird in Rechtsprechung[647] und Literatur[648] aus Gründen der Nachprüfbarkeit in Anlehnung an § 121 Abs. 4 S. 2 Hs. 2 AktG auf den Tag der Aufgabe des Ladungsschreibens bei der Post gesetzt.

Eine unterlassene Ladung eines Gesellschafters zeigt nicht ohne weiteres die Nichtigkeit der in der Gesellschafterversammlung gefassten Beschlüsse.[649] Sofern Verstöße gegen Form, Frist und Inhalt der Einberufung einer Gesellschafterversammlung jedoch dazu dienen sollen, dem einzelnen Gesellschafter eine hinreichende Vorbereitung der Tagesordnungspunkte, wie auch die Teilnahme an der Gesellschafterversammlung zu verwehren, kann dies zur Unwirksamkeit der Gesellschafterbeschlüsse führen.[650]

b) Außerordentliche Gesellschafterversammlung

Ein satzungsmäßiges Minderheitenrecht auf Einberufung einer außerordentlichen Gesellschafterversammlung ist in Publikumspersonengesellschaften oftmals nicht vorgesehen.[651] Denkbar bleibt dennoch, in der Satzung die Pflicht zur Einberufung einer außerordentlichen Gesellschafterversammlung für den Fall zu statuieren, in dem das Wohl der Gesellschaft es erfordert oder ein eingerichteter Beirat[652] oder eine Mindestanzahl an Gesellschaftern dies verlangt.[653] Um auch hier ohne entsprechende Vertragsklausel hinreichenden Minderheitenschutz zu gewährleisten, wird eine

---

[644] *Schilling*, in: Staub, HGB, Bd. 2, 4. Aufl., § 161 Rn. 43; *Jaletzke*, in: MüHdBGesR, Bd. 2, § 66 Rn. 5; a.A. *Mock*, in: R/GvW/H, HGB, 4. Aufl., § 163 Rn. 22, der die einwöchige Frist des § 51 Abs. 1 S. 2 GmbHG als zu kurz erachtet.

[645] *Schneider*, ZGR 1978, 1, 22; hierauf Bezug nehmend *Jaletzke*, in: MüHdBGesR, Bd. 2, § 66 Rn. 5.

[646] Zustimmend *Jaletzke*, in: MüHdBGesR, Bd. 2, § 66 Rn. 5.

[647] BGH v. 30.03.1998 – II ZR 20/97 = NJW 1998, 1946, 1947.

[648] *Mock*, in: R/GvW/H, HGB, 5. Aufl., § 161 Rn. 22; *Jaletzke*, in: MüHdBGesR, Bd. 2, 5. Aufl., § 66 Rn. 6.

[649] *Mock*, in: R/GvW/H, HGB, 5. Aufl., § 161 Rn. 21.

[650] BGH v. 14.11.1994 – II ZR 160/93 = NJW 1995, 1353, 1355.

[651] Vgl. nur *Götze*, in: MüVertrHdB, Bd. 1, GesR, 8. Aufl., III. 11.

[652] Ausführlich zum Beirat siehe Erstes Kapitel B. III. 6. b).

[653] *Wilhelm*, S. 121.

analoge Anwendung von § 50 Abs. 1 GmbHG[654] und § 122 Abs. 1 AktG[655] ange-
regt.[656] Dem Grunde nach gewähren beide Normen einer qualifizierten Minderheit
das Recht, die Einberufung einer Gesellschafterversammlung mit einer gewünschten
Tagesordnung[657] zu verlangen. § 50 Abs. 1 GmbHG setzt diese Minderheit bei 10 %
des Stammkapitals an, § 122 Abs. 1 AktG bereits bei 5 % des Grundkapitals. Die
Rechtsprechung[658] hat ein subsidiäres[659] Ersatzeinberufungsrecht[660] nach § 50 Abs. 3
GmbHG in Anlehnung an dessen Rechtsgedanken bereits anerkannt, womit auch das
in § 50 Abs. 1 GmbHG geforderte Quorum richterliche Geltungsberechtigung im
Publikumspersonengesellschaftsrecht erfährt.[661]

Rechtsdogmatisch sprechen neben der analogen Heranziehung von § 50 GmbHG
aber auch gewichtige Gründe für eine Anleihe an der wegen ihres niedrigeren
Quorums noch minderheitsfreundlicheren Vorschrift des § 122 Abs. 1 AktG. Denn
anders als im Recht der GmbH ist das Gesellschaftsvermögen in Publikumspersonengesellschaften typischerweise in den Händen derart vieler Kleinanleger, dass
selbst ein 10 %-Quorum[662] vielfach nur schwer zu erreichen sein wird.[663]

Statt des in § 50 Abs. 3 GmbHG verorteten gesellschafterlichen Ersatzeinberu-
fungsrechts wird auch aus Gründen der Verfahrensklarheit und Justiziabilität vereinzelt ein Rückgriff auf § 122 Abs. 3 AktG befürwortet.[664] Anzumerken ist jedoch,
dass eine Einberufung entgegen der in § 50 GmbHG genannten Voraussetzungen
einen Gesetzesverstoß darstellt, welcher mithilfe der Feststellungsklage nach § 256

---

[654] Vgl. *Reichert/Winter*, BB 1988, 981, 985 f.; *Götze*, in: MüVertrHdB, Bd. 1, GesR,
8. Aufl., III. 11 Anm. 16; *Casper*, in: Staub, HGB, Bd. 4, 5. Aufl., § 161 R. 195; *Oetker*, in:
Oetker, HGB, 6. Aufl., § 161 Rn. 147.

[655] Vgl. *Götze*, in: MüVertrHdB, Bd. 1, GesR, 8. Aufl., III. 11 Anm. 16; *Casper*, in: Staub,
HGB, Bd. 4, 5. Aufl., § 161 R. 195.

[656] Um Minderheitenrechte nicht gesellschaftsvertraglich unterlaufen zu können, kann § 45
GmbHG, welcher die Dispositivität insbesondere von § 50 GmbHG statuiert, im Recht der
Publikumspersonengesellschaften keine Rechtswirkung entfalten; nach der heute ganz h.M. gilt
dies auch im GmbH-Recht, vgl. *Römermann*, in: Michalski et al., GmbHG, 3. Aufl., § 50
Rn. 192 ff.

[657] *Reichert/Winter*, BB 1988, 981, 992.

[658] OLG Köln v. 13.02.1987 – 19 U 172/86 = ZIP 1987, 1120, 1122; BGH v. 09.11.1987 –
II ZR 100/87 = NJW 1988, 969, 970; BGH v. 30.03.1998 – II ZR 20/97 = NJW 1998, 1946,
1947; zur Notwendigkeit eines solchen gesellschaftereigenen Einberufungsrechts, vgl. *Grunewald*, in: MüKo, HGB, § 161 Rn. 140.

[659] *Roth*, in: Roth/Altmeppen, GmbHG, 8. Aufl., § 50 Rn. 11.

[660] Für eine Klage auf Einberufung der Gesellschafterversammlung bestünde damit kein
Rechtsschutzinteresse, vgl. *Hüffer*, in: Hachenburg, GmbHG, Bd. 2, 8. Aufl., § 50 Rn. 29
m.w.N.

[661] Zustimmend *Reichert/Winter*, BB 1988, 981, 985; *Jaletzke*, in: MüHdBGesR, Bd. 2,
4. Aufl., § 66 Rn. 10.

[662] Beachte dazu auch *Casper*, in: Staub, HGB, Bd. 4, 5. Aufl., § 161 R. 195, der gar eine
Unwirksamkeit satzungsmäßiger Quoren von über 10 % des Gesellschaftsvermögens annimmt.

[663] Zustimmend *Wilhelm*, S. 122.

[664] Vgl. nur *Jaletzke*, in: MüHdBGesR, Bd. 2, 4. Aufl., § 66 Rn. 10.

ZPO ebenso einer, wenn auch nachträglichen, gerichtlichen Entscheidung zugänglich ist. Beschlüsse einer zu Unrecht einberufenen Gesellschafterversammlung sind (analog) § 241 Nr. 1 AktG nichtig.[665]

Ein weiteres Einberufungsrecht entnimmt *Jaletzke*[666] dem Rechtsgedanken des § 111 Abs. 3 AktG. Demgemäß könnte auch der Beirat einer Publikumspersonengesellschaft – sofern dieser denn ins Leben gerufen wurde – eine Gesellschafterversammlung einberufen, wenn das Wohl der Gesellschaft es fordert.

2. Beschlussfassung

a) Beschlussfähigkeit

Normative Vorgaben zur Beschlussfähigkeit[667] finden sich im Personengesellschaftsrecht nicht. Indes ist teilweise gesellschaftsvertraglich geregelt, dass eine ordnungsgemäß einberufene Gesellschafterversammlung erst beschlussfähig ist, wenn mehr als 50 % des Gesellschaftskapitals anwesend oder vertreten sind.[668] Wenngleich eine solche Regelung vor dem Hintergrund hinreichender Legitimationsbasis sinnvoll sein kann, ist sie juristisch nicht geboten.[669] Nicht zulässig sind hingegen Klauseln, nach denen die Beschlussfähigkeit der Gesellschafterversammlung davon abhängig sein soll, dass der Komplementär anwesend ist oder wirksam vertreten wird. Ansonsten könnten minderheitsschützende Rechte auf Einberufung einer Gesellschafterversammlung im Ergebnis ohne weiteres untergraben werden.

b) Teilnahme- und Stimmrecht

Die Gesellschafterversammlung ist die regelmäßig[670] institutionalisierte Veranstaltung für Informationseinholung, Willensbildung und Entscheidungsvollzug innerhalb der betreffenden Gesellschaft. Geradezu elementarer Bestandteil eines jeden Mitgliedschaftsrechts in einer (Publikums-)Personengesellschaft ist demnach ein entsprechendes Teilnahmerecht.[671] Ein Recht auf persönliche Teilnahme steht den

---

[665] BGH v. 07.02.1983 – II ZR 14/82 = NJW 1983, 1677; hierauf verweisend *Bayer*, in: Lutter/Hommelhoff, GmbHG, 20. Aufl., § 50 Rn. 16; im Falle einer bloßen Fehlerhaftigkeit der Ankündigung kommt lediglich eine Beschlussanfechtung in Betracht, vgl. *Scholz*, in: Scholz, GmbHG, § 50 Rn. 32.

[666] *Jaletzke*, in: MüHdBGesR, Bd. 2, 4. Aufl., § 66 Rn. 11.

[667] Zum Begriff des Beschlusses vgl. *Schäfer*, in: Staub, HGB, Bd. 3, 5. Aufl., § 119 Rn. 75.

[668] *Lichtenschwimmer*, in: Fuhrmann/Wälzholz, Formularbuch Gesellschaftsrecht, 3. Aufl., Muster M 30.4 § 10 Abs. 6 S. 1.

[669] Vgl. auch *Götze*, in: MüVertrHdB, Bd. 1, 8. Aufl., III. 11 Anm. 17.

[670] Siehe dazu oben Erstes Kapitel C. IV.

[671] *Casper*, in: Staub, HGB, Bd. 4, 5. Aufl., § 161 Rn. 196; *Oetker*, in: Oetker, HGB, 6. Aufl., § 161 Rn. 148; *Wilhelm*, S. 123.

Anlegern jedoch nicht zu, sofern sie kraft Treuhandvereinbarung nur mittelbar an der Publikumspersonengesellschaft beteiligt sind.[672] Denn in diesem Fall kommt nur dem Treuhänder eine Gesellschafterstellung mitsamt den sich unmittelbar daraus ergebenden Rechten zu.

Ergänzt wird das Teilnahmerecht durch das Stimmrecht. Dieses steht ausschließlich allen Gesellschaftern zu, ist untrennbarer Bestandteil der Mitgliedschaft[673] und kann von der vollständigen Einzahlung eines Kapitalanteils abhängig gemacht werden[674]. Ein Ausschluss des Stimmrechts in der Publikumspersonengesellschaft in grundlegenden Angelegenheiten wird regelmäßig an einer nach Treu und Glauben ausgerichteten Inhaltskontrolle[675] scheitern.[676] Daneben können sich Stimmrechtsausschlüsse normativer Art ergeben: Der in den §§ 34 BGB, 47 Abs. 4 GmbHG, 136 Abs. 1 AktG verankerte gesellschaftsrechtliche Rechtsgedanke des Stimmrechtsausschlusses in eigener Sache entfaltet auch im Recht der Publikumspersonengesellschaft Wirkung.[677]

c) Mehrheitsentscheidungen

aa) Allgemeines

Erinnerlich ist in § 119 Abs. 1 HGB das personengesellschaftsrechtliche Einstimmigkeitsprinzip verankert.[678] Schon zur Gewährleistung der Handlungsfähigkeit einer Publikumspersonengesellschaft wird allerdings typischerweise[679] von § 119 Abs. 2 HGB Gebrauch gemacht, wonach die satzungsmäßige[680] Statuierung von Mehrheitsentscheidungen zulässig[681] ist.[682] Sofern die Satzung der Publikumsper-

---

[672] Zustimmend *Casper*, in: Staub, HGB, Bd. 4, 5. Aufl., § 161 Rn. 196; *Grunewald*, in: MüKo, HGB, 4. Aufl., § 161 Rn. 141; a.A. *Oetker*, in: Oetker, HGB, 6. Aufl., § 161 Rn. 148.

[673] Eingehend dazu *K. Schmidt*, GesR, 4. Aufl., S. 604 ff.

[674] Siehe dazu etwa die Vertragsklauseln bei *Götze*, in: MüVertrHdB, Bd. 1, GesR, 8. Aufl., III. 11, § 8 Abs. 4 S. 1; *Lang*, in: Hopt, VertrFormB, GesR, II.C.4 § 7 Abs. 2 S. 1.

[675] Dazu ausführlich oben Erstes Kapitel B. III.

[676] *Heid*, BB 1985, Beil. 4, 1/9; vgl. dazu aber auch BGH v. 24.05.1993 – II ZR 73/92 = DB 1993, 1664, worin ein Ausschluss des Stimmrechts der Komplementär-GmbH bei einer (gesetzestypischen) personengleichen GmbH & Co. KG für zulässig erachtet wurde.

[677] KG Berlin v. 18.12.2008 – 23 U 95/08 = BeckRS 2009, 25683; BGH v. 09.05.1974 – II ZR 84/72 = DB 1974, 1519, 1520; BGH v. 12.06.1989 – II ZR 246/88 = BB 1989, 1496, 1497; hierzu *Jaletzke*, in: MüHdBGesR, Bd. 2, 4. Aufl., § 66 Rn. 25.

[678] Siehe dazu schon oben Erstes Kapitel A. II. 3.

[679] Vgl. dazu etwa *Götze*, in: MüVertrHdB, Bd. 1, GesR, 8. Aufl., III. 11, § 8 Abs. 3.

[680] Typische Klauseln derartiger vertraglicher Vereinbarungen lauten regelmäßig: *„Beschlüsse der Gesellschafterversammlung werden mit einfacher Mehrheit der abgegebenen Stimmen gefasst, soweit dieser Vertrag oder das Gesetz nicht zwingend eine andere Mehrheit vorschreiben.“*, vgl. *Lichtenschwimmer*, in: Fuhrmann/Wälzholz, Formularbuch Gesellschaftsrecht, 3. Aufl., Muster M 30.4 § 10 Abs. 7 S. 1.

[681] *Wilhelm*, S. 111 m.w.N.

sonengesellschaften Mehrheitsentscheidungen nicht vorsieht, ergibt sich deren Zulässigkeit bereits aus einer analogen Heranziehung von § 179 Abs. 2 AktG.[683] Die Mehrheit der abgegebenen Stimmen berechnet sich sodann nicht, wie im Personengesellschaftsrecht sonst geläufig, nach Köpfen, sondern in Anlehnung an das Kapitalgesellschaftsrecht ganz regelmäßig kraft Gesellschaftsvertrages nach Vermögensanteilen (vgl. §§ 134 Abs. 1 S. 1 AktG, 47 Abs. 2 GmbHG).[684] Gegenstand von Mehrheitsentscheidungen können sowohl allgemeine Geschäftsführungsangelegenheiten als auch Grundlagenentscheidungen sein.[685]

bb) Grenzen

Eine Abkehr vom Einstimmigkeitsprinzip im Sinne des § 119 Abs. 1 HGB bietet neben praktisch einfacherer Handhabung der Gesellschaft jedoch auch Nachteile: Jeder mehrheitlich gefasste Beschluss bringt eine entsprechend überstimmte Minderheit hervor, die sich dieser Entscheidung fügen muss.[686] *Prima vista* erscheint dies an sich noch weitgehend unproblematisch, haben doch alle Gesellschafter die – je nach Gesellschaftsvertrag unterschiedlich weit reichende – Zulässigkeit von Majoritätsentscheidungen mit Vertragsschluss konsentiert. Gleichwohl kann von einem Gesellschafter vernünftigerweise nicht erwartet werden, dieser wolle sich dem Mehrheitswillen unbeschränkt unterwerfen. Zur Vorbeugung über das zumutbare Maß hinausgehender Beeinträchtigungen gesellschafterlicher Minderheiten unterliegen Mehrheitsentscheidungen Grenzen, die in besonderem Maße von der Rechtsprechung gezogen wurden.

(1) Spezifisch mehrheitsbeschränkende Schranken

Selbstverständlich ist das Zustandekommen von Gesellschafterbeschlüssen an einer entsprechenden Anwendung der allgemeinen Vorgaben der §§ 145 ff. BGB zu messen.[687] Spezifische Vorgaben mehrheitlich zu fassender Gesellschafterbeschlüsse lassen sich weder den §§ 705 ff. BGB noch den §§ 105 ff. HGB entnehmen.[688] Auch in den §§ 149 bis 161 KAGB finden sich keine entsprechenden Vorgaben für das

---

[682] In der Literatur werden Mehrheitsentscheidungen in Publikumspersonengesellschaften aufgrund ihrer faktischen Notwendigkeit teilweise auch ohne entsprechende Satzungsvereinbarung befürwortet, vgl. *Enzinger*, in: MüKo, HGB, 4. Aufl., § 119 Rn. 89 m.w.N.

[683] So schon *Kellermann*, in: FS Stimpel 1985, 295, 301.

[684] Vgl. etwa *Götze*, in: MüVertrHdB, Bd. 1, GesR, 8. Aufl., III. 11, § 8 Abs. 4 S. 1; *Lichtenschwimmer*, in: Fuhrmann/Wälzholz, Formularbuch Gesellschaftsrecht, 3. Aufl., Muster M 30.4 § 10 Abs. 7 S. 1.

[685] *Picot*, BB 1993, 13, 14.

[686] Vgl. *Wilhelm*, S. 111 f.

[687] Vgl. *Weipert*, in: MüHdBGesR, Bd. 1, 5. Aufl., § 57 Rn. 79.

[688] Vgl. dazu etwa auch *Schäfer*, NZG 2014, 1401.

Recht der geschlossenen (Publikums-)Investment-KG.[689] Folglich können die Gesellschafter grundsätzlich vertragsautonom über Mindestvoraussetzungen für das Zustandekommen von Mehrheitsbeschlüssen befinden. Abhängig von der Eingriffs- und Regelungsintensität zu fassender Beschlüsse und Vertragsänderungen, sollten in Publikumspersonengesellschaftsverträgen zum Schutze minderheitsbeteiligter Anleger jedoch qualifizierte Mehrheitsquoren[690] vorgesehen werden.[691] Rückhalt findet diese Forderung in einer Anleihe an dem gesetzlichen Leitbild der §§ 33 Abs. 1 S. 1 BGB, 179 Abs. 2 AktG, 53 Abs. 2 S. 1 GmbHG.[692] Zur Vermeidung etwaiger Unklarheiten sollte dennoch eine entsprechend klar gefasste gesellschaftsvertragliche Vereinbarung getroffen werden.[693] In diesem Zusammenhang hatte der zweite Senat des Bundesgerichtshofs etwa jüngst entschieden, dass eine im Gesellschaftsvertrag einer Publikumspersonengesellschaft vereinbarte Mehrheitsklausel, die unter dem Vorbehalt abweichender gesetzlicher Bestimmungen steht, typischerweise dahin auszulegen ist, dass die Mehrheitsklausel dispositiven gesetzlichen Regelungen vorgeht.[694]

In Gesellschaftsverträgen von Publikumspersonengesellschaften finden sich gleichwohl auch Klauseln[695], nach denen bestimmte Gesellschafterbeschlüsse kumulativ zum Erreichen einer qualifizierten Mehrheit der schriftlichen Zustimmung des Komplementärs bedürfen.[696] Die Zulässigkeit eines solchen obligatorischen Zustimmungserfordernisses wird sich vor allem mit einem Erst-Recht-Schluss zu § 119 Abs. 1 HGB begründen lassen: Wenn der Gesetzgeber im Grundsatz schon das Einstimmigkeitsprinzip im Personengesellschaftsrecht angewandt wissen will, mit welchem er jedem Gesellschafter schon ein tatsächliches Vetorecht einräumt, dann dürfen Mehrheitsklauseln im Sinne von § 119 Abs. 2 HGB zumindest an ein weitergehendes Zustimmungserfordernis (des Komplementärs) gekoppelt werden. Auch erlauben die §§ 179 Abs. 2 S. 3 AktG, 53 Abs. 1 GmbHG das Aufstellen weiterer Erfordernisse. Andererseits darf ein satzungsmäßiges Vetorecht nicht dazu führen, dass die Durchsetzung von Minderheitenrechten in der Gesellschafterversammlung von dem Einverständnis einzelner Gesellschafter abhängt, womit die Schwierigkeit dieser Gratwanderung offensichtlich wird. Denn vor dem Hintergrund, dass sich die

---

[689] Siehe dazu auch *Hoppe/Mühling*, in: Hesselmann/Tillmann/Mueller-Thuns, Handbuch GmbH & Co. KG, Rn. 2.303.

[690] Siehe dazu etwa *Götze*, in: MüVertrHdB, Bd. 1, GesR, 8. Aufl., III. 11 § 8 Abs. 3 S. 2.

[691] *Picot*, BB 1993, 13, 21 empfiehlt ein Mindestquorum von 75 %.

[692] Zustimmend *Picot*, BB 1993, 13, 21; *Hoppe/Mühling*, in: Hesselmann/Tillmann/ Mueller-Thuns, Handbuch GmbH & Co. KG, Rn. 2.303.

[693] Mit Recht *Hoppe/Mühling*, in: Hesselmann/Tillmann/Mueller-Thuns, Handbuch GmbH & Co. KG, Rn. 2.303.

[694] BGH v. 11.09.2018 – II ZR 307/16 = NJW 2019, 157; hierauf hinweisend *Hirte*, NJW 2019, 1187, 1192.

[695] Vgl. etwa *Götze*, in: MüVertrHdB, Bd. 1, GesR, 7. Aufl., III. 11, § 8 Abs. 3.

[696] Vetorechte zugunsten nicht geschäftsführender Gesellschafter sind demgegenüber praktisch kaum existent, siehe dazu nur *Götze*, in: MüVertrHdB, Bd. 1, GesR, 8. Aufl., III. 11.

Beteiligung eines Komplementärs an einer Publikumspersonengesellschaft oft nur im Promillebereich bewegt, wird man ein pauschales Vetorecht als unangemessen ansehen müssen.[697] Zur Konfliktlösung schlägt *Casper*[698] zutreffend ein Vetorecht des Komplementärs zumindest für den Fall vor, in welchem der Beschluss unmittelbar dessen Rechtsstellung verkürzt. In jedem Fall dürften Vetorechte sich jedoch als unvereinbar mit dem Gleichbehandlungsgrundsatz erweisen, sofern diese ohne sachlichen Grund zur Blockade mehrheitlich getroffener Entscheidungen bemüht werden. Vor demselben Hintergrund ist ebenso Mehrstimmrechten in der Publikumspersonengesellschaft eine Absage zu erteilen.[699]

(2) Schranken allgemeiner gesellschaftsrechtlicher Grundsätze

Die bereits erörterten allgemeinen gesellschaftsrechtlichen Grundsätze[700] können eine materiell-rechtliche respektive inhaltliche Beschränkung von Mehrheitsentscheidungen zeitigen. Eine pauschale Grenze lässt sich insoweit nicht ziehen, maßgebend sind vielmehr die Umstände des Einzelfalls.

d) Beschlussmängelrecht

aa) Beschlussmängel

Im Recht der Publikumspersonengesellschaft wird – im Gegensatz zum Kapitalgesellschaftsrecht – nicht zwischen nichtigen und anfechtbaren Gesellschafterbeschlüssen unterschieden.[701] Das heißt sofern ein Beschluss gegen allgemeine[702], gesellschaftsrechtliche[703] (Gesetzes-)Vorgaben oder satzungsmäßige Regeln verstößt, ist dieser grundsätzlich *ipso iure* nichtig[704] oder im Falle einer Genehmigungsfähigkeit bei fehlender gesellschafterlicher Zustimmung schwebend unwirksam[705]. Im Recht der Publikumspersonengesellschaft bedarf es damit keiner analogen Anwendung der anfechtungsberechtigenden Vorschrift des § 245 AktG,

---

[697] *Wilhelm*, S. 129 f.

[698] *Casper*, in: Staub, HGB, Bd. 4, 5. Aufl., § 161 Rn. 197.

[699] Anders aber *K. Schmidt*, GesR, 4. Aufl., S. 607, der sich für die Zulassung von Mehrstimmrechten bei sachlicher Rechtfertigung ausspricht.

[700] Dazu siehe oben Drittes Kapitel B.

[701] So die vorherrschende Ansicht, vgl. nur *Bayer/Möller*, NZG 2018, 801, 807 m.w.N.; *Schäfer*, in: Staub, HGB, Bd. 3, 5. Aufl., § 119 Rn. 95; *Schilling*, in: Staub, HGB, Bd. 2, 4. Aufl., § 161 Rn. 46; *K. Schmidt*, DB 1993, 2167, 2168; *Siegmann*, in: MüHdBGesR, Bd. 7, 5. Aufl., § 80 Rn. 1 m.w.N.

[702] Siehe dazu oben Zweites Kapitel B.

[703] Siehe dazu oben Drittes Kapitel B.

[704] *Schäfer*, in: Staub, HGB, Bd. 3, 5. Aufl., § 119 Rn. 75; *Weipert*, in: MüHdBGesR, Bd. 1, 4. Aufl., § 57 Rn. 92.

[705] *Leuering/Rubner*, NJW-Spezial 2018, 143.

welche zumindest ihrer Natur[706] nach auch auf Publikumspersonengesellschaften übertragbar wäre. Wirksam bleiben soll der fehlerhaft zustande gekommene Beschluss nach vorherrschender Ansicht aber ausnahmsweise bei der Verletzung bloßer Verfahrensregeln[707], so etwa, wenn sich der Beschlussmangel auf die Nichtladung einzelner weniger Gesellschafter beschränkt und deren Stimmabgabe die getroffene Majoritätsentscheidung nicht beeinflusst hätte.[708] Der damit einhergehenden pauschalen Kürzung minderheitsschützender Ordnungsvorschriften wird zu Recht unter Heranziehung der im Kapitalgesellschaftsrecht herausgebildeten „Relevanztheorie"[709] widersprochen.[710] Demnach soll vielmehr im Einzelfall anhand des Schutzzwecks der verletzten Vorschrift zu entscheiden sein, ob der Verstoß zur Beschlussnichtigkeit führt.[711]

bb) Geltendmachung

Die Frage, wie Beschlussmängel sodann gerichtlich geltend gemacht werden können, stellt einen vor allem praktisch wichtigen Aspekt des Minderheitenrechtsschutzes dar. Einer selbsttätig ganzheitlichen Übertragung des ausdifferenzierten aktienrechtlichen Beschlussmängelrechts wird bislang noch weitgehend widersprochen.[712] Im Grundsatz haben (Minderheits-)Gesellschafter in Publikumspersonengesellschaften – mangels abweichender Vereinbarungen – jedoch die allgemeinen zivilrechtlichen Regeln zu beachten.[713] Möglich bleibt allerdings eine teilweise Adaptierung kapitalgesellschaftsrechtlicher Vorgaben kraft Gesellschaftsvertrags.[714]

Die bereits von Rechts wegen grundsätzlich erfolgende Unwirksamkeit beschlussmängelbehafteter Majoritätsentscheidungen macht eine Anfechtungsklage obsolet und führt stattdessen zur Statthaftigkeit der Feststellungsklage nach § 256

---

[706] Vgl. dazu *Göz*, in: Bürgers/Körber, AktG, 4. Aufl., § 245 Rn. 2.

[707] Eine Übersicht zu verschiedenen Formen von Verfahrensmängeln findet sich bei *Schäfer*, in: Staub, HGB, Bd. 3, 5. Aufl., § 119 Rn. 80 ff.

[708] *Oetker*, in: Oetker, HGB, 6. Aufl., § 161 Rn. 149.

[709] Zur *Relevanztheorie* vgl. *Koch*, in: Hüffer/Koch, AktG, 14. Aufl., § 243 Rn. 13; *Hoffmann-Becking*, in: MüHdBGesR, Bd. 4, 5. Aufl., § 38 Rn. 66.

[710] *Servatius*, in: Henssler/Strohn, GesR, 3. Aufl., Anh. Rn. 70.

[711] *Emmerich*, in: Heymann, HGB, Bd. 2, 2. Aufl., § 119 Rn. 8; *Servatius*, in: Henssler/Strohn, GesR, 3. Aufl., Anh. Rn. 70.

[712] Vgl. etwa BGH v. 25.10.2016 – II ZR 230/15 = ZIP 2017, 281 ff.; OLG München v. 15.02.2017 – 7 U 3280/16 = BeckRS 2017, 101728 Rn. 21; *Casper*, in: Staub, HGB, Bd. 4, 5. Aufl., § 161 Rn. 199; *Grunewald*, in: MüKo, HGB, 4. Aufl., § 161 Rn. 148; *Schäfer*, in: Staub, HGB, Bd. 3, 5. Aufl., § 119 Rn. 95 m.w.N.

[713] *Grunewald*, in: MüKo, HGB, 4. Aufl., § 161 Rn. 146 m.w.N.; *Varachia*, in: Schwerdtfeger, GesR, 3. Aufl., Anh. 2 HGB Rn. 46.

[714] BGH v. 17.07.2006 – II ZR 242/04 = NJW 2006, 2854, 2855; siehe im Einzelnen Fn. 725.

ZPO.[715] Unwirksam sind gesellschaftsvertragliche Vereinbarungen, die auf Abbedingung der Feststellungsklage gerichtet sind.[716] Klageberechtigt ist jeder (Minderheits-)Gesellschafter einer Publikumspersonengesellschaft kraft seiner Mitgliedschaft.

Klagegegner einer solchen Feststellungsklage sind grundsätzlich die Mitgesellschafter.[717] Dass klagende (Minderheits-)Gesellschafter, die ihre Mitgesellschafter ohne weiteres gar nicht kennen[718], dadurch mit einem praktisch unzumutbaren vorprozessualen Aufwand belastet würden, ist offensichtlich.[719] Der Bundesgerichtshof[720] erkennt daher bereits seit Jahrzehnten die satzungsmäßige Statuierung[721] der prozessualen Passivlegitimation[722] von Publikumspersonengesellschaften an – und dies soll bereits bei minimalen Anhaltspunkten[723] in der Satzung gelten. Auch kann darauf aufbauend gesellschaftsvertraglich eine (schuldrechtliche) *inter omnes* Wirkung gegen die Gesellschaft erlassener Entscheidungen festgehalten werden.[724]

Allerdings sind (Minderheits-)Gesellschafter nicht davor gefeit, dass die Berufung auf Beschlussmängel durch angemessene[725] Ausschlussfristen im Gesellschaftsvertrag beschränkt wird.[726] Beachtung geschenkt werden sollte insoweit ebenfalls dem Rechtsinstitut der Verwirkung.[727] Demgegenüber unterliegt die Geltendmachung des Fehlens einer notwendigen Zustimmung keiner zeitlichen (gesellschaftsvertraglichen) Begrenzung.[728]

---

[715] BGH v. 07.06.1999 – II ZR 278/98 = ZIP 1999, 1391 f.; für die Anerkennung einer Anfechtungsklage gegen Mehrheitsbeschlüsse vgl. *K. Schmidt*, DB 1993, 2167 f.

[716] *Emmerich*, in: Heymann, HGB, Bd. 2, 2. Aufl., § 119 Rn. 11.

[717] Siehe etwa BGH v. 07.06.1999 – II ZR 278/98 = NZG 1999, 935; BGH v. 24.03.2003 – II ZR 4/01 = NJW 2003, 1729.

[718] Zum auf Mitteilung von Namen und Adressen der Mitgesellschafter gerichteten Auskunftsanspruch siehe Drittes Kapitel C. III. 1. d).

[719] *Grunewald*, in: MüKo, HGB, 4. Aufl., § 161 Rn. 148 hat gar Zweifel an der Vereinbarkeit entsprechender gesellschaftsvertraglicher Klauseln mit § 242 BGB.

[720] BGH v. 15.11.1982 – II ZR 62/82 = NJW 1983, 1056, 1057; BGH v. 13.02.1995 – II ZR 15/94 = ZIP 1995, 460; BGH v. 07.06.1999 – II ZR 278/98 = ZIP 1999, 1391 ff.

[721] Siehe dazu etwa die ausdrücklichen Regelungen bei *Götze*, in: MüVertrHdB, Bd. 1, GesR, 8. Aufl., III. 11. § 8 Abs. 9 S. 1; *Lichtenschwimmer*, in: Fuhrmann/Wälzholz, Formularbuch Gesellschaftsrecht, 3. Aufl., Muster M 30.4 § 19.

[722] Dazu ausführlich *K. Schmidt*, ZGR 2008, 1, 27 f.

[723] In diese Richtung *Grunewald*, in: MüKo, HGB, 4. Aufl., § 161 Rn. 148; *Leuering/Rubner*, NJW-Spezial 2018, 143.

[724] BGH v. 17.07.2006 – II ZR 242/04 = NZG 2006, 703, 704.

[725] In Anlehnung an § 246 Abs. 1 AktG wird eine unter einen Monat lautende Frist als zu kurz und damit als unzulässig erachtet, vgl. BGH v. 13.02.1995 – II ZR 15/94 = NJW 1995, 1218, 1219; *Oetker*, in: Oetker, HGB, 6. Aufl., § 161 Rn. 35 m.w.N.

[726] So ausdrücklich BGH v. 07.06.1999 – II ZR 278/98 = ZIP 1999, 1391, 1392.

[727] *Weipert*, in: MüHdBGesR, Bd. 2, 4. Aufl., § 14 Rn. 130.

[728] *Siegmann*, in: MüHdBGesR, Bd. 7, 5. Aufl., § 80 Rn. 10.

Das insoweit außerdem erforderliche Feststellungsinteresse ergibt sich grundsätzlich bereits aus dem mit der bloßen Gesellschafterstellung begründeten Bedürfnis, Klarheit über die Wirksamkeit gefasster Gesellschafterbeschlüsse zu erlangen.[729] Dies gilt allerdings nicht betreffend die Feststellung der Nichtigkeit eines auf Ausschließung eines anderen Gesellschafters gerichteten Mehrheitsbeschlusses.[730]

3. Vertragliche Vertretungsanordnungen

Unmittelbar beteiligte Publikumspersonengesellschafter sehen sich in Satzungen häufig mit Klauseln konfrontiert, wonach deren Verwaltungsrechte, insbesondere Stimmrechte, nur vermittels eines Vertreters[731] ausgeübt werden können (sog. *unechte Treuhand*[732]).[733] Dies geschieht regelmäßig schon durch Erteilung einer dahinlautenden Vollmacht[734] bei Vertragsschluss, d. h. bei Beitritt zur Publikumspersonengesellschaft.

Die (gesellschafts-)vertragliche Anordnung einer solchen Gruppenvertretung haben (Minderheits-)Gesellschafter grundsätzlich hinzunehmen, soweit diese nicht in unzulässiger Weise in unverzichtbare oder unentziehbare Rechte[735] eingreift. Erhalten bleibt den unmittelbar beteiligten Anlegern insbesondere das praktisch relevante Recht auf persönliche Teilnahme an der Gesellschafterversammlung.[736]

V. Rechte zur Absetzung der Geschäftsführung

1. Allgemeines

Chancen und Risiken liegen in der Publikumspersonengesellschaft nah aneinander und deren Verwirklichung maßgeblich in den Händen ihrer Geschäftsführung. Gerade die einzelnen Anleger haben in der Publikumspersonengesellschaft keinen direkten Einfluss auf deren Geschäftspolitik. Zugleich entscheidet diese aber über

---

[729] *Oetker*, in: Oetker, HGB, 6. Aufl., § 161 Rn. 35.

[730] BGH v. 17.07.2006 – II ZR 242/04 = NJW 2006, 2854; hierzu *Siegmann*, in: Mü-HdBGesR, Bd. 7, 5. Aufl., § 80 Rn. 4 m.w.N.

[731] Zu Bestellung, Abberufung und Weisungspflicht des Vertreters vgl. *Varachia*, in: Schwerdtfeger, GesR, 3. Aufl., Anh. 2 HGB Rn. 50 ff.

[732] Siehe dazu schon oben Erstes Kapitel B. III. 5. b) aa).

[733] *Casper*, in: Staub, HGB, Bd. 4, 5. Aufl., § 161 Rn. 198.

[734] Unzulässig ist die Erteilung einer unwiderruflichen Stimmrechtsvollmacht bei gleichzeitigem Stimmrechtsverzicht des Vollmachtgebers gegenüber dem Bevollmächtigten, so schon BGH v. 10.11.1951 – II ZR 111/50 = NJW 1952, 178.

[735] Dazu ausführlich oben Zweites Kapitel B. IV. 1.

[736] Dazu oben Drittes Kapitel C. IV. 2. b).

die wirtschaftliche Rentabilität der Beteiligung eines jeden einzelnen Anlagegesellschafters.

Beim Beitritt zur Publikumspersonengesellschaft gewähren die Anleger den Gesellschaftsinitiatoren, die sich sodann vielfach auch als Geschäftsführer betätigen, einen Vertrauensvorschuss: Die Publikumspersonengesellschafter vertrauen auf unternehmerische Angaben in Hochglanzprospekten, die fachliche Kompetenz der Geschäftsleitung und nicht zuletzt auf deren Redlichkeit. Im Laufe der Zeit kann dieses Vertrauen jedoch schwinden. Die Anpreisungen in Werbebroschüren können sich als (wissentlich) falsch erweisen, der Geschäftsleitung kann die erforderliche fachliche Eignung fehlen respektive kann sie durch unredliches Verhalten, insbesondere durch (Gesetzes-)Pflichtverletzungen, aufgefallen sein.

Um einer weiteren Schadensvertiefung vorzubeugen, kann es abhängig von der Schwere der Pflichtwidrigkeit sowohl im Interesse der Gesellschaft als auch der Anlagegesellschafter angezeigt sein, die amtierende Geschäftsleitung abzusetzen. Nicht verwundern dürfte, dass die Initiatoren ein solches Abberufungsrecht zugunsten der übrigen Gesellschafter üblicherweise nicht vertraglich statuieren. Kernproblem ist damit, wie sich (Minderheits-)Gesellschafter dennoch betätigen können, um eine Absetzung der Geschäftsführung zu erreichen. Diese praktisch hochrelevante[737] Frage soll im Folgenden erörtert werden unter Berücksichtigung der jeweiligen Besonderheiten der unterschiedlichen Erscheinungsformen von Publikumspersonengesellschaften.

2. Publikums-GbR

a) Gesellschaftergeschäftsführer

In Publikumspersonengesellschaften wie auch deren rechtlicher Grundform[738], der Publikums-GbR, ist die Geschäftsführung im Sinne des § 710 S. 1 BGB üblicherweise einer oder wenigen Personen übertragen.

Mit § 712 Abs. 1 BGB wird den „*übrigen*", also den im Sinne des § 710 BGB von der Geschäftsführung ausgeschlossenen, Gesellschaftern die Möglichkeit eröffnet, die einem Gesellschafter durch Gesellschaftsvertrag übertragene Befugnis zur Geschäftsführung zu entziehen. Nach dem Wortlaut des § 712 Abs. 1 BGB sind hierfür bei Publikumspersonengesellschaften, deren Satzungen regelmäßig Mehrheitsentscheidungen[739] zulassen[740], ein wichtiger Grund zur Abberufung nebst Mehrheitsbeschluss erforderlich.

---

[737] Vgl. nur *Werner*, GmbHR 2018, 177.

[738] Vgl. *Habermeier*, in: Staudinger, Eckpfeiler des Zivilrechts, 5. Aufl., R. Rn. 12.

[739] Zur Qualifizierung des Rechts auf Abberufung der Geschäftsführung als Minderheitenrecht mithilfe der gesellschaftlichen Treuepflicht siehe sogleich Drittes Kapitel C. V. 2. a) cc).

[740] Siehe oben Erstes Kapitel C. IV. 2. c).

aa) Wichtiger Grund

Als wichtiger Grund nach Art des § 712 Abs. 1 Hs. 1 BGB werden solche Umstände begriffen, die den Fortbestand der Geschäftsführungsbefugnis des betroffenen Geschäftsführers für die Mehrheit der übrigen Gesellschafter unzumutbar erscheinen lassen.[741] Charakteristisch ist dafür gerade ein Verhalten, das die Gesellschaft in besonderem Maße wirtschaftlich gefährdet. In die sodann erfolgende Gesamtbetrachtung haben alle Umstände des Einzelfalls einzufließen.[742] Hierzu gehört auch die besondere organisatorische Ausgestaltung von Publikumspersonengesellschaften: Je mehr sich die Gesellschafter den Entscheidungen und Maßnahmen der Geschäftsführung ausgesetzt sehen, das bedeutet je weiter die Rechte des Leitungsgremiums reichen, um so geringere Anforderungen sind an das Vorliegen eines wichtigen Grundes zu stellen.[743] *Per definitionem* fließt in diese Frage der Unzumutbarkeit ebenfalls ein, ob es sich bei den aufgegriffenen Verfehlungen um singuläre Ereignisse handelte oder eine gewisse Häufigkeit zu erkennen ist. Eine Gewichtung in Frage kommender Umstände nimmt der Gesetzgeber bereits mit § 712 Abs. 1 Hs. 2 BGB vor, worin *„eine grobe Pflichtverletzung"* und die *„Unfähigkeit zur ordnungsgemäßen Geschäftsführung"* zu Regelbeispielen des Merkmals des wichtigen Grundes erhoben werden. Der Bundesgerichtshof[744] forderte in der Vergangenheit insoweit zusätzlich ein schuldhaftes Verhalten. Ein solches Verschuldenserfordernis lässt sich § 712 Abs. 1 BGB jedoch nicht entnehmen; vielmehr knüpft § 712 Abs. 1 Hs. 2 BGB an rein objektive Merkmale an.[745] Weitere Beispiele wichtiger Gründe formulierte der Senat in einer Reihe hierzu ergangener Entscheidungen.[746]

---

[741] Vgl. BGH v. 11.02.2008 – II ZR 67/06 = NJW-RR 2008, 704; *v. Ditfurth*, in: MüHdBGesR, Bd. 1, 4. Aufl., § 55 Rn. 13; *Habermeier*, in: Staudinger, BGB, 13. Neubearb., § 712 Rn. 2; *Hadding/Kießling*, in: Soergel, BGB, 13. Aufl., § 712 Rn. 2; *A. Hueck*, Das Recht der offenen Handelsgesellschaft, 4. Aufl., S. 147; *Ulmer*, in: MüKo, BGB, Bd. 5, 4. Aufl., § 712 Rn. 9.

[742] *Schäfer*, in: MüKo, BGB, 8. Aufl., § 712 Rn. 10; *Ulmer*, in: MüKo, BGB, Bd. 5, 4. Aufl., § 712 Rn. 9.

[743] Vgl. *Wawrzinek*, S. 199.

[744] BGH v. 25.04.1983 – II ZR 170/82 = NJW 1984, 173 ff.; wohl zustimmend *Habermeier*, in: Staudinger, BGB, 13. Neubearb., § 712 Rn. 7; zustimmend auch schon *Keßler*, in: Staudinger, BGB, 12. Neubearb., § 712 Rn. 3; ablehnend betreffend ein Verschuldenserfordernis, jedoch Berücksichtigung desselben im Rahmen der Abwägung, vgl. *Karrer*, in: MüAnwHdB, PersG, 3. Aufl., § 14 Rn. 233.

[745] Insbesondere zeigt ein Vergleich zu § 280 Abs. 1 BGB, dass der Gesetzgeber schon begrifflich zwischen *„Pflichtverletzung"* und *„Vertretenmüssen/Verschulden"* differenziert.

[746] Einzeldarstellungen höchstrichterlich anerkannter wichtiger Gründe finden sich bei *v. Ditfurth*, in: MüHdBGesR, Bd. 1, 4. Aufl., § 55 Rn. 15; *Hadding/Kießling*, in: Soergel, BGB, 13. Aufl., § 712 Rn. 2.

bb) Verfahren

Eines Antrags jeglicher von der Geschäftsführung ausgeschlossener Gesell-schafter bedarf es nicht.[747] Die Entziehung der Geschäftsführungsbefugnis erfolgt in der Publikums-GbR vielmehr durch Beschluss der übrigen Gesellschafter.[748] Es handelt sich insoweit um eine Änderung[749] der Satzung, für welche ein Mehrheits-beschluss notwendig, aber auch ausreichend ist.[750] Eine auf Änderung der Satzung gerichtete gesellschaftsvertragliche Mehrheitsklausel erfasst insoweit auch die Abberufung von Geschäftsführern. Vor dem Hintergrund einer Interessenkollision ist der betroffene Gesellschaftergeschäftsführer dabei nicht stimmberechtigt.[751]

Vertragsklauseln, denen zufolge ein Gesellschaftergeschäftsführer nur mit qua-lifizierter Mehrheit abberufen werden kann, erachtet der Bundesgerichtshof als (teil-)unwirksam; vielmehr ist die einfache Mehrheit ausreichend.[752] Im Übrigen wird die Entziehung der Geschäftsführungsbefugnis auch ohne dahinlautende aus-drückliche Beschlussformulierung grundsätzlich[753] den Entzug der Vertretungs-macht im Sinne des § 715 BGB zeitigen.[754] Dies folgt aus dem Interesse der Ge-sellschaft, dem pflichtwidrig handelnden Geschäftsführer auch im Außenverhältnis die Geschicke der Gesellschaft nicht mehr anzuvertrauen.[755]

cc) Inhaltliche Beschränkungen des Abberufungsrechts

Das Abberufungsrecht aus § 712 BGB wird in gesetzestypischen Gesellschafts-gestaltungen weitgehend als dispositiv angesehen.[756] Insofern kann es grundsätzlich sowohl erweitert als auch beschränkt werden. Vermehrt wird zugunsten eines

---

[747] Vgl. BGH v. 09. 11. 1987 – II ZR 100/87 = NJW 1988, 969; hierzu *Jaletzke*, in: MüHdBGesR, Bd. 2, 4. Aufl., § 68 Rn. 2.

[748] Zu den Möglichkeiten, eine Gesellschafterversammlung auch ohne bzw. gegen den Willen der Geschäftsführung einzuberufen, siehe bereits oben Drittes Kapitel C. IV. 1. b).

[749] Dazu schon oben Drittes Kapitel A. II. 3.

[750] *Habermeier*, in: Staudinger, BGB, 13. Neubearb., § 712 Rn. 9.

[751] Vgl. BGH v. 09. 11. 1987 – II ZR 100/87 = NJW 1988, 969, 970; *Sprau*, in: Palandt, BGB, 79. Aufl., § 712 Rn. 2; maßgeblich soll insoweit die Vorschrift des § 181 BGB sein, vgl. *Sprau*, in: Palandt, BGB, 79. Aufl., Vorb v. 709 Rn. 15.

[752] BGH v. 09. 11. 1987 – II ZR 100/87 = NJW 1988, 969; wohl zustimmend *Reichert/Winter*, BB 1988, 981, 983.

[753] Eine Ausnahme gilt, sofern der Gesellschaft nach Entzug der Vertretungsbefugnis kein Vertretungsorgan verbliebe, vgl. *Werner*, GmbHR 2018, 177, 178 m.w.N. betreffend das Recht der Publikums-KG.

[754] *Habermeier*, in: Staudinger, BGB, 13. Neubearb., § 712 Rn. 11; ausführlich zum Ver-hältnis von Geschäftsführungs- und Vertretungsbefugnis *Wiedemann*, GesR, Bd. I, S. 525 ff.

[755] Vgl. dazu auch *Habermeier*, in: Staudinger, BGB, 13. Neubearb., § 712 Rn. 11 m.w.N.; *Karrer*, in: MüAnwHdB, PersG, 3. Aufl., § 14 Rn. 249 m.w.N.

[756] So die h.M., vgl. nur *Habermeier*, in: Staudinger, BGB, 13. Neubearb., § 712 Rn. 6; *Schäfer*, in: MüKo, BGB, 8. Aufl., § 712 Rn. 22; *Ulmer*, in: MüKo, BGB, Bd. 5, 4. Aufl., § 712 Rn. 22; anders noch *Keßler*, in: Staudinger, BGB, 12. Neubearb., § 712 Rn. 6.

gänzlichen Ausschlusses des Abberufungsrechts angeführt, mit der Geschäftsführung unzufriedenen Gesellschaftern verbliebe noch die Möglichkeit der Kündigung[757] bzw. ein betroffener Gesellschaftergeschäftsführer könne von der Gesellschaft ausgeschlossen werden.[758]

Die Übertragung dieser Argumentation auf Publikumspersonengesellschaften wirft allerdings Probleme auf. Zwar ist richtig, dass den (Minderheits-)Gesellschaftern je nach Einzelfall die Möglichkeit verbleibt, aus der Gesellschaft auszuscheiden. Dabei blieben allerdings gerade die (gleichgelagerten) Interessen der Gesellschaft bzw. Mitgesellschafter, namentlich auf Abberufung eines pflichtwidrig oder schlichtweg unfähig handelnden Geschäftsleiters, außen vor. Auch wird in diesem Zusammenhang zu Recht teilweise[759] sogar die Gefahr eines Massenaustritts gesehen, der an dem Bestand der Gesellschaft zu rütteln in der Lage ist. Insofern ist festzuhalten, dass sich das als milderes Mittel vorgeschlagene Kündigungsrecht des einzelnen Gesellschafters für die Publikums-GbR schon als praktisch untauglich erweist.

Dem Verweis auf die verbleibende Möglichkeit, den Gesellschaftergeschäftsführer auszuschließen, ist zwar beizupflichten, dass ein „wichtiger" Abberufungsgrund schon ausweislich des Normtexts gleichermaßen einen solchen nach § 737 S. 1 BGB[760] ausmachen wird.[761] Allerdings kann in der Rechtspraxis gerade der Ausschluss des (einzigen) Komplementärs in der Publikums-GmbH & Co. KG Folgeprobleme aufwerfen. Vor diesem Hintergrund sollte ein solcher daher nur als ultima ratio in Betracht gezogen werden.

Auch lässt sich im Rahmen einer gesellschaftsrechtlichen Inhaltskontrolle[762] die gesellschaftliche Treuepflicht bemühen, um Grenzen inhaltlicher Beschränkungen des Abberufungsrechts zu ziehen. Das in der gesellschaftlichen Treuepflicht verankerte Gebot der Förderung des Gesellschaftszwecks verlangt notwendigerweise, dass die Möglichkeit verbleibt, die Geschäftsleitung aus wichtigem Grund, wenngleich auch möglicherweise unter erhöhten Anforderungen, abzuberufen. Gemessen an dem Maßstab der gesellschaftsrechtlichen Treuepflicht sind damit unwirksam ein ganzheitlicher Ausschluss des Abberufungsrechts aus wichtigem Grund sowie eine diesem gleichwertige Erschwerung. Schwierig dürfte demgegenüber sein, in einem gänzlichen Ausschluss des Abberufungsrechts einen Sittenverstoß nach Art des § 138 Abs. 1 BGB zu erkennen.

---

[757] Dazu siehe sogleich Drittes Kapitel C. VI. 2. b) aa) (2) und Drittes Kapitel C. VI. 2. b) aa) (3).

[758] Vgl. v. Ditfurth, in: MüHdBGesR, Bd. 1, 4. Aufl., § 55 Rn. 26; Jickeli, in: MüKo, HGB, 4. Aufl., § 117 Rn. 80; Ulmer, in: MüKo, BGB, Bd. 5, 4. Aufl., § 712 Rn. 23.

[759] Vgl. nur Wawrzinek, S. 202.

[760] Dazu siehe Drittes Kapitel C. VI. 5. a) bb).

[761] Ähnlich zu § 140 HGB, vgl. Jickeli, in: MüKo, HGB, 4. Aufl., § 117 Rn. 80.

[762] Dazu ausführlich oben Erstes Kapitel B. III.

Eine Inhaltskontrolle von Klauseln über die Beschränkung des Abberufungs-
rechts soll ferner Maß nehmen können an den kapitalgesellschaftsrechtlichen Vorgaben zur Absetzung des Vorstands bzw. der Geschäftsführung nach den §§ 84
Abs. 3 AktG, 38 Abs. 2 GmbHG.[763] Indes ist die aktienrechtliche Vorschrift des § 84
Abs. 3 AktG auf eine Abberufung durch den Aufsichtsrat und gerade nicht durch die
– der Gesellschafterversammlung der Publikums-GbR am ehesten entsprechende –
Hauptversammlung zugeschnitten. Geeigneter erweist sich daher ein alleiniger
Rekurs auf § 38 Abs. 2 GmbHG, der als Abberufungsorgan die Gesellschafterver-
sammlung legitimiert.[764] Jedenfalls soll in beiden Fällen – auch entgegen anders-
lautender Klauseln des Publikumspersonengesellschaftsvertrags – eine einfache
Mehrheit ausreichend sein.[765]

dd) Zustimmungspflicht

(1) Inhalt

Grundsätzlich steht jedem stimmberechtigten Gesellschafter frei, an Gesellschafterversammlungen teilzunehmen bzw. für oder gegen eine Abberufung des
pflichtwidrig handelnden Geschäftsführers zu stimmen. Allerdings kann sich aus der
gesellschaftlichen Treuepflicht[766] eine Zustimmungspflicht ergeben[767], in deren
Folge das Recht zur Abberufung der Geschäftsführung zum klassischen Minderheitenrecht erstarken kann.

Kaum Beachtung hat bislang die praktisch wichtige Frage gefunden, inwieweit
das Vorliegen eines wichtigen Grundes eine gesellschaftsrechtliche Treuepflicht
auslöst, die dann eine solche Zustimmung zur Abberufung der Geschäftsführung
gebietet bzw. fingiert. Dies ist nicht unproblematisch, haben sich die Gesellschafter
doch bei Gesellschaftsbeitritt auf die zum gegebenen Zeitpunkt geltende Vertrags-
fassung verständigt, welche die Geschäftsführung bestimmt bzw. Regeln zu deren
Bestellung vorsieht. Zur Abänderung der Gesellschaftssatzung ist grundsätzlich kein
Gesellschafter verpflichtet.[768] Eine Modifikation dieses Grundsatzes kann sich
demgegenüber aus der gesellschaftlichen Treuepflicht ergeben, die sich erinnerlich
als Zweckförderungspflicht versteht und wohlweislich jedem Gesellschafter na-

---

[763] So für die Publikums-KG, vgl. *Hopt*, ZGR 1979, 1, 29.

[764] Insoweit übereinstimmend mit *Hopt*, ZGR 1979, 1, 29.

[765] Vgl. *Mock*, in: R/GvW/H, HGB, 5. Aufl., § 161 Rn. 103 m.w.N.

[766] Ausführlich zu Begründung und Reichweite der gesellschaftsrechtlichen Treuepflicht
oben Drittes Kapitel B. II.

[767] BGH v. 25.04.1983 – II ZR 170/82 = NJW 1984, 173 ff.; BGH v. 09.11.1987 – II ZR
100/87 = NJW 1988, 969, 970 f.; hierzu *Karrer*, in: MüAnwHdB, PersG, 3. Aufl., § 14 Rn. 246;
allgemein *Grunewald*, GesR, 10. Aufl., § 1 Rn. 81 ff.; vgl. auch *A. Hueck*, Das Recht der offenen Handelsgesellschaft, 4. Aufl., S. 154.

[768] Vgl. *A. Hueck*, Das Recht der offenen Handelsgesellschaft, 4. Aufl., S. 148.

mentlich die Pflicht vermittelt, im Gesellschaftsinteresse tätig (oder auch untätig) zu werden.[769]

Wohlgemerkt würde das Zustimmungserfordernis der Gesellschaftermehrheit obsolet, würde man schon kraft wichtigen Grundes zur Abberufung des Geschäftsführers hierzu zugleich aus der gesellschaftlichen Treuepflicht eine Zustimmungspflicht ziehen. Allerdings kann ein wichtiger Grund eine Indizwirkung auf eine in der gesellschaftlichen Treuepflicht zu begründende Zustimmungspflicht haben: Sofern ein wichtiger Grund zur Absetzung eines Geschäftsführers vorliegt, mag diese grundsätzlich auch im Gesellschaftsinteresse geboten sein. Denn gerade das justiziable Merkmal des wichtigen Grundes knüpft bereits an die Interessenlage der Gesellschaftergesamtheit an. Ein entsprechender Zustimmungsanspruch scheint insoweit grundsätzlich angezeigt, sofern der zustimmungsunwillige Gesellschafter keine dem „wichtigen Grund" entgegenstehenden, überwiegenden Individualinteressen glaubhaft machen kann.

(2) Verfahren

In gesetzestypischen Personengesellschaften bedarf die Durchsetzung der aus der Treuepflicht resultierenden Zustimmungspflicht einer dahinlautenden Klage gegen den zustimmungsunwilligen Gesellschafter.[770] Dessen tatsächlicher Mitwirkung bedarf es nach ergangenem Zustimmungsurteil infolge der Fiktion des § 894 ZPO nicht mehr; mit anderen Worten ersetzt das Zustimmungsurteil die Mitwirkung an der Abstimmung.[771] Ein solches Zustimmungsurteil in Publikumspersonengesellschaften gegen ausreichend viele Mitgesellschafter zu erwirken, erweist sich in Anbetracht deren Vielzahl regelmäßig als tatsächlich kaum durchführbar: Notwendige Entscheidungen könnten damit erst im Wege eines (erfolgreichen) Beschreitens des Rechtswegs getroffen werden. Zur Wahrung der Funktionsfähigkeit der Publikumspersonengesellschaft anerkennt der Bundesgerichtshof[772], dass entgegen der gesellschaftlichen Treuepflicht nicht abgegebene Stimmen so zu behandeln sind, als ob sie entsprechend ihrer bestehenden Verpflichtung[773] abgegeben worden wären. Den zustimmungsunwilligen Gesellschaftern bleibt insoweit die

---

[769] Vgl. *Servatius*, in: Henssler/Strohn, GesR, 3. Aufl., § 705 Rn. 41.

[770] Zur sachlichen wie örtlichen Zuständigkeit vgl. *Karrer*, in: MüAnwHdB, PersG, 3. Aufl., § 14 Rn. 248.

[771] BGH v. 25.04.1983 – II ZR 170/83 = NJW 1984, 173; zustimmend *Karrer*, in: MüAnwHdB, PersG, 3. Aufl., § 14 Rn. 247; vgl. auch *Schäfer*, in: Staub, HGB, Bd. 3, 5. Aufl., § 117 Rn. 54 m.w.N.; die pflichtwidrige Unterlassung der Zustimmung kann ferner zu einer Schadensersatzpflicht führen, vgl. *Hadding/Kießling*, in: Soergel, BGB, 13. Aufl., § 712 Rn. 3 m.w.N.

[772] BGH v. 05.11.1984 – II ZR 111/84 = NJW 1985, 974 f.

[773] Die für die Abstimmung relevante außergerichtliche Feststellung über das Bestehen einer aus der gesellschaftlichen Treuepflicht erwachsenden Zustimmungspflicht wird in der Praxis sinnvollerweise der Versammlungsleitung, d.h. regelmäßig der Geschäftsführung, obliegen.

Möglichkeit, vermittels Feststellungsklage gerichtlich klären zu lassen, ob eine Zustimmungspflicht tatsächlich nicht bestand.[774] Sofern Gesellschafterentscheidungen auf diesem Wege im Ergebnis nachträglich die im Einzelfall notwendige Stimmenmehrheit abgesprochen wird, kann sich die Rückabwicklung des getroffenen Beschlusses in vielerlei Hinsicht als schwierig erweisen. Insoweit empfiehlt sich eine entsprechende Anwendung der Grundsätze der fehlerhaften Gesellschaft[775].

ee) Rechtswirkung

Auch die Rechtswirkung richtet sich nach der Organisationsverfassung der betroffenen Publikumspersonengesellschaft und dabei zunächst nach der zugrundeliegenden Gesellschaftssatzung.

Sofern nach Entziehung der Einzelgeschäftsführungsbefugnis noch mindestens ein weiterer einzelgeschäftsführungsberechtigter Geschäftsführer verbleibt, ergeben sich auch in der Publikumspersonengesellschaft keine spezifischen rechtlichen Besonderheiten.[776]

Durchaus problematischer gestaltet sich die Situation, in der die Gesellschaft nach erfolgter Abbestellung über keinen (einzel-)geschäftsführungsberechtigten Geschäftsführer mehr verfügt. Für die (gesetzestypische) Personengesellschaft wird insoweit grundsätzlich – d. h. mangels satzungsmäßig festgehaltener Ersatzlösung – die Geltung der gesetzlichen Gesamtgeschäftsführung im Sinne des § 709 Abs. 1 BGB angenommen[777], wodurch auch dem abberufenen Geschäftsführer wiederum ein Mitspracherecht zukommt.[778] Dieselbe Rechtsfolge soll für die Konstellation gelten, in der einer von mehreren gesamtgeschäftsführungsberechtigten Gesellschaftern abbestellt wird.[779] Die an sich dogmatisch nachvollziehbare Übertragung dieser Ansätze auf die Publikumspersonengesellschaft führt jedoch aufgrund der

---

[774] Vgl. *Casper*, in: Staub, HGB, Bd. 4, 5. Aufl., § 161 Rn. 193; *Westermann*, in: Erman, BGB, 16. Aufl., § 712 Rn. 5.

[775] Zu den Grundsätzen der fehlerhaften Gesellschaft vgl. *Miras*, in: MüHdBGesR, Bd. 1, 5. Aufl., § 100 Rn. 14 ff.

[776] So die h.M., vgl. nur *Hadding/Kießling*, in: Soergel, BGB, 13. Aufl., § 712 Rn. 4.

[777] BGH v. 09. 12. 1968 – II ZR 33/67 = BGHZ 51, 198, 201 f. geht insoweit von einer gesetzlich angeordneten, provisorischen Lösung aus, die die Neuregelung der Geschäftsführung sowie Entscheidungen über bis dahin anfallende Angelegenheiten der Gesellschaftergesamtheit ermöglichen soll.

[778] Vgl. BGH v. 11. 07. 1960 – II ZR 260/59 = BGHZ 33, 105, 108; *Hahn*, in: MüHdBGesR, Bd. 7, 5. Aufl., § 53 Rn. 21; differenzierend *Schäfer*, in: MüKo, BGB, 8. Aufl., § 712 Rn. 20; für eine Gesamtgeschäftsführung unter Ausschluss des zuvor geschäftsführungsberechtigten persönlich haftenden Gesellschafters vgl. *Binz/Sorg*, in: Binz/Sorg, Die GmbH & Co. KG, 12. Aufl., § 9 Rn. 6; zur Entziehung der Vertretungsmacht beim Komplementär der Publikums-KG siehe *Reichert/Winter*, BB 1988, 982, 989; *Werner*, GmbHR 2018, 177, 178 f.

[779] Vgl. *Hahn*, in: MüHdBGesR, Bd. 7, 5. Aufl., § 53 Rn. 21 m.w.N.

Vielzahl beteiligter Anleger geradewegs zu deren Handlungsunfähigkeit.[780] Denn selbst wenn man annähme, eine § 709 Abs. 2 BGB entsprechende Mehrheitsregelung fände insoweit auch ohne ausdrückliche Aufnahme in das Gesellschaftsvertragswerk Anwendung, wären Geschäftsführungsentscheidungen in der Publikumspersonengesellschaft praktisch nicht zu erreichen. Um dem vorzubeugen, behilft sich die Kautelarpraxis[781] vielfach damit, die Anlagegesellschafter gesellschaftsvertraglich zu verpflichten, unverzüglich einen neuen Geschäftsführer zu bestellen. Ergänzend ist zu empfehlen, für derartige Fälle satzungsmäßig einen Interimsgeschäftsführer zu benennen: Zu denken ist dabei vor allem an einen etwaig bereits zuvor eingerichteten Beirat[782]. Konkret handelt es sich hierbei um eine Form satzungsmäßig bestimmter subsidiärer Geschäftsführung.

b) Fremdgeschäftsführer

Vertragsklauseln, denen zufolge ein Fremdgeschäftsführer[783] nur mit qualifizierter Mehrheit abberufen werden kann, sieht der Bundesgerichtshof als (teil-)unwirksam an; ebenso wie bei der Publikums-GbR soll insoweit die einfache Mehrheit ausreichend sein.[784] Zwar findet § 712 BGB bereits angesichts dessen Normtexts auf den Fremdgeschäftsführer keine Anwendung. Für die inhaltlichen Beschränkungen des Rechts auf Abberufung eines Fremdgeschäftsführers sind jedoch keine niedrigeren Maßstäbe anzusetzen. Anderenfalls ließe sich der zwingende Kern des Rechts auf Abberufung eines (Gesellschafter-)Geschäftsführers im Wege der Bestellung eines Fremdgeschäftsführers umgehen.

3. Mehrgliedrige stille Publikumsgesellschaft

Auch wenn die mehrgliedrige stille Publikumsgesellschaft der Gesellschaftsvertragsgestaltung entspringt[785], zeigt ein Umkehrschluss zu den §§ 233 Abs. 2, 234 Abs. 1 S. 2 HGB, dass der Gesetzgeber insoweit im Grundsatz das Regelungsregime der §§ 705 ff. BGB angewandt wissen will. Mangels ausdrücklicher satzungsmäßiger Bestimmung kann dem Geschäftsinhaber jedoch nicht unter Anwendung von § 712 BGB das Recht zur Geschäftsführung der mehrgliedrigen stillen Publikumsgesell-

---

[780] Davor ebenfalls warnend *Neie*, in: Herrler, GesR, § 2 Rn. 187; anders aber *Wawrzinek*, S. 204 ff.

[781] Siehe etwa *Lang*, in: Hopt, VertrFormB, GesR, II.C.4 § 13 Abs. 4 S. 1.

[782] Dazu schon oben Erstes Kapitel B. III. 6. b).

[783] Sofern ein Dritter mit der (weitgehenden) Geschäftsführung betraut ist, handelt er insoweit im Rahmen eines Anstellungsvertrages, weswegen die §§ 712, 713 BGB schon ausweislich deren Wortlauts keine Anwendung finden, vgl. dazu eingehend *Schäfer*, in: MüKo, BGB, 8. Aufl., § 709 Rn. 20, 5 f.; zum Rahmen der Geschäftsführungsbefugnis eines Dritten vgl. *Mock*, in: R/GvW/H, HGB, 5. Aufl., § 164 Rn. 29 ff.

[784] BGH v. 22.03.1982 – II ZR 74/81 = NJW 1982, 2495.

[785] Vgl. *Mock/Cöster*, GmbHR 2018, 67.

schaft entzogen werden; dies käme im Ergebnis einem Verbot zum Betrieb des ihm gehörenden Handelsgeschäfts gleich.[786] Den stillen Gesellschaftern bleibt daher die Möglichkeit der Kündigung des stillen Beteiligungsverhältnisses nach § 723 BGB.[787] Eine vorgeschlagene[788] analoge Anwendung des § 712 BGB kommt jedoch in Betracht im Fall der einem stillen Gesellschafter vertraglich eingeräumten Geschäftsführungsbefugnis.

4. Publikumspersonenhandelsgesellschaften

Abgesehen von einigen Besonderheiten beanspruchen die Ausführungen zur Abberufung der Geschäftsführung der Publikums-GbR im Grundsatz auch in Publikumspersonenhandelsgesellschaften Geltung. Ebenso wie bei der Publikums-GbR erfordert die Entbindung von der Geschäftsführungsbefugnis bei Publikumshandelsgesellschaften nicht die Anstrengung einer darauf gerichteten Klage; die §§ 117, 127 HGB finden dort zwar der Sache nach Anwendung, im Gegensatz zum Recht der gesetzestypischen Personenhandelsgesellschaften bedarf es jedoch weder einer Klageerhebung noch einer konsekutiven gerichtlichen Entscheidung.[789]

a) Publikums-oHG

Für die Abberufung der Geschäftsführung der Publikums-oHG ergeben sich infolge der gleichlautenden Begriffsmerkmale der §§ 712 BGB, 117 HGB keine wesensmäßigen Abweichungen zum Recht der Publikum-GbR.[790]

b) Publikums-KG

Wie im Recht der gesetzestypischen Kommanditgesellschaften erfolgt die Geschäftsführung in der Publikums-KG ausschließlich durch den Komplementär, wie der Umkehrschluss zu § 164 S. 1 Hs. 1 HGB zeigt.[791]

---

[786] *Lamprecht*, in: Blaurock, Handbuch Stille Gesellschaft, 9. Aufl., Rn. 12.21.

[787] *Lamprecht*, in: Blaurock, Handbuch Stille Gesellschaft, 9. Aufl., Rn. 12.22.

[788] Vgl. *Lamprecht*, in: Blaurock, Handbuch Stille Gesellschaft, 9. Aufl., Rn. 12.38.

[789] So die mittlerweile ganz h.M., siehe dazu nur *Jaletzke*, in: MüHdBGesR, Bd. 2, 4. Aufl., § 68 Rn. 2; *Karrer*, in: MüAnwHdB, PersG, 3. Aufl., § 14 Rn. 246 ebenso auch *Reichert/ Winter*, BB 1988, 982, 984, die in Ansehung des durch BGH v. 09.11.1987 – II ZR 100/87 = NJW 1988, 969 statuierten reinen Mehrheitsbeschlusserfordernisses ebenso zu einer Nichtanwendbarkeit der §§ 117, 127 HGB im Recht der Personenhandelsgesellschaften gelangen; anders noch *Mayen*, in: E/B/J/S, HGB, 2. Aufl., § 117 Rn. 15.

[790] Vgl. *Westermann*, in: Erman, BGB, 16. Aufl., § 712 Rn. 3.

[791] Zum Recht der BaFin, in der geschlossenen Investment-KG die Abberufung der Geschäftsführung zu verlangen und ihr die Ausübung ihrer Tätigkeit zu untersagen, vgl. ausführlich *Könnecke*, in: Baur/Tappen, Investmentgesetze, Bd. 2, 4. Aufl., § 153 KAGB Rn. 75 ff.

Auch kann – wie die §§ 163, 164 HGB veranschaulichen – dem einzigen (persönlich haftenden) Geschäftsführer einer Publikums-KG die Geschäftsführungsbefugnis entzogen werden.[792] Sofern für diesen Fall satzungsmäßig keine „*Ersatzlösung*" statuiert ist, erlangt die Gesellschaftergesamtheit das Recht, über Maßnahmen der Geschäftsführung zu befinden.[793] Die inhaltlichen Beschränkungen des Rechts auf Abberufung des Komplementärs sind vom Grundsatz her wesensgleich mit den für die Publikums-GbR entsprechend gezogenen Grenzen.[794]

aa) Publikums-KG mit natürlicher Person als Geschäftsführer

In der Publikums-KG mit einer zum Geschäftsführer bestellten natürlichen Person gilt der Sache nach das oben zur Publikums-GbR Erörterte.[795]

bb) (Geschlossene) Publikums-GmbH & Co. (Investment-)KG

Die Geschäftsführung der GmbH & Co. KG wird bekanntlich von der Komplementär-GmbH übernommen, die wiederum durch ihren Geschäftsführer vertreten wird, weswegen dieser praktisch die Geschäftsführung der Publikumspersonengesellschaft innehat, derentwegen er auch dieser gegenüber verantwortlich ist.[796] Nichts anderes gilt für die Publikums-GmbH & Co. KG. Sohin erweisen sich zwei Ansätze zur Absetzung der Geschäftsführung als vorstellbar, namentlich die Abberufung des GmbH-Geschäftsführers sowie die der Komplementär-GmbH. Dies gilt sowohl für die herkömmliche Publikums-KG, nach § 149 Abs. 1 Hs. 2 KAGB mangels abweichender Vorschriften in den §§ 149 ff. KAGB auch für die geschlossene Publikums-GmbH & Co. Investment-KG.

(1) Abberufung des GmbH-Geschäftsführers

Die Übertragung der zur Publikums-GbR erörterten Abberufungsmöglichkeiten auf die regelmäßig nichtbeteiligungsidentische Publikums-GmbH & Co. KG erweist sich als nicht unproblematisch:[797] Denn an sich fällt die Abberufung der Geschäftsführung der nichtbeteiligungsidentischen und typischerweise ausschließlich von Initiatoren der Publikumspersonengesellschaft gehaltenen GmbH ausschließlich

---

[792] Dazu und zur Unzulässigkeit der Entziehung der Vertretungsmacht BGH v. 09. 12. 1968 – II ZR 33/67 = BGHZ 51, 198 ff.

[793] BGH v. 09. 12. 1968 – II ZR 33/67 = BGHZ 51, 198, 201 ff.

[794] Vgl. aber auch *Wawrzinek*, S. 209, der einen gänzlichen Verzicht des Rechts auf Abberufung einer in der Publikums-KG zum Geschäftsführer bestellten natürlichen Person anerkennt.

[795] Siehe dazu oben Drittes Kapitel C. V. 2.

[796] Dazu *K. Schmidt*, GesR, 4. Aufl., S. 1674.

[797] Hierauf hinweisend *Casper*, in: Staub, HGB, Bd. 4, 5. Aufl., § 161 Rn. 204.

in die Zuständigkeit von deren Gesellschafterversammlung. *Casper*[798] spricht sich dafür aus, die GmbH-Gesellschafter mithilfe der gesellschaftlichen Treuepflicht aus der Satzung zu verpflichten, einer Abberufung der GmbH-Geschäftsführung zuzustimmen.[799] Betreffend die Frage, unter welchen Voraussetzungen die gesellschaftliche Treuepflicht eine Stimmverpflichtung der Gesellschafter zeitigt, wird auf die obigen Erörterungen verwiesen.[800]

Eine weitere Möglichkeit, den GmbH-Geschäftsführer abzuberufen, bietet sich den (Publikums-)Kommanditisten vermittels einer Analogie zu den §§ 117, 127 HGB.[801] Die hierfür erforderliche planwidrige Regelungslücke liegt schon in den Genen der (Publikums-)GmbH & Co. KG, ist diese doch bekanntlich Kind vertragsgestalterischer und gerade nicht legislatorischer Regelungen. Schlussfolgern lässt sich eine planwidrige Regelungslücke ferner aus der unmittelbaren haftungsrechtlichen Verantwortlichkeit des GmbH-Geschäftsführers gegenüber der (Publikums-)KG.[802] In entsprechendem Maße sieht sich der GmbH-Geschäftsführer – interessenmäßig vergleichbar einem oHG-Geschäftsführer – damit in das Organisationsgeflecht der (Publikums-)KG eingebunden, womit letztlich eine Abberufungsmöglichkeit analog §§ 117, 127 HGB gerechtfertigt werden kann.[803]

(2) Abberufung der Komplementär-GmbH

In bestimmten Fällen kann sogar die Abberufung der Komplementär-GmbH angezeigt sein. In der Praxis ist dies etwa der Fall, sofern deren – den Publikumsanlegern nicht mehr zumutbare – Geschäftspolitik maßgeblich von den Gesellschaftsgründern, also den Gesellschaftern der Komplementär-GmbH initiiert wird, eine bloße Abberufung des GmbH-Geschäftsführers mithin keine Abhilfe verspricht.

In der Publikums-GmbH & Co. KG gelten für die Abberufung einer Komplementär-Kapitalgesellschaft bzw. üblicherweise Komplementär-GmbH im Grundsatz dieselben Maßstäbe wie für die Abberufung einer als persönlich haftender Gesellschafter bestellten natürlichen Person; denn eine entsprechende Differenzierung findet sich im Gesetz nicht.

---

[798] *Casper*, in: Staub, HGB, Bd. 4, 5. Aufl., § 161 Rn. 204.

[799] Schon kritisch betreffend ähnliche Ansätze *Hopt*, ZGR 1979, 1, 15.

[800] Siehe dazu Drittes Kapitel B. II. 2.

[801] So der Vorschlag von *Hopt*, ZGR 1979, 1, 16; zu den Voraussetzungen der Analogienbildung im Recht der Publikumspersonengesellschaft anhand kapitalgesellschaftsrechtlich verorteten Minderheitenschutzes siehe bereits oben Drittes Kapitel A. II.

[802] *Hopt*, ZGR 1979, 1, 16 verweist insoweit auf die §§ 130a Abs. 1 S. 2, Abs. 2, 130b, 177a HGB a.F. (vgl. §§ 15a Abs. 1 S. 1 InsO, 130a Abs. 2, 177a HGB n.F.).

[803] Ähnlich und dazu ausführlich *Hopt*, ZGR 1979, 1, 16 ff., 25 ff.

VI. Minderheitenrechte im Zusammenhang mit dem Ausscheiden aus der Publikumspersonengesellschaft

Naturgemäß können (Minderheits-)Gesellschafter aus verschiedensten Gründen gewillt sein, sich von der Publikumspersonengesellschaft zu lösen. Rein in der Person des Gesellschafters liegende Beweggründe mögen dabei eine Rolle spielen. Aber gerade auch (zu erwartende) Änderungen in der gesellschaftlichen Entscheidungspolitik oder der Zusammensetzung des Anlegerpublikums wie auch trübe Erfolgsaussichten über die wirtschaftliche Zukunft der Publikumspersonengesellschaft können ausschlaggebend sein. Den drei vorstehenden Konstellationen ist gemein, dass sich die Lossagung von der Gesellschaft vielfach als letzte Option erweisen kann, der Perpetuierung finanzieller Einbußen vorzubeugen. Aus Sicht von (Minderheits-)Gesellschaftern besteht damit in aller Regel das Interesse, die eingegangenen vertraglichen Verpflichtungen, seien sie durch unmittelbare oder treuhänderische Beteiligung begründet, auf inhaltlich sowie prozessual einfachem Wege schnellstmöglich zu beenden.

1. Recht auf Auflösung der Gesellschaft

Die Auflösung einer Personengesellschaft hat nicht deren Ende zur Folge, vielmehr ändert sie deren werbenden Zweck hin zu einem abwickelnden.[804] Das Recht, eine solche Auflösung grundsätzlich zu verlangen, vermittelt der Gesetzgeber dem einzelnen Gesellschafter über die §§ 133 Abs. 1, 131 HGB bei Vorliegen eines wichtigen Grundes. Projiziert auf die Publikumspersonengesellschaft würde deren langfristige Existenz durch einen derartigen Auflösungsanspruch gerade vor dem Hintergrund der Vielzahl an Gesellschaftern stark gefährdet. Dem erhöhten Bestandsinteresse der Publikumspersonengesellschaft wird dennoch Rechnung getragen: Anerkanntermaßen kann in Anwendung des Verhältnismäßigkeitsprinzips[805] eine gesellschafterliche Auflösungsklage[806] in Publikumspersonengesellschaften nicht angestrengt werden, solange gleich wirksame, aber mildere Maßnahmen in Betracht kommen.[807] Denkbar ist etwa, dass der sachlich zur Auflösung berechti-

---

[804] Vgl. *Roth*, in: Baumbach/Hopt, HGB, 39. Aufl., § 131 Rn. 2.

[805] Eingehend *Schäfer*, in: Staub, HGB, Bd. 3, 5. Aufl., § 133 Rn. 13.

[806] Für die Publikums-GbR bedarf es insoweit keiner Klage, vielmehr führt bereits die Kündigung fernab einer Fortsetzungsklausel nach Art des § 736 Abs. 1 BGB zur Auflösung der Gesellschaft, vgl. *Hadding/Kießling*, in: Soergel, BGB, 13. Aufl., § 723 Rn. 8; *dies.*, a.a.O., § 736 Rn. 6 ff.

[807] Vgl. auch *Casper*, in: Staub, HGB, Bd. 5, 4. Aufl., § 161 Rn. 231; siehe ferner *K. Schmidt*, in: MüKo, HGB, 4. Aufl., § 133 Rn. 50, der zugunsten auflösungsbegehrender Gesellschafter einer Publikums-GmbH & Co. KG eine Analogie zu § 61 GmbHG favorisiert; durch die Handelsrechtsreform im Jahre 1998 sank die praktische Relevanz der außerordentlichen Auflösungsklage durch die Anerkennung der Austrittskündigung auch in der gesetzestypischen Personengesellschaft, vgl. *Schäfer*, in: Staub, HGB, Bd. 3, 5. Aufl., § 133 Rn. 3; die bis dahin anhaltende Diskussion über die Zulässigkeit und Erforderlichkeit von Fortset-

gende, wichtige Grund durch Majoritätsentscheidung beseitigt oder dem Individualinteresse des antragsberechtigten Gesellschafters durch Anerkennung eines Rechts zur außerordentlichen[808] Kündigung beigekommen werden kann.[809] Um etwaigen innergesellschaftlichen Unstimmigkeiten vorzubeugen, empfiehlt es sich, mildere, dennoch gleich wirksame Alternativen zur Gesellschaftsauflösung enumerativ in die Satzung aufzunehmen.

Im Recht der geschlossenen (Publikums-)Investment-KG sah sich der Gesetzgeber aus Gründen des Bestandsschutzes sogar dazu veranlasst, das Recht der Auflösungsklage aus § 131 Abs. 1 HGB qua Anordnung in § 161 Abs. 2 S. 1 KAGB auszuschließen.

2. Gesellschaftsrechtlich verankerte Rechte individuellen Ausscheidens

Dem vergleichsweise geringen Stellenwert der Auflösungsklage im Publikumspersonengesellschaftsrecht steht dort gerade eine gesteigerte Bedeutung individueller Ausscheidungsrechte gegenüber.

a) Veräußerung des Gesellschaftsanteils

Der unmittelbar an der Publikumspersonengesellschaft beteiligte Anleger kann aus dieser ausscheiden, indem er seinen Gesellschaftsanteil direkt an einen erwerbswilligen Neugesellschafter überträgt. Gemäß § 413 BGB sind hierfür die §§ 398 ff. BGB maßgeblich.[810] Die Anteilsübertragung setzt darüber hinaus lediglich voraus, dass die Satzung diese gestattet oder ein entsprechender Majoritätsbeschluss ergeht.[811] Möglich ist zudem, die Übertragbarkeit von Gesellschaftsanteilen an die Zustimmung eines Gesellschafters[812] zu knüpfen, sofern diese gemäß Satzung nur im

---

zungsklauseln in Personenhandelsgesellschaften hat sich mit der Einführung von § 131 Abs. 3 HGB weitgehend erledigt.

[808] Ausführlich sogleich Drittes Kapitel C. VI. 2. b) aa) (3).

[809] Allgemein *S. Eberl/W. Eberl*, in: Schwerdtfeger, GesR, 3. Aufl., Kap. 5 Rn. 178; jeweils betreffend die Publikums-KG vgl. *Casper*, in: Staub, HGB, Bd. 4, 5. Aufl., § 161 Rn. 225; *Henze/Notz*, in: E/B/J/S, HGB, 3. Aufl., Anh. B. Rn. 187 m.w.N.; ausführlich zu Voraussetzungen und Rechtsfolgen des Auflösungsanspruchs im Personen(-handels-)gesellschaftsrecht siehe *Schäfer*, in: Staub, HGB, Bd. 3, 5. Aufl., § 133 Rn. 5 ff.

[810] *Jaques*, in: Beck'sches Handbuch Unternehmenskauf im Mittelstand, 2. Aufl., D. Phase 3: Verhandlung und Abschluss des Kaufvertrags Rn. 223–226.

[811] Vgl. *K. Schmidt*, in: MüKo, HGB, 4. Aufl., § 105 Rn. 213; *Schäfer*, in: MüKo, BGB, 8. Aufl., § 719 Rn. 27 ff.; zur Vereinbarkeit mit § 719 BGB bei der Publikums-GbR vgl. *Schäfer*, in: MüKo, BGB, 8. Aufl., § 719 Rn. 21 ff.; vgl. auch *Habermeier*, in: Staudinger, BGB, 13. Neubearb., § 719 Rn. 8, der sich gar für die Möglichkeit zustimmungsunabhängiger Verfügungen in der Publikumspersonengesellschaft ausspricht. Der Kautelarpraxis ist aus Gründen der Rechtssicherheit und zur Gewährleistung der Fungibilität der Gesellschaftsanteile gleichwohl zu einer gesellschaftsvertraglichen Gestattungsklausel zu raten.

[812] In der Publikums-KG ist dies regelmäßig der Komplementär.

Falle des Vorliegens eines wichtigen Grundes versagt werden kann.[813] Die Erteilung der Zustimmung zur Übertragung kann spiegelbildlich gerade dann verlangt werden, soweit die gesellschaftliche Treuepflicht[814] dies gebietet. Dies dürfte gerade in der von Anonymität geprägten Publikumspersonengesellschaft als Regelfall anzusehen sein.

Im Recht der geschlossenen (Publikums-)Investment-KG macht die Vorschrift des § 153 Abs. 4 S. 2 KAGB deutlich, dass der Gesetzgeber grundsätzlich von der Möglichkeit derivativer Übertragung des Kommanditanteils ausgeht. Damit begibt er sich auch nicht in Widerspruch zur Rechtsnatur der geschlossenen (Publikums-) Investment-KG: Denn die Übertragung des Kommanditanteils auf einen anderen führt freilich nicht zur Rückgabe des Anteils an die Gesellschaft. Aus Sicht der Gesellschaft ändert sich letztlich nur die Person des Anteilsinhabers. Insofern bleibt (Minderheits-)Gesellschaftern die Möglichkeit, durch Veräußerung ihres Kommanditanteils aus der geschlossenen Publikumsinvestment-KG auszuscheiden.

b) Individuelle Lösungsrechte

Neben der Veräußerung des Gesellschaftsanteils können dem unmittelbar beteiligten Gesellschafter noch weitere Lösungsrechte zur Verfügung stehen, welche in nachfolgender Untersuchung beleuchtet werden sollen.

aa) Voraussetzungen

Individuelle Lösungsrechte sind in Publikumspersonengesellschaften regelmäßig schon kraft Satzung gegenüber deren Geschäftsführung bzw. Komplementärin geltend zu machen. Bei Fehlen einer solchen gesellschaftsvertraglichen Regelung darf in der Massengesellschaft bereits aus Gründen des Minderheitenschutzes nichts anderes gelten, da das Erfordernis eines Zugangs bei allen Mitgesellschaftern – wie es gesetzestypische Personengesellschaften kennen[815] – die Möglichkeit der Kündigung faktisch ausschließen würde. Im Übrigen sind die folgenden lösungsrechtsspezifischen Anforderungen zu beachten.

---

[813] *Götze*, in: MüVertrHdB, Bd. 1, GesR, 8. Aufl., III. 11 Anm. 22; vgl. auch den hierzu vorgeschlagenen Vertragspassus, *ders.*, a.a.O., § 12 Abs. 1; ebenso anzutreffen ist die gesellschaftsvertragliche Vereinbarung eines Vorkaufsrechts des Komplementärs für den Fall der entgeltlichen Anteilsveräußerung an Dritte, die weder zur Familie des Veräußerers noch zum Gesellschafterkreis der betreffenden Publikums-KG zählen, vgl. *Lichtenschwimmer*, in: Formularbuch Gesellschaftsrecht, 3. Aufl., Muster M 30.4 § 14.

[814] Dazu schon oben Drittes Kapitel B. II.

[815] Vgl. *Piehler/Schulte*, in: MüHdBGesR, Bd. 2, 4. Aufl., § 36 Rn. 18.

(1) Arglistanfechtungsrecht

Die allgemeinen Regeln zur Anfechtung von Rechtsgeschäften gelten auch im Recht der Publikumspersonengesellschaft. Der Gesellschafter kann daher seine auf Beitritt zur Publikumspersonengesellschaft bzw. auf Abschluss des Treuhandvertrages gerichtete Willenserklärung nach § 123 Abs. 1 BGB[816] anfechten, sofern er hierzu von den Initiatoren oder deren Hilfspersonen[817] arglistig, häufig durch falsche Angaben über zu erwartende wirtschaftliche Erfolgsaussichten oder die Anlagestrategie, bestimmt worden ist.[818] Die nach Invollzugsetzung der Gesellschaft anwendbare sog. *Lehre von der fehlerhaften Gesellschaft*[819] führt entgegen § 142 Abs. 1 BGB zu einer *ex-nunc* Wirkung der Anfechtungserklärung.[820] Für den anfechtungsberechtigten Gesellschafter bedeutet dies, dass die Betätigung der Arglistanfechtung die Wirkungen einer außerordentlichen[821] Kündigung zeitigt.[822] Nur in Ausnahmefällen kann eine Rückabwicklung angezeigt sein, soweit namentlich schutzwürdige Belange des Anlegers, wie etwa eine mangelnde Geschäftsfähigkeit des Anlegers, im Raum stehen.[823]

Erfolgt die arglistige Täuschung durch Dritte, steht die darauf gerichtete Anfechtung unter dem Vorbehalt des § 123 Abs. 2 BGB[824]. Die enge Zeichnung des Anwendungsbereichs des § 123 Abs. 2 BGB, namentlich der Begriffsdefinition des Dritten, führt jedoch dazu, dass diese Fallgruppe im Recht der Publikumspersonengesellschaften praktisch nicht in Erscheinung tritt.

---

[816] Allgemein zu den Voraussetzungen der Arglistanfechtung *Hefermehl*, in: Soergel, BGB, 13. Aufl., § 123 Rn. 2 ff.; *Singer/von Finckenstein*, in: Staudinger, BGB, Neubearb., § 123 Rn. 5 ff.

[817] Zum Begriff der Hilfsperson vgl. *Ellenberger*, in: Palandt, BGB, 79. Aufl., § 123 Rn. 12 m.w.N.; zu denken ist dabei an Makler in Form von Banken oder ähnlichen Instituten.

[818] *Binz/Sorg*, in: Binz/Sorg, Die GmbH & Co. KG, 12. Aufl., § 13 Rn. 56.

[819] Allgemein *Grunewald*, GesR, 9. Aufl., § 1 Rn. 166 ff. (zur GbR); *dies.*, a.a.O., § 2 Rn. 75 (zur oHG); *dies.*, a.a.O., § 3 Rn. 66 (zur KG); ausführlich *Habermeier*, in: Staudinger, BGB, 13. Neubearb., § 705 Rn. 63 ff.

[820] *K. Schmidt*, GesR, 4. Aufl., S. 1673; im Übrigen nahezu unrealisierbar wäre die bereicherungsrechtliche Wiederherstellung der Vermögensordnung der Beteiligten im Beitrittszeitpunkt infolge des auf gesellschaftstypischen vertraglichen Verflechtungen gegründeten Leistungsaustauschs.

[821] Zur außerordentlichen Kündigung im Recht der Publikumspersonengesellschaft siehe Drittes Kapitel C. VI. 2. b) aa) (3).

[822] BGH v. 19.12.1974 – II ZR 27/73 = BGHZ 63, 338, 344 f.; BGH v. 16.12.2002 – II ZR 109/01 = NZG 2003, 277, 279; zustimmend *Binz/Sorg*, in: Binz/Sorg, Die GmbH & Co. KG, 12. Aufl., § 13 Rn. 59.

[823] Vgl. *Oetker*, in: Oetker, HGB, 6. Aufl., § 161 Rn. 129.

[824] Ausführlich zur Täuschung durch Dritte vgl. *Singer/von Finckenstein*, in: Staudinger, BGB, Neubearb., § 123 Rn. 51 ff.

(2) Recht zur ordentlichen Kündigung

Ein ordentliches Kündigungsrecht wird (Minderheits-)Gesellschaftern in herkömmlichen Publikumspersonengesellschaften ganz regelmäßig[825] schon durch eine hierauf gerichtete satzungsmäßige Bestimmung eingeräumt. In Ermangelung einer solchen Vertragsklausel kann für Publikumspersonengesellschafter ein Rückgriff auf die normativ verankerten ordentlichen Kündigungsrechte der §§ 723 Abs. 1 S. 1 BGB, 132, 131 Abs. 3 S. 1 Nr. 3, 161 Abs. 2 HGB[826] in Betracht kommen. Bei regelmäßig auf unbestimmte Zeit[827] geschlossenen Publikumspersonengesellschaften ergibt sich daraus für die Publikums-GbR dem Grunde nach ein jederzeitiges ordentliches Kündigungsrecht, für die Publikums-oHG und -KG eine Kündigungsfrist von mindestens sechs Monaten. In letzterer Konstellation scheidet der kündigende Gesellschafter mit Fristablauf aus der Gesellschaft aus.

In der geschlossenen (Publikums-)Investment-KG besteht das Recht zur ordentlichen Kündigung ausweislich § 161 Abs. 1 KAGB nicht. Selbst ein für Anleger in der geschlossenen (Publikums-)Investment-KG satzungsmäßig vorgesehenes Recht zur ordentlichen Kündigung würde damit keine Wirkung entfalten. Eine solche strikte Versagung eines ordentlichen Kündigungsrechts auf normativer wie vertraglicher Ebene ist konsequent. Denn in Abgrenzung zur offenen Investment-KG ist das konstitutive Wesensmerkmal der geschlossenen (Publikums-)Investment-KG gerade die Nichtexistenz eines solchen Rückgaberechts des Gesellschaftsanteils an die Gesellschaft.

(3) Recht zur außerordentlichen Kündigung

Außerordentliche Kündigungsrechte ergeben sich für die Publikums-GbR aus § 723 Abs. 1 S. 2 BGB. Indes ist im Recht der (Publikums-)oHG ein außerordentliches Kündigungsrecht normativ nicht vorgesehen. Als Dauerschuldverhältnis fällt die Beteiligung an der Publikumspersonengesellschaft jedoch unter den Tatbestand der allgemeinen Regel des § 314 BGB. Demgemäß kann auch die Beteiligung an einer Publikums-oHG aus wichtigem Grund außerordentlich gekündigt werden. Selbiges gilt über die Verweisungsklausel des § 161 Abs. 2 HGB für die Publikums-KG.

---

[825] Vgl. dazu die Vertragsformularwerke bei *Götze*, in: MüVertrHdB, Bd. 1, GesR, 8. Aufl., III. 11 § 14 Abs. 2 ff.; *Lang*, in: Hopt, VertrFormB, GesR, II.C.4 § 13 Abs. 2; *Lichtenschwimmer*, in: Fuhrmann/Wälzholz, Formularbuch Gesellschaftsrecht, 3. Aufl., Muster M 30.4 § 13 Abs. 1 S. 2.

[826] Zum wechselseitigen Verhältnis dieser Vorschriften *Hadding/Kießling*, in: Soergel, BGB, 13. Aufl., § 723 Rn. 8.

[827] Siehe nur *Lichtenschwimmer*, in: Fuhrmann/Wälzholz, Formularbuch Gesellschaftsrecht, 3. Aufl., Muster M 30.4 § 13 Abs. 1 S. 1.

Zudem sind auch vertraglich angelegte, außerordentliche Kündigungsrechte denkbar. Der Bundesgerichtshof[828] gelangte ungeachtet eines etwaig bestehenden Rechts zur ordentlichen Kündigung mithilfe ergänzender Vertragsauslegung mehrfach zu einem außerordentlichen[829] Kündigungsrecht aus wichtigem Grund. Der wichtige Grund muss zum Zeitpunkt der Kündigungserklärung bestehen und zur Kenntnis des kündigungswilligen Gesellschafters gelangt sein.[830] Als wichtig in diesem Sinne ist jeder Grund zu verstehen, der dem einzelnen Anleger – im Vergleich zur Gesellschaftergesamtheit – ein individuelles Festhalten an der Gesellschaftsbeteiligung unzumutbar macht.[831] Von besonderer praktischer Bedeutung ist dabei die durch arglistige Täuschung[832] erwirkte Erklärung zum Beitritt zur Publikumspersonengesellschaft bzw. zum Abschluss des Treuhandvertrages[833] sowie auch die Änderung des Gesellschaftszwecks ohne Zustimmung des betroffenen Gesellschafters[834]. Hat die Publikumspersonengesellschaft im Zeitpunkt der außerordentlichen Kündigung aus wichtigem Grund bereits den Status einer Liquidationsgesellschaft inne, verbleibt der kündigende Anleger in der Gesellschaft; hierfür spricht das Interesse an einer reibungslosen und zügigen Liquidation.[835] Die Erwägungen zum außerordentlichen Kündigungsrecht müssen im Umkehrschluss zum Wortlaut des § 161 Abs. 1 KAGB auch für die geschlossene (Publikums-)Investment-KG Geltung beanspruchen. Dieses außerordentliche Kündigungsrecht versteht sich insoweit aus Anlegerschutzgründen als Ausnahme zum Grundsatz der nicht vorgesehen Anteilsrückgabe in der geschlossenen (Publikums-)Investment-KG.

---

[828] BGH v. 19.12.1974 – II ZR 27/73 = BGHZ 63, 338, 345 f.; BGH v. 12.05.1977 – II ZR 89/75 = BGHZ 69, 160, 163; hierauf eingehend *K. Schmidt*, GesR, 4. Aufl., S. 1672 f.; ebenso *Stodolkowitz*, NZG 2011, 1327, 1328; siehe ferner BGH v. 17.11.1980 – II ZR 242/79 = WM 1981, 452.

[829] Zum rechtsphilosophischen Hintergrund des außerordentlichen Kündigungsrechts vgl. *Wiedemann*, GesR, Bd. I, S. 396 f.

[830] *Hadding/Kießling*, in: Soergel, BGB, 13. Aufl., § 723 Rn. 29.

[831] Vgl. BGH v. 12.05.1977 – II ZR 89/75 = BGHZ 69, 160, 162 ff.; *Hadding/Kießling*, in: Soergel, BGB, 13. Aufl., § 723 Rn. 28; *K. Schmidt*, GesR, 4. Aufl., S. 1673; erkenntnisleitend bietet sich hier ein Rekurs auf die entsprechende Definition des allgemeinen Schuldrechts aus § 314 Abs. 1 S. 2 BGB an, zustimmend *Hadding/Kießling*, in: Soergel, BGB, 13. Aufl., § 723 Rn. 34; zur entsprechenden Begriffsdefinition zu § 712 Abs. 1 Hs. 1 BGB, vgl. schon oben Drittes Kapitel C. V. 2. a) aa).

[832] Zur Verhinderung eines Wettlaufs der Gesellschaftergläubiger bleibt es im Falle der arglistigen Täuschung aller Anleger grundsätzlich bei einem Recht zur Auflösung der Gesellschaft, vgl. *Casper*, in: Staub, HGB, Bd. 5, 4. Aufl., § 161 Rn. 225; *Grunewald*, in: MüKo, HGB, 4. Aufl., § 161 Rn. 152.

[833] *K. Schmidt*, GesR, 4. Aufl., S. 1673.

[834] BGH v. 13.03.1978 – II ZR 63/77 = BGHZ 71, 53, 61; BGH v. 21.04.1980 – II ZR 144/79 = WM 1980, 868 f.; dazu jeweils *Casper*, in: Staub, HGB, Bd. 4, 5. Aufl., § 161 Rn. 225.

[835] BGH v. 06.02.2018 – II ZR 1/16 = NZG 2018, 577, 578 m.w.N.

bb) Beschränkungen

In zeitlicher Hinsicht ist zu beachten, dass Rechte zur Loslösung von der Gesellschaft nicht mehr geltend gemacht werden können, sobald das Insolvenzverfahren über die Publikumspersonengesellschaft eröffnet ist.[836] Im Übrigen können Beschränkungen individueller Lösungsrechte normativ[837] verankert sein, wenngleich sie üblicherweise vertraglich festgehalten sind.

(1) Arglistanfechtungsausschluss

Grundsätzlich kann das Recht zur Arglistanfechtung nicht durch allgemeine Geschäftsbedingungen ausgeschlossen werden.[838] Satzungen von Publikumspersonengesellschaften werden aber erinnerlich kraft Anordnung in § 310 Abs. 4 BGB von dem Anwendungsbereich der §§ 305 ff. BGB ausgenommen.[839] Eine gesellschaftsvertraglich erfolgte Beschränkung der Arglistanfechtung muss sich dennoch an der an § 242 BGB ausgerichteten Inhaltskontrolle[840] messen lassen. In Widerspruch zu Treu und Glauben begibt sich daher, wer mittels Kombination aus satzungsmäßig gestelltem Arglistanfechtungsausschluss und betätigter arglistiger Täuschung ein Ausscheiden anfechtungswilliger, unmittelbar beteiligter Gesellschafter aus der Gesellschaft zu verhindern erstrebt. Die Verwendung derart nichtiger Klauseln kann Schadensersatzansprüche nach den §§ 280 Abs. 1, 241 Abs. 2 BGB zugunsten von (Minderheits-)Gesellschaftern begründen.

(2) Kündigungsbeschränkungen

Fernab der allgemeinen Vorgaben der §§ 134, 138 BGB[841] setzt der Gesetzgeber mit § 723 Abs. 3 BGB der vertragsmäßigen Beschränkung des Rechts zur ordentlichen wie außerordentlichen Kündigung in der auf unbestimmte Zeit eingegangenen Publikums-GbR inhaltliche Grenzen.[842] Gleiches gilt über § 105 Abs. 3 HGB für unbefristet eingegangene Formen der Publikums-oHG, wie auch der Publikums-KG über § 161 Abs. 2 HGB. Dahingegen werden zeitliche Beschränkungen in Ansehung der §§ 723 Abs. 1 S. 2 BGB, 132 HGB als grundsätzlich zulässig erachtet.[843] Hierfür spricht ebenfalls, dass mithilfe der Beteiligung an Publikumspersonengesellschaften

---

[836] BGH v. 11.12.1978 – II ZR 41/78 = NJW 1979, 765; hierzu auch *K. Schmidt*, GesR, 4. Aufl., S. 1673 f.; *Haas/Mock*, in: R/GvW/H, HGB, 4. Aufl., § 161 Rn. 137.

[837] Vgl. etwa eine mittelbare Beschränkung durch § 723 Abs. 2 BGB, wonach die Kündigung zur Unzeit zwar wirksam ist, aber eine Schadensersatzpflicht zeitigen kann.

[838] *Singer/von Finckenstein*, in: Staudinger, BGB, Neubearb., § 123 Rn. 96.

[839] Darstellung bereits oben Zweites Kapitel B. III. 1.

[840] Begründung siehe oben Zweites Kapitel B. III.

[841] Dazu allgemein oben Zweites Kapitel B. II.

[842] In der mehrgliedrigen stillen Gesellschaft sind Vereinbarungen über einen vollständigen und ersatzlosen Ausschluss des Kündigungsrechts unwirksam, wohingegen Beschränkungen des ordentlichen Kündigungsrechts im Umkehrschluss zu § 234 Abs. 1 S. 2 HGB zulässig sind.

[843] Siehe *Schäfer*, in: Staub, HGB, Bd. 3, 5. Aufl., § 132 Rn. 32 ff.

typischerweise langfristige Investitionsvorhaben realisiert werden sollen.[844] Dieser Aspekt langfristiger Bindung ist der Struktur von Publikumspersonengesellschaften immanent und wird im Grundsatz nur durch eine entsprechend der §§ 132, 134 HGB auf Lebenszeit angesetzte bzw. durch eine maximale ordentliche Kündigungsfrist von 30 Jahren beschränkt.[845] In der publikumspersonengesellschaftlichen Vertragspraxis haben sich jedoch ordentliche Kündigungsfristen von sechs bis zwölf Monaten etabliert.[846]

Der vollständige Ausschluss des Kündigungsrechts ist schon nach dem Wortlaut der Vorschrift des § 723 Abs. 3 Alt. 1 BGB unwirksam.[847] Nach § 723 Abs. 3 Alt. 2 BGB i.V.m. § 723 Abs. 1 S. 2, 3 BGB ist ebenso eine Vereinbarung unzulässig, der zufolge nur noch wenige restriktiv gehaltene Gründe ein außerordentliches Kündigungsrecht vermitteln sollen, mit anderen Worten, deren Anwendungsbereich derart eng gezogen ist, dass dies einem vollständigen Ausschluss gleichkommt.[848]

Zur weiteren Konkretisierung des Umfangs der Kündigungsbeschränkung des § 723 Abs. 3 BGB ist vor allem dessen Regelungszweck in den Blick zu nehmen. Namentlich soll der Gesellschafter davor bewahrt werden, sich ohne Lösungsmöglichkeit vertraglich zu binden, sich damit also seiner persönlichen Privatautonomie zu begeben.[849] Dieser Gesichtspunkt findet Einzug in eine gesellschaftsvertragliche Inhaltskontrolle[850] entsprechender Kündigungsbeschränkungen, darf dort aber gleichwohl nicht isoliert von den Interessen der Gesellschaft Berücksichtigung finden. Auf abstrakter Ebene überwiegen diese aufgrund der Vielzahl der beteiligten Anleger grundsätzlich das Individualinteresse des ausscheidungswilligen Gesellschafters. Konkret ist das Interesse der Gesellschaft an der Sicherung des Unternehmensbestands[851] jedenfalls in der Publikumspersonengesellschaft aufgrund der Vielzahl der geringen Kapitalbeteiligungen regelmäßig als vorrangig einzustufen.

Auch läuft es bereits der Rechtsnatur der ordentlichen Kündigung zuwider, deren Ausübung vom Vorliegen bestimmter Kündigungsgründe abhängig zu machen. Ebenso wenig kann die Ausübung eines dem Grunde nach bestehenden ordentlichen

---

[844] Vgl. *Jaletzke*, in: MüHdBGesR, Bd. 2, 4. Aufl., § 63 Rn. 25.

[845] Vgl. *Schäfer*, in: Staub, HGB, Bd. 3, 5. Aufl., § 132 Rn. 33 ff. m.w.N.

[846] Vgl. dazu die Klauselvorschläge bei *Lichtenschwimmer*, in: Fuhrmann/Wälzholz, Formularbuch Gesellschaftsrecht, 3. Aufl., Muster M 30.4 § 13 Abs. 1; *Lang*, in: Hopt, VertrFormB, GesR, II.C.4 § 13 Abs. 2 S. 1.

[847] Im Ergebnis zustimmend BGH v. 20.12.1956 – II ZR 166/55 = BGHZ 23, 10, 15 f.; *Habermeier*, in: Staudinger, BGB, 13. Neubearb., § 723 Rn. 19; siehe auch schon *Mugdan*, Die gesamten Materialien zum Bürgerlichen Gesetzbuch für das Deutsche Reich, Bd. II S. 621.

[848] Im Ergebnis zustimmend *Hadding/Kießling*, in: Soergel, BGB, 13. Aufl., § 723 Rn. 67.

[849] *Schäfer*, in: MüKo, BGB, 8. Aufl., § 723 Rn. 61.

[850] Eingehend bereits oben Zweites Kapitel B. III.; *Wiedemann*, GesR, Bd. I, S. 399 spricht insoweit von einem Erfordernis der Rechtfertigung der Kündigungsbeschränkung.

[851] Zur grundsätzlichen Anerkennung eines solchen Interesses *Schäfer*, in: Staub, HGB, Bd. 3, 5. Aufl., § 132 Rn. 28.

Kündigungsrechts – und damit an sich zulässigen Verhaltens – zugleich vertrags-strafbewehrt sein.[852] Nichts anderes gilt für die Verknüpfung mit sonstigen wirt-schaftlichen Nachteilen, die geeignet sind, die Entscheidungsfreiheit des Gesell-schafters über Gebühr zu hemmen, etwa bei vertraglichem Ausschluss oder über-mäßiger Beschränkung des gesetzlichen Abfindungsanspruchs.[853]

Entgegen dem Wortlaut von § 723 Abs. 3 BGB, gleichwohl aber im Einklang mit dessen Telos, besteht jedoch die Möglichkeit einer gesellschaftsvertraglichen Sub-stituierung des Kündigungsrechts vermittels eines Anspruchs auf Anteilsübernahme durch und gegen die Gesellschaft.[854] Zulässig ist weiter die gesellschaftsvertragliche Ausgestaltung der Modalitäten der Geltendmachung des Kündigungsrechts, etwa betreffend Form- und Fristerfordernisse.[855]

In seltenen – jedoch vorstellbaren – Fällen können der allgemeine gesell-schaftsrechtliche Grundsatz der Treuepflicht wie auch die Grundsätze von Treu und Glauben auf die Wirksamkeit ordentlicher wie außerordentlicher Kündigungen durchschlagen; zu denken ist an rechtsmissbräuchliches Verhalten, etwa in Form der Betätigung einer Schädigungsabsicht.[856] Eine solche wird sich in Publikumsperso-nengesellschaften aufgrund der typischerweise geringen Beteiligungshöhe des ein-zelnen Gesellschafters regelmäßig in einem untauglichen Versuch erschöpfen und aufgrund dessen schon gleichsam schwierig nachzuweisen sein.[857]

cc) Rechtswirkung

Die ordentliche Kündigung führt mit Ablauf der Kündigungsfrist, die Anfechtung sowie die außerordentliche Kündigung mit Zugang zum Ausscheiden des Gesell-schafters. An die Stelle unwirksamer Beschränkungen individueller Lösungsrechte treten die gesetzlichen Regelungen. Mit dem Ausscheiden des Gesellschafters ist eine Abschichtungsbilanz[858] respektive Vermögensbilanz zu erstellen; aufgrund von

---

[852] *K. Schmidt*, in: Schlegelberger, HGB, Bd. 3 Hb. 1, 5. Aufl., § 132 Rn. 28.

[853] *Polzer*, in: MüHdBGesR, Bd. 2, 4. Aufl., § 91 Rn. 7; zu Voraussetzungen und Höhe des Abfindungsanspruchs eines ausgeschiedenen Kommanditisten BGH v. 29.05.1978 – II ZR 52/77 = NJW 1979, 104.

[854] *Habermeier*, in: Staudinger, BGB, 13. Neubearb., § 723 Rn. 23; *Hadding/Kießling*, in: Soergel, BGB, 13. Aufl., § 723 Rn. 55.

[855] Dazu *Piehler/Schulte*, in: MüHdBGesR, Bd. 1, 4. Aufl., § 74 Rn. 21; *Schäfer*, in: Staub, HGB, Bd. 3, 5. Aufl., § 132 Rn. 26.

[856] *Weiß*, in: MüAnwHdB, PersG, 3. Aufl., § 25 Rn. 35.

[857] Allgemein zum Entfallen der tatsächlichen Vermutung infolge Erschütterung des An-scheinsbeweises vgl. *Oechsler*, in: Staudinger, BGB, § 826 Rn. 98 m.w.N.

[858] „*Der Geschäftsinhaber ist verpflichtet, dem Ausscheidenden das zu zahlen, was er bei der Auseinandersetzung erhalten würde, wenn die Gesellschaft zur Zeit seines Ausscheidens tatsächlich aufgelöst worden wäre. Dazu bedarf es der Aufstellung einer Abschichtungsbilanz (Vermögensbilanz), in die nicht nur die Buchwerte, sondern die wirklichen Werte des Be-triebsvermögens einzustellen sind; darüber hinaus ist er an den offenen Rücklagen und an dem*

Gläubigerverschiedenheit können daraus etwaig resultierenden Forderungen der Gesellschaft bei arglistiger Täuschung Einwendungen nach Art des § 404 BGB nicht entgegengehalten werden.[859]

3. Kapitalmarktrechtliche Rechtsinstitute individuellen Ausscheidens

Daneben lässt sich das Kapitalmarktrecht bemühen, um (Minderheits-)Gesellschaftern zu einem individuellen Ausscheiden aus der Publikumspersonengesellschaft zu verhelfen. Die Rede ist hier von dem Rechtsinstitut der sog. Prospekthaftung. Diese macht (Minderheits-)Gesellschaftern den Weg frei, den *status quo ante*, also den Zustand vor Beitritt zur Publikumspersonengesellschaft, wiederherzustellen, und ermöglicht hiermit den betroffenen Gesellschaftern eine Loslösung von der Publikumspersonengesellschaft. Die Rechtsquellen der Prospekthaftung speisen sich aus einem breit gestreuten Konglomerat an Gesetzestexten[860] sowie höchstinstanzlich betriebener Rechtsfortbildung. Zum Tragen kommen im Recht der Publikumspersonengesellschaft die Prospekthaftung nach KAGB und VermAnlG sowie die zivilrechtliche Prospekthaftung (im engeren und weiteren Sinne). Gemein ist allen Formen der Prospekthaftung die vorausgehende Pflicht zur Veröffentlichung anlagespezifischer Informationen.

a) Prospekthaftungsrechtliche Tatbestände

aa) Prospekthaftung nach dem KAGB

Eine zentrale kapitalmarktrechtliche Vorschrift minderheitsgesellschafterschützenden Charakters findet sich seit Inkrafttreten des KAGB am 22. Juli 2013 in dessen § 306 Abs. 1. Die hierin normierte Prospekthaftung beansprucht Geltung für die geschlossene (Publikums-)Investment-KG. Sie geht der Prospekthaftung nach dem VermAnlG und erst recht der bürgerlich-rechtlichen Prospekthaftung im engeren Sinne als lex specialis vor.[861] Auch ist die in § 306 Abs. 2 KAGB normierte Haftung für wesentliche Anlegerinformationen als abschließend gegenüber vermögensanlagengesetzlicher und zivilrechtlicher Prospekthaftung zu verstehen; deren Voraussetzungen drohten ansonsten von § 306 Abs. 2 KAGB unterlaufen zu werden.

Geschäftswert zu beteiligen." siehe BGH v. 16.05.1994 – II ZR 223/92 = NJW-RR 1994, 1185, 1186; BGH v. 13.04.1995 – II ZR 132/94 = DStR 1995, 1315, 1316.

[859] *Haas/Mock*, in: R/GvW/H, HGB, 4. Aufl., § 161 Rn. 135 m.w.N.

[860] Zu den wichtigsten Rechtsquellen des Kapitalmarktrechts zählen Wertpapierprospektgesetz (WpPG), Kapitalanlagegesetzbuch (KAGB), Vermögensanlagengesetz (VermAnlG) und Bürgerliches Gesetzbuch (BGB).

[861] *Zingel/Oppenheim*, in: Baur/Tappen, Investmentgesetze, Bd. 3, 4. Aufl., § 306 KAGB Rn. 32.

Unverzichtbar ist in beiden Fällen, dass der Anwendungsbereich[862] des KAGB eröffnet ist.

Sodann können (Minderheits-)Gesellschafter Prospekthaftungsansprüche nach § 306 Abs. 1 KAGB geltend machen, sofern sie – zusammengefasst[863] – Anteile an der Publikumspersonengesellschaft aufgrund eines Verkaufsprospekts erworben haben, in dem *„Angaben, die für die Beurteilung der Anteile […] von wesentlicher Bedeutung sind, unrichtig oder unvollständig"* sind. Ein Haftungsanspruch nach § 306 Abs. 2 KAGB kommt zur Anwendung, sofern in den wesentlichen[864] Anlegerinformationen enthaltene Angaben irreführend, unrichtig oder nicht mit den einschlägigen Stellen des Verkaufsprospekts vereinbar sind. Prospekthaftungsansprüche für den Fall eines nicht veröffentlichten Verkaufsprospekts sieht § 306 Abs. 5 KAGB vor. Eine Pflicht zur Veröffentlichung eines solchen Verkaufsprospekts statuiert § 268 Abs. 1 S. 1 KAGB. Vorgaben zu Mindestangaben im Verkaufsprospekt bestimmt § 269 KAGB. Die ebenfalls in § 268 Abs. 1 S. 1 KAGB angesiedelte Pflicht zur Veröffentlichung wesentlicher Anlegerinformationen wird flankiert durch die Vorgaben des § 270 KAGB zu Inhalt, Form und Gestaltung der wesentlichen Anlegerinformationen. Nach § 306 Abs. 6 S. 1 KAGB ist bereits eine individualvertragliche Vereinbarung unwirksam, die im Voraus getroffen wird und auf die Beschränkung oder den Ausschluss der Haftungsansprüche aus § 306 KAGB abzielt.

Gerichtet ist der Prospekthaftungsanspruch des § 306 Abs. 1 KAGB gegen die Verwaltungsgesellschaft[865], gegen diejenigen, die neben der Verwaltungsgesellschaft für den Verkaufsprospekt die Verantwortung übernommen haben oder von denen der Erlass des Verkaufsprospekts ausgeht sowie gegen denjenigen, der diese Anteile im eigenen Namen gewerbsmäßig verkauft hat. Der Anteilsübernahmeanspruch aus § 306 Abs. 2 KAGB betreffend die Anlegerinformationen beschränkt sich auf die Anspruchsgegner in Person der Verwaltungsgesellschaft und denjenigen, der die Anteile an der Publikumspersonengesellschaft im eigenen Namen gewerbsmäßig verkauft hat. Dagegen ist beim Anspruch auf Anteilsübernahme aus § 306 Abs. 5 KAGB nur der Anbieter der Anteile passivlegitimiert.

bb) Prospekthaftung nach dem VermAnlG

In den §§ 20, 21 VermAnlG sind Prospekthaftungsansprüche für den Fall unrichtiger, unvollständiger sowie fehlender Verkaufsprospekte vorgesehen. Voraus-

---

[862] Dazu ausführlich oben Erstes Kapitel B. III. 3. b).

[863] Ausführlich zu den tatbestandlichen Voraussetzungen von § 306 KAGB vgl. *Merk*, in: Frankfurter Komm., KAGB, § 306 Rn. 14 ff.

[864] Näher zum Begriff der wesentlichen Anlegerinformationen vgl. *Dorenkamp*, Baur/Tappen, Investmentgesetze, Bd. 3, 4. Aufl., § 268 KAGB Rn. 47.

[865] Instruktiv zu dem in § 1 Abs. 14 KAGB legaldefinierten Begriff der Verwaltungsgesellschaft vgl. *Gottschling*, in: Frankfurter Komm., KAGB, § 1 Rn. 211 ff.

setzung für die Anwendung des VermAnlG ist nach dessen § 32 Abs. 1 in zeitlicher Hinsicht, dass die Kommanditanteile ab dem 1. Juni 2012 ausgegeben wurden. Die kumulativ unerlässliche Eröffnung des sachlichen Anwendungsbereichs des Verm-AnlG bemisst sich nach den §§ 1 ff. VermAnlG; das VermAnlG versteht sich als subsidiär gegenüber den Vorschriften des KAGB.[866] Soweit der Rechtsformzwang[867] des VermAnlG Platz greift, sperren dessen Prospekthaftungstatbestände als lex specialis die insoweit allgemeinere zivilrechtliche Prospekthaftung.[868] Eine der Prospekthaftung vorausgehende Pflicht zur Veröffentlichung eines Verkaufspros-pekts für den grauen Kapitalmarkt ordnet das VermAnlG in seinen §§ 6 ff. an. Nach § 6 Alt. 1 VermAnlG besteht eine entsprechende Veröffentlichungspflicht, sofern sich eine solche nicht schon „*nach anderen Vorschriften*"[869] ergibt. Grosso modo kann der Anteilserwerber nach § 20 VermAnlG von den Haftungsadressaten die Rücknahme seiner Publikumspersonengesellschaftsanteile verlangen, sofern we-sentliche Angaben in einem veröffentlichten Verkaufsprospekt unrichtig oder un-vollständig sind. Ein solches Rücknahmerecht gewährt § 21 VermAnlG auch für den Fall eines fehlenden Verkaufsprospekts.[870] Bemerkenswerterweise findet sich keine Legaldefinition des in den §§ 20, 21 VermAnlG erwähnten Verkaufsprospekts. Auch eine Suche nach einer Definition des Verkaufsprospekts in den Vorgängerregelungen des VerkProspG erweist sich als vergeblich.[871] *Maas*[872] erachtet folglich die vom Bundesgerichtshof[873] für die zivilrechtliche Prospekthaftung im engeren Sinne ge-troffene Prospektdefinition[874] als maßgebend. Zumindest finden sich aber Vorgaben zum Mindestinhalt eines Verkaufsprospekts in § 7 Abs. 1 und 2 VermAnlG.[875] Be-reits eine vertragliche Beschränkung der Haftung bei fehlerhaftem und fehlendem

---

[866] Dazu schon oben Erstes Kapitel B. III. 1.

[867] Dazu schon oben Erstes Kapitel B. III. 1.

[868] Vgl. auch *Assmann*, in: Assmann/Schütze, HdB des Kapitalanlagerechts, 5. Aufl., § 5 Rn. 247.

[869] „*Dabei kann es sich bei den ,anderen Vorschriften' sowohl um nationale als auch um ausländische Vorschriften handeln*", vgl. dazu die Begründung der Bundesregierung zu einem Gesetzentwurf zur Novellierung des Finanzanlagenvermittler- und Vermögensanlagenrechts, BT-Drucks. 17/6051, S. 32; diese Subsidiaritätsregelung gilt aufgrund des schon vorrangigen Anwendungsbereichs des KAGB nicht für dessen Prospektvorschriften der §§ 296 ff.

[870] Ausführlich zu den tatbestandlichen Voraussetzungen der §§ 20, 21 VermAnlG vgl. *Assmann*, in: Assmann/Schlitt/von Kopp-Colomb, WpPG/VermAnlG, 3. Aufl., § 20 Ver-mAnlG Rn. 2 ff.; *ders.*, a.a.O., § 21 VermAnlG Rn. 21 ff.

[871] So ausdrücklich *Heidelbach*, in: Schwark, Kapitalmarktrechtskommentar, 3. Aufl., § 1 VerkProspG Rn. 41.

[872] *Maas*, in: Assmann/Schlitt/von Kopp-Colomb, WpPG/VermAnlG, 3. Aufl., § 8 Ver-mAnlG Rn. 9.

[873] BGH v. 17.11.2011 – III ZR 103/10 = BGHZ 191, 310 ff.

[874] Dazu Drittes Kapitel C. VI. 3. a) cc) (1).

[875] Weitere zu beachtende Einzelheiten finden sich in der nach § 7 Abs. 3 VermAnlG er-lassenen Vermögensanlagen-Verkaufsprospektverordnung (VermVerkProspV); grundlegend zum Inhalt des Verkaufsprospekts vgl. *Maas*, in: Assmann/Schlitt/von Kopp-Colomb, WpPG/VermAnlG, 3. Aufl., § 7 VermAnlG Rn. 8 ff.

Verkaufsprospekt im Voraus ist nach dem eindeutigen Wortlaut der §§ 20 Abs. 6 S. 1 und 21 Abs. 5 S. 1 VermAnlG unwirksam.

Adressaten des Prospekthaftungsanspruchs aus § 20 VermAnlG sind diejenigen, die für den Verkaufsprospekt die Verantwortung übernommen haben, und diejenigen, von denen der Erlass des Verkaufsprospekts ausgeht. Die Haftung bei fehlendem Prospekt gemäß § 21 VermAnlG ist demgegenüber konsequenterweise auf den Emittenten der Vermögensanlagen und deren Anbieter beschränkt.

cc) Zivilrechtliche Prospekthaftung

Ein Ausscheiden aus der Publikumspersonengesellschaft kann zudem mit dem Rechtsinstitut der zivilrechtlichen Prospekthaftung (im engeren und weiteren Sinne) verfolgt werden. Sie ist ein Kind der höchstinstanzlichen Rechtsprechung der 1970er Jahre[876] und baut rechtsdogmatisch auf der Vertrauenshaftung der *culpa in contrahendo* auf, die nunmehr normativen Niederschlag in den §§ 280 Abs. 1, 311 Abs. 2 und 3, 241 Abs. 2 BGB[877] gefunden hat.[878] Zu der besagten Rechtsfortbildung sah sich der Bundesgerichtshof angesichts der zum damaligen Zeitpunkt inexistenten normativen Prospekthaftung veranlasst. Ebenso wenig war eine Gesetzespflicht zur Veröffentlichung eines Anlageprospekts vorgesehen.[879] Solcher Anlageprospekte bediente sich die Rechtspraxis jedoch ganz regelmäßig schon aus rein pragmatischen Erwägungen. Freizeichnungsklauseln von der zivilrechtlichen Prospekthaftung, wie sie häufig etwa in Beitrittsformularen zur Publikumspersonengesellschaft anzutreffen sind, sind regelmäßig unwirksam.[880]

(1) Zivilrechtliche Prospekthaftung im engeren Sinne

Die zivilrechtliche Prospekthaftung im engeren Sinne, auch qualifizierte[881] oder auch eigentliche[882] Prospekthaftung genannt, kommt bei der Verletzung sog. typi-

---

[876] Vgl. dazu BGH v. 24.04.1978 – II ZR 172/76 = BGHZ 71, 284, 287 ff.; BGH v. 16.11. 1978 – II ZR 94/77 = BGHZ 72, 382 ff.; BGH v. 22.05.1980 – II ZR 209/79 = BGHZ 77, 172 ff.; hierzu auch *Nirk*, in: FS Hefermehl, S. 189 ff.; *Horbach*, in: MüHdBGesR, Bd. 2, 4. Aufl., § 69 Rn. 1.

[877] Grundlegend *Feldmann*, in: Staudinger, BGB, Neubearb., § 311 Rn. 98 ff.; *Emmerich*, in: MüKo, BGB, 8. Aufl., § 311 Rn. 35 ff.

[878] Zum rechtspolitischen Bedarf nach der zivilrechtlichen Prospekthaftung vgl. *Madaus*, JURA 2006, 881, 884.

[879] *Casper*, in: Staub, HGB, Bd. 4, 5. Aufl., § 161 Rn. 151.

[880] Hierzu ausführlich *Horbach*, in: MüHdBGesR, Bd. 2, 5. Aufl., § 69 Rn. 159 ff.

[881] Vgl. OLG Stuttgart v. 28.03.2007 – 14 U 49/06 = BeckRS 2007, 10947; hierzu *Horbach*, in: MüHdBGesR, Bd. 2, 5. Aufl., § 69 Rn. 11.

[882] Vgl. *Suchomel*, NJW 2013, 1126, 1127; *Feldmann*, in: Staudinger, BGB, Neubearb., § 311 Rn. 201.

sierten[883] Vertrauens in Prospektangaben in Betracht.[884] Sie erweist sich mittlerweile lediglich als prospekthaftungsrechtlicher Auffangtatbestand, da sie aus einer Zeit stammt, in der es noch an entsprechenden spezialgesetzlichen Regelungen fehlte.[885] Im Allgemeinen findet sie daher nur unmittelbare Anwendung, soweit weder der Anwendungsbereich des VermAnlG noch der des KAGB oder WpPG eröffnet ist.[886] Für das Recht der Publikumspersonengesellschaft bedeutet dies, dass die zivil-rechtliche Prospekthaftung im engeren Sinne maßgeblich nur noch bei Altfällen zum Tragen kommt, die von vor Einführung des VermAnlG im Jahre 2005 datieren.[887]

Den von spezialgesetzlichen Vorgaben unabhängigen Prospektbegriff der zivil-rechtlichen Prospekthaftung im engeren Sinne bestimmt der Bundesgerichtshof[888] als *„marktbezogene schriftliche*[889] *Erklärung, die für die Beurteilung der angebo-tenen Anlage erhebliche Angaben enthält oder den Anschein eines solchen Inhalts erweckt.“*

Wann ein solcher Anlageprospekt als unrichtig oder unvollständig gilt, richtet sich maßgeblich danach, welche Sachkunde von den adressierten Anlegern erwartet werden kann.[890] Da Publikumspersonengesellschaften in aller Regel an Privatanle-ger[891], d. h. an einen klassischerweise geschäftsunerfahrenen Personenkreis, adres-siert sind, erfahren die Tatbestandsmerkmale *„unrichtig“* und *„unvollständig“* eine extensive, ergo anlegerfreundliche, Auslegung.

Prospekthaftungsansprüche sind als Schadensersatzansprüche zumeist gerichtet gegen die Initiatoren, Gründer und Gestalter der Gesellschaft, soweit diese ge-

---

[883] Angesetzt wird dabei an dem Vertrauen, das Anleger den Prospektverantwortlichen typischerweise hinsichtlich Richtigkeit und Vollständigkeit der im Prospekt gemachten An-gaben entgegenbringen, vgl. *Feldmann*, in: Staudinger, BGB, Neubearb., § 311 Rn. 204; *Harke*, in: Soergel, BGB, 13. Aufl., § 311 Rn. 127.

[884] Vgl. *Horbach*, in: MüHdBGesR, Bd. 2, 5. Aufl., § 69 Rn. 90.

[885] So die ganz vorherrschende Ansicht, siehe etwa *Assmann*, in: Assmann/Schütze, HdBKapitalAnlR, 5. Aufl., § 5 Rn. 24; *Assmann*, Vor §§ 20 - 22 VermAnlG Rn. 6; zustimmend *Horbach*, in: MüHdBGesR, Bd. 2, 5. Aufl., § 69 Rn. 11.

[886] Vgl. *Horbach*, in: MüHdBGesR, Bd. 2, 5. Aufl., § 69 Rn. 15; *Mülbert/Steup*, in: Ha-bersack/Mülbert/Schlitt, Unternehmensfinanzierung am Kapitalmarkt, 4. Aufl., Rn. 41.155; ausführlich vor dem Hintergrund von § 306 Abs. 6 S. 1 KAGB und § 20 Abs. 6 S. 2 VermAnlG vgl. *Hoffmeyer*, NZG 2016, 1133, 1135 ff.

[887] Vgl. *Casper*, in: Staub, HGB, Bd. 5, 4. Aufl., § 161 Rn. 152.

[888] BGH v. 17. 11. 2011 – III ZR 103/10 = BGHZ 191, 310 ff.; hierzu *Nobbe*, WM 2013, 193, 198.

[889] Wohlgemerkt ist hier vor dem Hintergrund von Schutzwürdigkeitserwägungen nicht zu rechtfertigen, zwischen Erklärungen in Schriftform im Sinne von § 126 BGB und Textform im Sinne von § 126b BGB zu differenzieren, sodass auch in digitalisierter Fassung abgegebene Erklärungen erfasst werden; allgemein zu den Voraussetzungen der Textform *Einsele*, in: MüKo, BGB, 8. Aufl., § 126b Rn. 4 ff.

[890] Vgl. *Zech/Hanowski*, NJW 2013, 510, 511.

[891] Dazu siehe schon oben Erstes Kapitel A.

schäftsführend tätig sind.[892] Auch adressiert werden können hinter der Gesellschaft stehende Personen, welche federführend an der Initiierung des Prospekts beteiligt waren.[893] Verlangt wird insoweit eine Schlüsselposition, die mit derjenigen der Geschäftsführung vergleichbar ist.[894] Dabei liegt der gegen vorstehende Personen gerichtete Haftungsgrund allgemein in dem Vertrauen, das ihnen typischerweise von Anlegern entgegengebracht wird.[895]

Ebenso haftbar gemacht werden können Personen, die sich unter dem Eindruck ihrer allgemein anerkannten und hervorgehobenen beruflichen und wirtschaftlichen Stellung oder ihrer Eigenschaft als berufsmäßige Sachkenner den Emissionsprospekt durch nach außen abgegebene Erklärungen zu Eigen gemacht haben.[896] In diesen Fällen erschöpft sich der gesetzte Vertrauenstatbestand allein in den persönlichen Äußerungen. Mit diesen muss die betreffende Person den Eindruck einer persönlichen Gewähr vermitteln.[897]

(2) Zivilrechtliche Prospekthaftung im weiteren Sinne

Bei der sog. zivilrechtlichen oder auch bürgerlich-rechtlichen Prospekthaftung im weiteren Sinne, auch uneigentliche[898] Prospekthaftung genannt, handelt es sich rechtsdogmatisch um einen direkten Anwendungsfall der §§ 280 Abs. 1, 311 Abs. 2 und 3, 241 Abs. 2 BGB[899]. Prospekthaftungsansprüche nach KAGB und VermAnlG gehen der zivilrechtlichen Prospekthaftung im weiteren Sinne nicht als Spezialgesetze vor, sondern kommen vielmehr parallel zur Anwendung.[900] Denn dabei wird im Gegensatz zur zivilrechtlichen Prospekthaftung im engeren Sinne nicht auf ein durch Angaben in einem Verkaufsprospekt geschaffenes typisiertes Vertrauen abgestellt.

---

[892] Zusammenfassend OLG München v. 22.07.2013 – 17 U 80/13 = BeckRS 2013, 12329.

[893] BGH v. 19.11.2009 – III ZR 109/08 = NJW 2010, 1279, 1280; BGH v. 17.11.2011 – III ZR 103/10 = BGHZ 191, 310, 315; OLG München v. 22.07.2013 – 17 U 80/13 = BeckRS 2013, 12329.

[894] Dazu sowie ausführlich zu den Voraussetzungen der Annahme einer solchen Schlüsselposition vgl. BGH v. 17.11.2011 – III ZR 103/10 = BGHZ 191, 310, 315 f.

[895] BGH v. 24.04.1978 – II ZR 172/76 = BGHZ 71, 284, 287 ff.; BGH v. 16.11.1978 – II ZR 94/77 = BGHZ 72, 382, 385; BGH v. 06.10.1980 – II ZR 60/80 = BGHZ 79, 337, 341; BGH v. 26.09.1991 – VII ZR 376/89 = BGHZ 115, 213, 227.

[896] BGH v. 17.11.2011 – III ZR 103/10 = NJW 2012, 758, 759.

[897] Vgl. auch *Feldmann*, in: Staudinger, BGB, Neubearb., § 311 Rn. 189.

[898] Vgl. dazu *Feldmann*, Staudinger, BGB, Neubearb., § 311 Rn. 201.

[899] Grundlegend *Feldmann*, in: Staudinger, BGB, Neubearb., § 311 Rn. 98 ff.; *Emmerich*, in: MüKo, BGB, 8. Aufl., § 311 Rn. 35 ff.

[900] Vgl. *Casper*, in: Staub, HGB, Bd. 5, 4. Aufl., § 161 Rn. 178; in diese Richtung ausdrücklich die Begründung im Entwurf der Bundesregierung zu einem Gesetz zur Verbesserung des Anlegerschutzes (Anlegerschutzverbesserungsgesetz – AnSVG), BT-Drucks. 15/3174, S. 44.

Anknüpfungspunkt ist vielmehr das konkrete, persönlich entgegengebrachte Vertrauen[901].[902]

Potentiell erweckt wird ein solches persönliches Vertrauen in der Rechtspraxis etwa von Gründungsgesellschaftern, Geschäftsführern, Treuhändern im Rahmen mittelbarer Beteiligung, Wirtschaftsprüfern sowie Maklern und sonstigen Vertriebspersonen[903].[904]

Eine schon aus Gründen von Liquidität und Insolvenzrisiko interessante Frage ist, ob bei einem von den Gründungsgesellschaftern oder Geschäftsführern in Anspruch genommenem Vertrauen auch die Publikumspersonengesellschaft in Haftung genommen werden kann. Für die Zurechnung eines Geschäftsführerhandelns streitet dem Grunde nach bereits eine entsprechende Anwendung von § 31 BGB. Unter Zuhilfenahme höchstinstanzlicher Rechtsprechung wendet *Horbach*[905] ein, dass damit im Ergebnis nicht die handelnde Person, sondern die Publikumspersonengesellschaft und damit deren Anleger wirtschaftlich herangezogen würden. Diese Rechtsfolge wurde allerdings mit der spezialgesetzlichen Prospekthaftung nach KAGB und VermAnlG, die jeweils auch die Gesellschaft als Haftungsadressaten bestimmen, in Gesetzesform gegossen. Auch würde sich im Ergebnis nichts anderes ergeben, wenn man dem Geschäftsführer, der im Wege der zivilrechtlichen Prospekthaftung im weiteren Sinne in Anspruch genommen wird, vermittels der Grundsätze des innerbetrieblichen Schadensausgleichs einen etwaigen entsprechenden Regressanspruch gegen die Publikumspersonengesellschaft zubilligte.

b) Rechtsfolge: Übernahme der Anteile an der Publikumspersonengesellschaft

Die Rechtsfolge prospekthaftungsrechtlicher Ansprüche erscheint auf den ersten Blick eingängig: Der Käufer, der zugleich Gesellschafter ist, kann von den Haftungsadressaten insbesondere die Übernahme der Anteile gegen Erstattung des Erwerbspreises verlangen.[906] Insofern bestehen im Grundsatz keine spezifischen Schwierigkeiten.

Dagegen sieht sich gerade der Rechtsanwender mit Folgeproblemen konfrontiert, soweit die Rücknahme der Anteile durch die Publikumspersonengesellschaft selbst erfolgen soll. Dies liefe nämlich dem personengesellschaftsrechtlichen Grundsatz

---

[901] Lesenswert zur Anerkennung persönlichen Vertrauens BGH v. 17.07.2018 – II ZR 13/17 = NJW-RR 2018, 1202, 1203 ff.

[902] Vgl. nur *Nobbe*, WM 2013, 193, 197.

[903] Hierzu *Horbach*, in: MüHdBGesR, Bd. 2, 5. Aufl., § 69 Rn. 101.

[904] Siehe dazu die Übersicht bei *Feldmann*, in: Staudinger, BGB, Neubearb., § 311 Rn. 213 ff. m.w.N.

[905] *Horbach*, in: MüHdBGesR, Bd. 2, 5. Aufl., § 69 Rn. 91 m.w.N.

[906] Im Rahmen der §§ 20 Abs. 1 S. 1 und 21 Abs. 1 S. 1 VermAnlG gilt dies grundsätzlich, soweit der zu erstattende Erwerbspreis den ersten Erwerbspreis der Vermögensanlagen nicht überschreitet.

zuwider, welchem zufolge eine Personengesellschaft nicht Trägerin ihrer eigenen Anteile sein kann.[907] *Benecke*[908] brachte insoweit eine gesellschaftsrechtliche Umdeutung des kapitalmarktrechtlichen Übernahmebegriffs auf den Weg und führt einen am Rücktrittsrecht angelehnten Rückabwicklungsanspruch an. Einem so verstandenen modifizierten Rücktrittsrecht halten *Zimmer/Cloppenburg*[909] die Rechtsnatur des Prospekthaftungsanspruchs als Schadensersatzanspruch entgegen, weswegen die Annahme eines gesetzlichen Ausscheidenstatbestands nach Art des § 131 Abs. 3 HGB vorzugswürdig sei.[910] Darüber hinaus findet eine ebenfalls am Gesellschaftsrecht angelehnte Umdeutung des kapitalmarktrechtlichen Übernahmebegriffs in ein Recht zur (außerordentlichen-) Austrittskündigung Fürsprecher[911] in der Literatur. Bekanntlich sind aber gerade auch Schadensersatzansprüche ausweislich § 249 Abs. 1 BGB auf die Herstellung des Zustands gerichtet, der bestehen würde, wenn der zum Ersatz verpflichtende Umstand nicht eingetreten wäre. Zu eben diesem Ergebnis führt auch ein modifiziertes Rücktrittsrecht.

Sofern kapitalmarktrechtliche Vorgaben eine Rechtsfolge mit Auswirkungen auf die gesellschaftsrechtliche Organisation einer (Publikumspersonen-)Gesellschaft treffen, steht deren Umsetzung unter dem Vorbehalt des gesellschaftsrechtlich Möglichen. Es liegt daher nahe, zunächst einen Blick darauf zu richten, inwieweit sich die gewünschte Rechtsfolge mithilfe des Gesellschaftsrechts erzielen lässt. Damit ist zwar noch keine Entscheidung darüber getroffen, ob nun einer Anerkennung als Ausscheidenstatbestand nach Art des § 131 Abs. 3 HGB oder einer (gesellschaftsrechtlich verankerten) Austrittskündigung der Vorzug einzuräumen wäre. Jedenfalls scheint aber der Weg hin zu einem Rekurs auf gesellschaftsrechtliche Instrumentarien grundsätzlich frei. Unabhängig davon, welchem der hier skizzierten Ansätze letztlich gefolgt werden mag, führen sie allesamt zu einem Ausscheiden des betroffenen Gesellschafters aus der Publikumspersonengesellschaft.

Aber auch in anderer Hinsicht wirft die Übernahme der Anteile durch die Publikumspersonengesellschaft Probleme auf. Die Rücknahme der minderwertigen Anteile entzieht der Gesellschaft liquide Mittel und verursacht zugleich eine Senkung des Unternehmenswerts. Beeinträchtigt werden damit neben Gläubigerinteressen vor allem auch die wirtschaftlichen Interessen der in der Gesellschaft verbleibenden Anleger. In Anbetracht des eindringlichen Willens des Gesetzgebers scheint ein solcher Wettlauf der prospekthaftungsrechtlichen Anspruchsgläubiger jedoch nahezu unvermeidlich.[912]

---

[907] *Ziegler*, DStR 2005, 30, 32; mit guten Gründen *K. Schmidt*, ZIP 2014, 493 ff.

[908] *Benecke*, BB 2006, 2597, 2601; einer gesellschaftsrechtlichen Auslegung beipflichtend *Casper*, in: Staub, HGB, Bd. 5, 4. Aufl., § 161 Rn. 168 m.w.N.

[909] *Zimmer/Cloppenburg*, ZHR 171 (2007), 519, 528.

[910] *Zimmer/Cloppenburg*, ZHR 171 (2007), 519, 528; vgl. auch *Paul*, in: Weitnauer/Boxberger/Anders, KAGB, 2. Aufl., § 306 Rn. 21; *ders.*, a.a.O., § 305 Rn. 43.

[911] Vgl. statt vieler *F. A. Schäfer*, ZGR 2006, 40, 75 f.

[912] Zustimmend *Benecke*, BB 2006, 2597, 2601.

Die potentielle Übernahme der Anteile durch die Gesellschaft wirft überdies die Frage auf, inwieweit dies mit dem für die geschlossene (Publikums-)Investment-KG konstitutiven fehlenden Recht zur Anteilsrückgabe[913] vereinbar ist. Ausgehend von der Systematik des KAGB ist denkbar, den Prospekthaftungstatbestand aus § 306 Abs. 1 KAGB als im KAGB angelegte Spezialregelung zum allgemeinen Grundsatz der fehlenden Rückübertragbarkeit des Kommanditanteils an die geschlossene (Publikums-)Investment-KG zu verstehen.

4. Lösung vom Treuhandvertrag

Auch im Rahmen von treuhänderischen Beteiligungen kann auf Seiten der Anleger das Bedürfnis entstehen, sich von der treuhänderischen Beteiligung lösen zu wollen. Die entsprechenden Beweggründe sind so mannigfaltig wie bei unmittelbar beteiligten Gesellschaftern.

a) Anfechtung

Sofern der treugebende (Minderheits-)Anleger durch arglistige Täuschung des Treuhänders zur Abgabe seiner auf Abschluss eines Treuhandvertrages gerichteten Willenserklärung bestimmt worden ist, kann er die Erklärung nach § 123 Abs. 1 BGB anfechten. Der regelmäßig von der Publikumspersonengesellschaft eingesetzte Treuhänder fällt folglich nicht unter den Begriff des Dritten im Sinne des § 123 Abs. 2 S. 1 BGB.[914] Damit ist auch im Falle der arglistigen Täuschung durch die Publikumspersonengesellschaft bzw. ihr nach § 31 BGB zuzurechnende Organe die Anfechtung gegenüber dem Treuhänder zu erklären.[915]

b) Ordentliche Kündigung

Regelmäßig kann sich der Treugeber durch Erklärung der ordentlichen Kündigung gegenüber dem Treuhänder von dem bilateral bestehenden Treuhandvertrag lösen.[916] Grundsätzlich kann die ordentliche Kündigung in Anbetracht des wirtschaftlichen Interesses des Treuhänders so lange begrenzt werden, wie dieser seine Beteiligung an der Publikumspersonengesellschaft nach dem Gesellschaftsvertrag nicht herabsetzen kann.[917] Die Wirksamkeit einer solchen Klausel darf jedoch angezweifelt werden, sofern die Gesellschaftssatzung für den Fall des Ausscheidens

---

[913] Siehe dazu oben Erstes Kapitel B. III. 3. b) bb).

[914] Dazu auch *Ellenberger*, in: Palandt, BGB, 79. Aufl., § 123 Rn. 13 m.w.N.

[915] Die Publikumspersonengesellschaft steht „im Lager" des Treuhänders und versteht sich insoweit als dessen Hilfsperson, vgl. dazu *Mansel*, in: Jauernig, BGB, 17. Aufl., § 123 Rn. 10.

[916] Siehe dazu nur *Götze*, in: MüVertrHdB, Bd. 1, 7. Aufl., III. § 6 Abs. 2 S. 1.

[917] *Jaletzke*, in: MüHdBGesR, Bd. 2, 4. Aufl., § 63 Rn. 25.

eines Treugebers eine anteilige Herabsetzung der treuhänderisch gehaltenen Beteiligung vorsieht.[918]

Zur Bestimmung der Dauer einer absoluten Höchstgrenze der ordentlichen Kündigungsfrist wird teilweise[919] Maß genommen an den §§ 39 Abs. 2 Hs. 2 BGB, 65 Abs. 2 S. 1 und 2[920] GenG. Unstreitig sind Beteiligungen an Publikumspersonengesellschaften typischerweise auf die Umsetzung langfristiger Projekte angelegt. Die von *Jaletzke*[921] vorgebrachte Befürchtung, die Übertragung der Kündigungsfristen in vorstehenden Vorschriften bedrohe die Realisierung solch langfristiger Vorhaben, ist auch vor dem Hintergrund der Einschätzung des Gesetzgebers zu bewerten. Mit den vereinsrechtlich normierten maximalen Kündigungsfristen bringt der Gesetzgeber zum Ausdruck, dass er auch den im Verein langfristig angelegten Gesellschaftszweck dadurch als nicht gefährdet erachtet. Ähnliche Erwägungen zeigen sich in den genannten gesetzlichen Vorgaben zur Genossenschaft. Festzuhalten ist damit, dass sich zumindest eine an § 65 Abs. 2 S. 1 und 2 GenG ausgerichtete ordentliche Kündigungsfrist als wirksam erweist.

c) Außerordentliche Kündigung

Der treuhänderisch beteiligte (Minderheits-)Anleger kann Interesse an einer außerordentlichen Kündigung haben, sofern das Verhalten des Treuhänders oder auch das der Geschäftsführung der Publikumspersonengesellschaft hierzu Anlass geben. Rechtsdogmatisch ist das Recht zur außerordentlichen Kündigung des Treuhandvertrages in § 314 BGB angelegt. Der insoweit erforderliche wichtige Grund setzt den gleichen Wertungsmaßstab wie das identisch lautende Tatbestandsmerkmal des § 712 Abs. 1 BGB.[922] Die Rechtsfolgen der außerordentlichen Kündigung sind abhängig davon, ob der wichtige Grund das Treuhandverhältnis oder aber das direkte Beteiligungsverhältnis zwischen Treuhänder und Publikumspersonengesellschaft betrifft.[923]

---

[918] Siehe dazu die entsprechende Vertragsklausel bei *Götze*, in: MüVertrHdB, Bd. 1, 7. Aufl., III. 11 § 15 Abs. 2 S. 1; vgl. dazu auch *Haas/Mock*, in: R/GvW/H, HGB, 4. Aufl., § 161 Rn. 214.

[919] Vgl. *Roitzsch*, S. 99 ff.; *Reuter*, S. 113 ff., 124 f.; hierauf eingehend *Jaletzke*, in: MüHdBGesR, Bd. 2, 5. Aufl., § 63 Rn. 25.

[920] Typischerweise handelt es sich bei Anlegern in Publikumspersonengesellschaften um Verbraucher i.S.d. § 13 BGB, infolgedessen nicht mehr als drei Viertel der Mitglieder unter den Unternehmerbegriff des § 14 BGB fallen, weswegen eine Analogie zu § 65 Abs. 2 S. 3 GenG nicht in Betracht kommt.

[921] Dazu ausführlich *Jaletzke*, in: MüHdBGesR, Bd. 2, 4. Aufl., § 63 Rn. 25.

[922] Siehe dazu die obigen Ausführungen Drittes Kapitel C. V. 2. a) aa).

[923] Vgl. *Jaletzke*, in: MüHdBGesR, Bd. 2, 4. Aufl., § 63 Rn. 27.

5. Ausschluss aus der Gesellschaft

In Publikumspersonengesellschaften kann Bedarf bestehen, die Mitwirkung eines Gesellschafters gänzlich zu unterbinden. Das kann vor allem auf Gesellschaftergeschäftsführer zutreffen, etwa wenn deren bloße Abberufung nicht in der Lage ist, die Störungen im gemeinsamen Geschäftsverhältnis ins Gleichgewicht zu bringen. Weniger häufig – jedoch ebenso denkbar – ist die Konstellation, dass das Verhalten eines (minderheitlich) beteiligten Anlagegesellschafters für die übrigen Gesellschafter nicht mehr tragbar ist. In jedem Fall muss das kritisierte Verhalten des betroffenen Gesellschafters dazu führen, dass selbst dessen reine Beteiligung als Anleger einer Gesellschaftermehrheit nicht mehr zuzumuten ist.[924] Ein solcher Zustand wird rechtlich erfasst unter dem Merkmal des wichtigen Grundes. Auf der anderen Seite steht das Interesse des betroffenen (Minderheits-)Gesellschafters, an seiner Beteiligung festzuhalten. Die Voraussetzungen, die an den Ausschluss eines Gesellschafters gestellt werden, dienen damit zugleich der Abwehr unberechtigter Ausschlussbestrebungen. In jedem Fall verlangt der Ausschluss eines Gesellschafters, dass keine milderen Mittel[925] in Betracht kommen.[926] Betreffend einen Gesellschaftergeschäftsführer ist dabei vorwiegend der Entzug der Geschäftsführungsbefugnis vorstellbar.

a) Gesetzlich angelegte Ausschlussmöglichkeiten

An einigen Stellen hat bereits der Gesetzgeber den normativen Grundstein gelegt, um (Minderheits-)Gesellschafter aus der betreffenden Gesellschaft auszuschließen. Im Umkehrschluss hat er hiermit jedoch zugleich zugunsten von (Minderheits-)Gesellschaftern Abwehrrechte gegen den willkürlichen Ausschluss aus der Gesellschaft implementiert.

aa) § 140 HGB

Nach § 140 Abs. 1 HGB kann ein Gesellschafter aus der Publikums-KG ausgeschlossen werden, sofern in seiner Person ein nach § 133 HGB zur Auflösung der Gesellschaft berechtigender Umstand eintritt. Zwar lässt sich dafür streiten, dass Entsprechendes über § 161 Abs. 2 HGB in der Publikums-KG[927] und analog[928] § 140 Abs. 1 HGB in der Publikums-GbR gilt. Aus Gründen der Rechtsklarheit bedient

---

[924] *Werner*, GmbHR 2018, 177, 178 f.

[925] Zu denken ist insoweit an die Entziehung der Geschäftsführungsbefugnis, siehe oben Drittes Kapitel C. V.

[926] *Werner*, GmbHR 2018, 177, 178 f.; *Sauter*, in: Beck'sches Handbuch der Personengesellschaften, 4. Aufl., § 8 Rn. 85.

[927] So etwa *K. Schmidt*, in: Schlegelberger, HGB, Bd. 3 Hb. 1, 5. Aufl., § 140 Rn. 2.

[928] Vgl. dazu *K. Schmidt*, GesR, 4. Aufl., S. 1722; zustimmend *Habermeier*, in: Staudinger, BGB, Neubearb., Vorbem. zu §§ 705–740 Rn. 72.

sich die Rechtspraxis dennoch häufig dahin lautender gesellschaftsvertraglicher Regelungen[929].

Der Wortlaut des § 140 HGB verweist auf das in § 133 Abs. 1 HGB[930] festgehaltene Merkmal des „wichtige[n] Grund[es]", sodass entsprechende Ausführungen auch insofern weitgehend Geltung beanspruchen.[931] Dabei ist das offene Tatbestandsmerkmal des wichtigen Grundes abermals dogmatisches Einfallstor für eine Verhältnismäßigkeitsprüfung unter Berücksichtigung aller Umstände des Einzelfalls. Entscheidungsrelevant ist insoweit namentlich die Ausgestaltung des Gesellschaftsverhältnisses. Je kapitalistischer die Gesellschaft strukturiert, umso höher sind die Anforderungen an den Ausschluss aus der Gesellschaft anzusiedeln.[932]

Gemessen an den überschaubaren Möglichkeiten der Einflussnahme auf die Geschäftspolitik der Gesellschaft kann vielfach kein hinreichendes Bedürfnis gerechtfertigt werden, einen (minderheitsbeteiligten) Gesellschafter auszuschließen. Demnach sind an den Ausschluss eines reinen Anlagegesellschafters im Allgemeinen höhere Anforderungen zu stellen, als an den Ausschluss von Mitgliedern der Geschäftsführung.[933] In jedem Fall setzt ein Gesellschafterausschluss allerdings voraus, dass keine milderen, zugleich aber gleich geeigneten Maßnahmen in Frage kommen.[934] Steht etwa die Ausschließung eines geschäftsführungsberechtigten Gesellschafters im Raum, kann als milderes Mittel an den Entzug der Geschäftsführungsbefugnis gedacht werden, sofern der betroffene Gesellschaftergeschäftsführer den entsprechenden Gesellschaftern noch als Anlagegesellschafter zumutbar ist.[935]

In verfahrensrechtlicher Hinsicht bedarf es in der Publikumspersonengesellschaft entgegen dem Wortlaut der Vorschrift des § 140 Abs. 1 HGB keiner Anrufung des Gerichts; vielmehr ist aus Praktikabilitätsgründen ein entsprechender Mehrheitsbeschluss ausreichend.[936]

---

[929] Vgl. *Lichtenschwimmer*, in: Fuhrmann/Wälzholz, Formularbuch Gesellschaftsrecht, 3. Aufl., Muster M 30.4 § 15 Abs. 3.

[930] Dazu siehe schon oben Drittes Kapitel C. VI. 1.

[931] Zustimmend *Roth*, in: Baumbach/Hopt, HGB, 39. Aufl., § 140 Rn. 5; weitere Einzeldarstellungen höchstinstanzlicher Entscheidungen zu wichtigen Gründen finden sich bei *Binz/Sorg*, in: Binz/Sorg, Die GmbH & Co. KG, 12. Aufl., § 6 Rn. 82; *Schäfer*, in: Staub, HGB, Bd. 4, 5. Aufl., § 117 Rn. 25 spricht insoweit von „*Wertungskongruenz*".

[932] Zustimmend *K. Schmidt*, MüKo, HGB, 4. Aufl., § 140 Rn. 33; *Werner*, GmbHR 2018, 177, 178.

[933] Vgl. BGH v. 12. 12. 1994 – II ZR 206/93 = NJW 1995, 597 ff.; ähnlich zur Auslegung des Merkmals des „*wichtigen Grunds*" im Abberufungsverfahren nach den §§ 117, 127 HGB, vgl. *Hopt*, ZGR 1979, 1, 28.

[934] *Binz/Sorg*, in: Binz/Sorg, Die GmbH & Co. KG, 12. Aufl., § 6 Rn. 80; *Werner*, GmbHR 2018, 177, 178 m.w.N.

[935] *Werner*, GmbHR 2018, 177, 178 f. m.w.N.

[936] Unter Verweis auf § 242 BGB schon *Stimpel*, in: FS Fischer 1979, 770, 780 f.; zustimmend *Schilling*, in: Staub, HGB, Bd. 2, 4. Aufl., Anh. § 161 Rn. 37, 39; ebenso zustimmend *Reichert/Winter*, BB 1988, 982, 984.

bb) § 737 BGB

In § 737 BGB werden zwei materiell-rechtliche Voraussetzungen genannt, um einen Gesellschafter aus der (Publikums-)GbR auszuschließen:

Die zunächst erforderlich scheinende satzungsmäßige Fortsetzungsklausel ist in Verträgen von Publikumspersonengesellschaften bürgerlichen Rechts zwar vielfach anzutreffen.[937] Allerdings ist vor dem Hintergrund von § 131 Abs. 3 HGB anerkannt, dass gerade die auf langfristigen Bestand angelegte Publikumspersonen-GbR bzw. Publikumspersonengesellschaft im Falle des Ausscheidens eines Gesellschafters auch ohne entsprechende Satzungsbestimmung unter den übrigen Gesellschaftern fortbesteht.[938] Sodann muss in der Person eines Gesellschafters ein die übrigen Gesellschafter nach § 723 Abs. 1 S. 2 BGB zur Kündigung berechtigender Umstand, namentlich ein wichtiger Grund, eintreten. Dessen Begriffsbestimmung entspricht weitgehend der des § 140 HGB[939], sodass auf die entsprechenden Ausführungen zu verweisen ist. In verfahrenstechnischer Hinsicht bedarf es eines Mehrheitsbeschlusses[940] der übrigen Gesellschafter sowie nach § 737 S. 3 BGB einer Beschlussmitteilung gegenüber dem Betroffenen.[941] Ob der überschaubaren Verbreitung der Publikums-GbR hat der Gesellschafterausschluss nach § 737 BGB in der Rechtspraxis, namentlich in der Judikatur, keine gesteigerte Aufmerksamkeit erfahren.

b) Satzungsmäßige Hinauskündigungsklauseln

Die Dispositivität normativer Ausschlussrechte sowie Erwägungen zur Rechtssicherheit führen vielfach dazu, dass die Vertragspraxis auf sog. Hinauskündigungsklauseln zurückgreift.[942] Dabei werden im Gesellschaftsvertrag katalogartig Ereignisse aufgezählt, an welche die Rechtsfolge des Ausscheidens des betroffenen Gesellschafters aus der Gesellschaft geknüpft wird.[943] Mit § 131 Abs. 3 S. 1 Nr. 5 HGB (ggf. i.V.m. § 161 Abs. 2 HGB) gestattet der Gesetzgeber dem Rechtsunterworfenen *expressis verbis*, Fälle des Ausscheidens eines Gesellschafters satzungsmäßig festzuhalten. Eine entsprechend besonders häufig auftretende Konstellation hat der Gesetzgeber in § 131 Abs. 3 S. 1 Nr. 6 HGB aufgenommen.[944] Um die Handlungsfähigkeit der Gesellschaft für den Fall zu wahren, dass der Komplementär

---

[937] Vgl. dazu etwa *Lang*, in: Hopt, VertrFormB, GesR, II.C.4 § 13 Abs. 2 S. 2.

[938] *Habermeier*, in: Staudinger, BGB, 13. Neubearb., § 737 Rn. 2.

[939] Vgl. *Schäfer*, in: Ulmer/Schäfer, GbR und PartG, 7. Aufl., § 737 Rn. 3.

[940] Zur grundsätzlichen Abkehr von Einstimmigkeitsentscheidungen in Publikumspersonengesellschaften siehe oben Drittes Kapitel C. IV. 2. c) aa).

[941] Dazu *Hadding/Kießling*, in: Soergel, BGB, 13. Aufl., § 737 Rn. 11 f.

[942] Vgl. etwa *Götze*, in: MüVertrHdB, Bd. 1, 8. Aufl., III. 11, § 15 Abs. 1.

[943] Vgl. etwa *Götze*, in: MüVertrHdB, Bd. 1, 8. Aufl., III. 11, § 15 Abs. 1.

[944] Zum Verhältnis von § 131 Abs. 3 S. 1 Nr. 5 und 6 HGB zu § 140 HGB vgl. *Schäfer*, in: Staub, HGB, Bd. 3, 5. Aufl., § 131 Rn. 102 ff.

oder ein etwaiger alleiniger Treuhandkommanditist aus der Gesellschaft ausscheiden, spricht sich *Götze*[945] dafür aus, deren Ausscheiden in Abweichung von § 131 Abs. 3 S. 2 HGB satzungsmäßig von der Aufnahme eines entsprechenden Nachfolgers abhängig zu machen.

Rein willkürlichen Ausschlussklauseln setzte indes bereits der Bundesgerichtshof[946] Grenzen, vor allem mithilfe der Grundprinzipien des Gesellschaftsrechts sowie der Wegmarken des Sittengebots aus § 138 BGB. Inhaltliche Mindestvoraussetzung eines jeden satzungsmäßig festgehaltenen Ausschließungstatbestands ist demnach, dass dessen Verwirklichung den Ausschluss des Betroffenen sachlich zu rechtfertigen in der Lage ist.[947] Erkenntnisleitend kann insoweit ein Blick auf die gesetzlich als *„wichtiger Grund"* geregelten Ausscheidensfälle geworfen werden. Demnach unwirksam sind Klauseln, die eine Hinauskündigung in das freie Ermessen der Geschäftsführung legen.[948] Insbesondere erweisen sich Gründe automatischen Ausscheidens als unwirksam, wenn diese keinen sachlichen Bezug zur bloßen Anlagebeteiligung aufweisen (bspw. Erreichen eines bestimmten Alters, anhaltende Krankheit, ausbleibende Teilnahme an Gesellschafterversammlungen etc.). Dasselbe gilt für Gründe, deren Eintritt im Belieben der Mitgesellschafter steht, da dies im Ergebnis einem willkürlichen Ausschließungsrecht gleichkäme.[949] Wenngleich sich hierin einige Muster festmachen lassen, ist es letztlich eine Frage des Einzelfalls, wann die Ausschließungsklausel sachlich gerechtfertigt ist. Diese Einzelfallprüfung erweist sich dogmatisch als Inhaltskontrolle der Hinauskündigungsklausel[950], weswegen die oben[951] ergründeten Grundsätze zur richterlichen Inhaltskontrolle herangezogen werden können. Zur rechtsverbindlichen Klärung bleibt dem betroffenen (Minderheits-)Gesellschafter damit nur, gerichtliche Hilfe in Anspruch zu nehmen, um namentlich den Ausschließungsbeschluss für unwirksam erklären zu lassen. Die Erhebung einer solchen Feststellungsklage kann allerdings gesellschaftsvertraglich[952] an die Einhaltung einer Frist gekoppelt sein.[953]

---

[945] *Götze*, in: MüVertrHdB, Bd. 1, 8. Aufl., III. 11, Anm. 25.

[946] Siehe dazu BGH v. 20.01.1977 – II ZR 217/55 = BGHZ 68, 212, 215; BGH v. 13.07. 1981 – II ZR 56/80 = BGHZ 81, 263, 266; BGH v. 25.03.1985 – II ZR 240/84 = NJW 1985, 2421, 2422; BGH v. 19.09.2005 – II ZR 173/04 = RNotZ 2005, 611 f.

[947] Etwa so ausdrücklich BGH v. 09.07.1990 – II ZR 194/89 = BGHZ 112, 103 ff.

[948] Vgl. *Binz/Sorg*, in: Binz/Sorg, Die GmbH & Co. KG, 12. Aufl., § 6 Rn. 106; zum Stand der Diskussion höchstrichterlicher Grenzen vgl. *Habermeier*, in: Staudinger, BGB, 13. Neubearb., § 737 Rn. 7.

[949] Vgl. *Schulte/Hushahn*, in: MüHdBGesR, Bd. 2, 5. Aufl., § 36 Rn. 29.

[950] Zustimmend *Haas*, in: R/GvW/H, HGB, 5. Aufl., § 140 Rn. 24; demgegenüber für eine bloße Ausübungskontrolle etwa *Drinkuth*, NJW 2006, 410, 412.

[951] Siehe dazu Zweites Kapitel B. III.

[952] Vgl. dazu die allgemeine Ausschlussfristklausel für Anfechtungsklagen gegenüber Gesellschafterbeschlüssen bei *Götze*, in: MüVertrHdB, Bd. 1, 8. Aufl., III. 11, § 8 Abs. 9.

[953] Allgemein zur zeitlichen Befristung von Klagen im Recht der Publikumspersonengesellschaft *Leuering/Rubner*, NJW-Spezial 2018, 143.

c) „Sanieren oder Ausscheiden"-Rechtsprechung des Bundesgerichtshofs

Ein wichtiger Grund zum Ausschluss aus der Publikumspersonengesellschaft, der weder Einzug in Gesetz noch Satzung gefunden hat, kann nur ausnahmsweise angenommen werden. Prominentes Beispiel hierfür ist die sog. „Sanieren oder Ausscheiden"-Rechtsprechung[954] des Bundesgerichtshofs. Ausgehend von der gesellschaftlichen Treuepflicht wird der (Minderheit-)Gesellschafter dabei vor die Entscheidung gestellt, einen finanziellen Beitrag zur Sanierung der Gesellschaft zu leisten oder die Gesellschaft zu verlassen.[955] Verhindert werden soll auf diese Weise, dass der sanierungsunwillige[956] Gesellschafter nach wie vor am (zu erwartenden positiven) Ergebnis der Gesellschaft partizipiert, ohne zuvor einen sanierungsnotwendigen Beitrag geleistet zu haben. Für diese Erwägung streitet vor allem der Gleichbehandlungsgrundsatz[957]. Allerdings darf der sanierungsunwillige Gesellschafter, wenn er infolge seiner mit dem Ausscheiden verbundenen Pflicht, den auf ihn entfallenden Auseinandersetzungsfehlbetrag zu leisten, nicht schlechter stehen, als er im Falle einer sofortigen Liquidation der Gesellschaft stünde.[958]

6. Zusammenfassung

Publikumspersonengesellschafter können auf eine Vielzahl von Rechten zurückgreifen, um ein Ausscheiden aus der Gesellschaft zu erreichen. Dem insofern weitreichenden Recht, die Auflösung der Gesellschaft zu verlangen, steht mit Recht der gesellschaftliche Bestandsschutz entgegen. Im Gesellschaftsrecht angelegte Rechte individuellen Ausscheidens können zwar grundsätzlich vertraglich beschränkt werden, allerdings nur innerhalb der erörterten Grenzen. Daneben spielen im Kapitalmarktrecht verortete Rechtsinstitute individuellen Ausscheidens eine zunehmend wichtige Rolle. Die insoweit einschlägige Prospekthaftung erfuhr im Recht der Publikumspersonengesellschaften nach langjähriger Rechtsfortbildung

---

[954] BGH v. 19. 10. 2009 – II ZR 240/08 = BGHZ 183, 1 ff.; BGH v. 25. 01. 2011 – II ZR 122/09 = NZG 2011, 510 ff.; BGH v. 09. 06. 2015 – II ZR 420/13 = NZG 2015, 995 ff.; *von Rummel/Enge*, NZG 2017, 256, 257, resümieren die Voraussetzungen eines entsprechenden Ausschlusses dahingehend, dass (1.) die fragliche Gesellschaft sanierungsbedürftig und sanierungsfähig sein muss, (2.) keine ausdrücklichen gesellschaftsvertraglichen Regeln einem treuepflichtbedingten Gesellschafterausschluss entgegenstehen, (3.) den sanierungswilligen Gesellschaftern die Fortsetzung der Gesellschaft mit den sanierungsunwilligen Gesellschaftern unzumutbar ist und (4.) keine schutzwürdigen Interessen der sanierungsunwilligen Gesellschafter entgegenstehen.

[955] *Müller/Schmidt/Liebscher*, in: Thierhoff/Müller, Unternehmenssanierung, 2. Aufl., 8. Kap. Rn. 166 ff.

[956] Zum grundsätzlichen Nachschusspflichtverbot siehe bereits Zweites Kapitel C. II.

[957] Siehe dazu oben Drittes Kapitel B. III.

[958] BGH v. 19. 10. 2009 – II ZR 240/08 = BGHZ 183, 1 ff.

nunmehr auch normative Anerkennung durch den Gesetzgeber. Neben dem Interesse, aus der Publikumspersonengesellschaft auszuscheiden, kann in der Person des Minderheitsgesellschafters spiegelbildlich auch das Bedürfnis bestehen, sich gegen willkürliche Ausschlussbestrebungen der Gesellschaftermajorität zu wehren. Zu beachten sind daher die Mindestvoraussetzungen, die an den Ausschluss eines (Minderheits-)Gesellschafters zu stellen sind.

D. Fazit

Minderheitenrechte sind im Personengesellschaftsrecht kaum vorgesehen. Doch gerade in diesem Teilrechtsgebiet finden Publikumspersonengesellschaften ihren dogmatischen Ursprung. Deren kapitalistische Organisationsstruktur ermöglicht es jedoch grundsätzlich, Anleihe an kapitalgesellschaftsrechten Minderheitenrechten zu nehmen. Denn das Gesetzesrecht der Kapitalgesellschaften verfügt ob seiner grundsätzlichen Ausrichtung auf kapitalistisch beteiligte Anleger mittlerweile über einen breit gefächerten Fundus an Minderheitenrechten. Mit dessen Hilfe ist es möglich, dort verankerte minderheitsrechtsschützende Wertungen nach den Regeln der Rechtsanalogie auf das Recht der Publikumspersonengesellschaft zu übertragen. Daran vermag auch das jüngst kodifizierte Recht der geschlossenen (Publikums-)Investment-KG im KAGB nichts zu ändern. Zwar wählte der Gesetzgeber darin zum Zwecke des Anlegerschutzes vornehmlich einen regulatorischen Ansatz. Gleichwohl finden sich im KAGB auch minderheitsschützende Wertungen, die sich unter Umständen auch auf sog. herkömmliche Publikumspersonengesellschaften projizieren lassen. Behilflich ist insoweit die der Analogienbildung nachempfundene Theorie der sog. Ausstrahlungswirkung. Hiernach können Minderheitenrechte sowie minderheitsrechtsschützende Wertungen aus dem Recht der geschlossenen (Publikums-)Investment-KG unter Beachtung strenger Voraussetzungen auf das Recht herkömmlicher Publikumspersonengesellschaften übertragen werden.

Parallel dazu lassen sich zur Begründung von Minderheitenrechten gleichwohl gesellschaftsrechtliche Grundsätze brauchbar machen. Neben normativen Vorgaben bilden diese vielfach die Grundlage oder auch notwendige Ergänzung etwaig bestehender vertraglicher Minderheitenrechte. Gerade auch im Falle der Abwesenheit vertraglich angesiedelter Minderheitenrechte können gesellschaftsrechtliche Grundsätze Minderheitsanlegern einen Mindestrechtsschutz gewähren. Erhebliche Bedeutung für den einzelnen Minderheitsgesellschafter genießen in der Rechtswirklichkeit vor allem Informationsrechte sowie Minderheitenrechte im Zusammenhang mit der Gesellschafterversammlung, mit der Abberufung der Geschäftsführung sowie dem Ausscheiden aus der Publikumspersonengesellschaft. Deren rechtsdogmatischer Ursprung fußt sowohl im Personen- wie auch Kapitalgesellschaftsrecht. Darüber hinaus lassen sich im Kapitalmarktrecht Rechtsinstitute festmachen, mit deren Hilfe sich der individuelle Gesellschafter von der Publikumspersonengesellschaft lossagen kann. Zudem besteht die Möglichkeit, die Geschäftsführung als *ultima ratio* aus der Gesellschaft auszuschließen. Derartige Ausschlussbestrebungen sind an strenge Vorgaben gebunden, die zum Schutz von kapitalistisch beteiligten Minderheitsgesellschaftern gleichermaßen für den Ausschluss aus der Gesellschaft Geltung beanspruchen.

Viertes Kapitel

Minderheitenrechte in Publikumspersonengesellschaften ausgewählter ausländischer Rechtsordnungen

A. Rechtsvergleichung

Die Begründung von Minderheitenrechten in Publikumspersonengesellschaften ist kein ausschließliches Phänomen deutschen Rechts. Auch Minderheitsgesellschafter in ähnlichen Gesellschaftsformen ausländischer Rechtssysteme können sich im Rahmen ihres Investments in Situationen wiederfinden, in denen sich Minderheitenrechte zur Wahrung eigener Anlegerinteressen als unerlässlich erweisen. Gerade ein vergleichender Blick auf Ansätze zu Minderheitenrechten und minderheitsrechtsschützenden Wertungen in ausländischen Rechtsordnungen kann insofern vielversprechend sein.

Erkenntnisreich erscheint eine Analyse der rechtlichen Rahmenbedingungen (publikums-)personengesellschaftlicher Minderheitenrechte in der Schweiz. Das eidgenössische bürgerliche Recht weist schon in seinen Ursprüngen einen hohen Verwandtschaftsgrad mit dem deutschen Privatrecht auf.[959] Zugleich zeigt es sich jedoch unabhängig von unionsrechtlichen Vorgaben. Gänzlich losgelöst vom kodifizierten kontinentaleuropäischen Rechtskreis ist der des US-amerikanischen und britischen Common Law. Ungebunden von europäischen Vorgaben ist dabei allerdings nur das US-amerikanische (Personen-)Gesellschaftsrecht, in welchem sich ein Zusammenspiel von Vertrags- und Richterrecht sowie zunehmender normativer Vereinheitlichungstendenzen beobachten lässt. Beachtenswert erscheint damit auch eine Untersuchung einschlägiger gesellschaftsrechtlicher Minderheitenrechte im Recht der Vereinigten Staaten.

Insofern stellt sich die Frage, inwieweit sich aus dem schweizerischen und US-amerikanischen (Personen-)Gesellschaftsrecht minderheitsrechtsschützende Ansätze für das Recht der deutschen Publikumspersonengesellschaft brauchbar machen lassen. Dabei liegt auf der Hand, dass der gesteckte Rahmen nur Raum lässt für einen gerafften Vergleich zu wesentlichen minderheitsrechtsschützenden Ansätzen. Namentlich beleuchtet werden sollen Treue- und Sorgfaltspflichten sowie gesellschaftliche Informationsrechte. Im schweizerischen Recht werden ferner (Minder-

---

[959] Vgl. dazu *Zellweger-Gutknecht*, in: Basler Kommentar, OR I, Einl. vor Art. 1 Rn. 13 ff. m.w.N.; vgl. ferner *Hafner/Goll*, Das Schweizerische Obligationenrecht, Einl. zur ersten Aufl., S. XI ff.

heiten-)Rechte im Zusammenhang mit dem Ausscheiden aus der Gesellschaft in den Blick genommen.

I. Minderheitsrechtsschützende Wertungen im schweizerischen Recht der Kommanditgesellschaft für kollektive Kapitalanlagen

1. Rechtsgrundlagen und Wesensmerkmale der Kommanditgesellschaft für kollektive Kapitalanlagen

Die (steuerliche) Attraktivität des schweizerischen Finanzplatzes ist bekannt. Wohlgemerkt werden in der Schweiz 27,5 Prozent des weltweit grenzüberschreitend verwalteten Finanzvermögens verwaltet; mehr als in jedem anderen Land.[960] Im schweizerischen Recht eignet sich als Publikumspersonengesellschaft[961] vor allem die Rechtsform der sog. Kommanditgesellschaft für kollektive Kapitalanlagen (KmGK[962])[963]. Diese ist seit dem 01.01.2007 im eidgenössischen Bundesgesetz über die kollektiven Kapitalanlagen (KAG)[964] geregelt. Das KAG ersetzt das bis dahin geltende Anlagefondsgesetz (AFG)[965]. In Art. 1 KAG bringt der Gesetzgeber zum Ausdruck, dass er mit dem KAG den Schutz der Anleger sowie die Transparenz und Funktionsfähigkeit des Marktes für kollektive Kapitalanlagen bezweckt. Regelungshintergrund des KAG ist ferner, sämtliche Kollektivanlagen rechtsformunabhängig demselben Gesetz zu unterwerfen. *Rayroux* und *du Pasquier*[966] sprechen hierbei anschaulich von *„same business, same risks, same rules"*. Dabei fällt auf, dass das schweizerische KAG in seinen systematischen Grundzügen Parallelen zum jüngeren deutschen KAGB aufweist. Zugleich ist die Regelungsdichte des KAG jedoch deutlich geringer als die des KAGB.

---

[960] Siehe hierzu https://www.swissbanking.org/de/finanzplatz/finanzplatz-in-zahlen/finanz platz-in-zahlen-1 (Stand: 31.10.2020).

[961] Nicht zu verwechseln ist der Begriff der Publikumspersonengesellschaft mit den sog. Publikumsgesellschaften, die von Art. 727 S. 1 Nr. 1 OR – zusammengefasst – als börsennotierte Aktiengesellschaften verstanden werden.

[962] So die offizielle Abkürzung, vgl. nur die Artt. 12 Abs. 2, 101 KAG; interessanterweise wird die KmGK teilweise auch als *„Swiss Limited Partnership"* bezeichnet, vgl. nur *Andermatt*, SJZ 2007, 481 ff.

[963] Grundlegend zur Rechtsnatur der KmGK vgl. *du Pasquier/Poskriakov*, in: Basler Kommentar, KAG, Art. 98 Rn. 3 ff.; wenngleich durchaus unüblicher, ist daneben auch die herkömmliche Kommanditgesellschaft nach Artt. 594 ff. OR als Publikumspersonengesellschaft denkbar, vgl. *Baudenbacher*, in: Basler Kommentar, OR II, Art. 594 Rn. 10; verwendet wird diese gemäß Art. 103 KAG für Anlagen in Risikokapital, vielfach für Investitionen in Immobilien oder anderweitige Großprojekte, vgl. *Rebord/Klunge*, in: SZW 2013, 367, 369.

[964] Bundesgesetz über die kollektiven Kapitalanlagen vom 23.06.2006, in Kraft getreten am 01.01.2007, AS 2006 5379.

[965] Bundesgesetz über die Anlagefonds vom 18.03.1994, in Kraft getreten am 01.01.1995, AS 1994 2523, aufgehoben am 01.01.2007.

[966] *Rayroux/du Pasquier*, Basler Kommentar, KAG, 2. Aufl., Art. 7 Rn. 1.

In Art. 98 Abs. 1 S. 1 KAG definiert der eidgenössische Gesetzgeber die KmGK als *„eine Gesellschaft, deren ausschliesslicher Zweck die kollektive Kapitalanlage ist."* Den Begriff der kollektiven Kapitalanlage definiert der Gesetzgeber in Art. 7 S. 1 KAG als Vermögen, das von Anlegern zur gemeinschaftlichen Kapitalanlage aufgebracht und für deren Rechnung verwaltet wird. Ausweislich Art. 9 S. 1 KAG sowie des amtlichen 3. Titels des KAG versteht sich diese als geschlossene[967] kollektive Kapitalanlage. Näher geregelt ist die KmGK in den Artt. 98 ff. KAG. Nach Art. 98 Abs. 2 KAG kommen als Komplementäre der KmGK nur Aktiengesellschaften mit Sitz in der Schweiz in Frage.

Auffällig ist, dass Kommanditisten[968] nach Art. 98 Abs. 3 KAG qualifizierte Anleger[969] im Sinne des Art. 10 Abs. 3 KAG sein müssen, wozu insbesondere Vermögensverwalter zählen.[970] Darüber hinaus können nach Art. 10 Abs. 3bis KAG unter den Begriff der qualifizierten Anleger auch *„vermögende Privatpersonen"* fallen. Definiert wird dieser Begriff in Art. 6 Kollektivanlagenverordnung (KKV)[971]. Hintergrund der Öffnung gegenüber vermögenden Privatpersonen war die Annahme, dass auch fachunkundige Privatanleger in der Lage sind, sich bei Bedarf entsprechenden fachmännischen Rat einzuholen.[972] Aus eben diesem Grund sind von dem Begriff der qualifizierten Anleger gemäß Art. 10 Abs. 3ter KAG auch Anleger erfasst, die (mit einem Vermögensverwalter) einen schriftlichen Vermögensverwaltungsvertrag[973] nach Art. 3 Abs. 2 lit. b) und c) KAG geschlossen haben, sofern sie nicht schriftlich erklärt haben, dass sie nicht als qualifizierte Anleger gelten wollen. Faktisch entspricht dies der im deutschen Publikumspersonengesellschaftsrecht üblichen echten treuhänderischen Beteiligung[974]. Nach dem klaren Wortlaut der Vorschrift des Art. 10 Abs. 3ter KAG erfasst diese Regelung sämtliche Anleger, unabhängig von deren Vermögensmasse.[975] Insofern steht das Anlagevehikel der

---

[967] Im Einklang mit dem deutschen Rechtsverständnis haben Anleger nach Art. 9 Abs. 2 KAG bei geschlossenen kollektiven Kapitalanlagen weder unmittelbar noch mittelbar einen Rechtsanspruch auf Rückgabe ihrer Anteile zum Nettoinventarwert.

[968] Der Kommanditist findet im deutschsprachigen schweizerischen (Gesetzes-)Recht die Bezeichnung *„Kommanditär"*, im französischsprachigen schweizerischen (Gesetzes-)Recht die Bezeichnung *„commanditaire"* und im italienischsprachigen schweizerischen Gesetzesrecht die Bezeichnung *„accomandanti"*, vgl. dazu nur die jeweilige Sprachfassung von Art. 594 OR.

[969] Anleger sind nach Art. 10 S. 1 KAG natürliche oder juristische Personen sowie Kollektiv- und Kommanditgesellschaften, die Anteile an kollektiven Kapitalanlagen halten.

[970] Ausführlich zum Anlegerkreis der KmGK vgl. *Ehrensperger*, S. 116 ff. m.w.N.

[971] Verordnung über die kollektiven Kapitalanlagen vom 22. 11. 2006, in Kraft getreten am 01. 01. 2007, AS 2006 5787.

[972] Siehe dazu die Botschaft des Bundesrates vom 23. 09. 2005 zum Bundesgesetz über die kollektiven Kapitalanlagen, S. 6395, 6441.

[973] Ausführlich *Eichhorn*, S. 89 ff.

[974] Dazu ausführlich oben Erstes Kapitel B. III. 5. b).

[975] Zustimmend *Eichhorn*, S. 92; *Wyss*, in: Basler Kommentar, KAG, 2. Aufl., Art. 10 Rn. 84.

Kommanditgesellschaft für kollektive Kapitalanlagen als Publikumspersonengesellschaft zur Verfügung.

In Art. 102 Abs. 1 KAG finden sich Mindestvorgaben für den Gesellschaftsvertrag der KmGK. Deren Gründer profitieren im Übrigen von einer weitgehenden Vertragsfreiheit, sodass die konkrete Ausgestaltung von Gesellschaftsstruktur sowie internen Rechtsbeziehungen größtenteils in ihren Händen liegt.[976]

2. Ausgewählte minderheitsrechtsschützende Wertungen aus dem Recht der Kommanditgesellschaft für kollektive Kapitalanlagen im Rechtsvergleich

Nach Art. 99 KAG kommen für die schweizerische KmGK die Bestimmungen des Obligationenrechts über die Kommanditgesellschaft[977] zur Anwendung, soweit sich aus dem KAG nichts anderes ergibt. Erinnerlich wählte der bundesdeutsche Gesetzgeber für die geschlossene (Publikums-)Investment-KG in § 149 Abs. 1 S. 2 KAGB ebenso den Rückgriff auf das Recht der herkömmlichen (Publikums-)Personengesellschaft.

a) Treue- und Sorgfaltspflicht

In der Schweiz hat die gesellschaftliche Treuepflicht im Recht der Investmentfonds normativen Niederschlag gefunden: Bereits im eidgenössischen Anlagefondsgesetz war eine Treuepflicht der Fondsleitung und ihrer Beauftragten normativ festgehalten.[978] Die entsprechende Nachfolgeregelung findet sich in Art. 20 Abs. 1 lit. a) KAG. Namentlich sind die Gesellschaftsleitung und ihre Beauftragten hiernach dazu verpflichtet, unabhängig zu handeln und ausschließlich die Interessen der (Minderheits-)Gesellschafter zu wahren. Die Legaldefinition der Treuepflicht nach dem KAG macht damit die Anlegerinteressen zur Maßgabe jeglichen Handelns der Geschäftsleitung der KmGK. Weitere Konkretisierungen erfährt die Treuepflicht in den Artt. 21–23 KAG[979] sowie für Immobilienfondsgesellschaften in Art. 63 KAG. Eng verwandt mit der Treuepflicht ist die in Art. 20 Abs. 1 lit. b) KAG normierte Sorgfaltspflicht. Hiernach sind die organisatorischen Maßnahmen zu treffen, die für eine einwandfreie Geschäftsführung erforderlich sind. Wenngleich

---

[976] Vgl. *Jabbour*, in: Abrégé de droit commercial, 6. Aufl., S. 1152; hierzu auch *Lachat*, in: Placements collectifs et titres intermédiés, S. 58.

[977] Zur Rechtsnatur der schweizerischen Kommanditgesellschaft vgl. *Handschin/Chou*, in: Zürcher Kommentar, OR, Teilband V/4b, Art. 594–595 Rn. 7 f.; zur rein deklaratorischen Eintragungspflicht der schweizerischen (herkömmlichen) Kommanditgesellschaft vgl. *Vulliety*, in: Commentaire Romand, CO II, Art. 595 Rn. 54; zur konstitutiven Eintragungspflicht der KmGK vgl. Art. 100 Abs. 1 KAG.

[978] Vgl. dazu Art. 12 AFG a.F.

[979] Hierzu erläuternd die Botschaft des Bundesrates vom 23.09.2005 zum Bundesgesetz über die kollektiven Kapitalanlagen, S. 6395, 6446 ff., 6459.

der Gesetzgeber damit eine allgemeingültige Aussage trifft, bedarf diese weiterer Konkretisierung. Inhalt und Reichweite der Treue- und Sorgfaltspflichten bestimmen sich sodann nach der konkreten Ausgestaltung des Gesellschaftsverhältnisses im Einzelfall, womit die Entscheidungskompetenz im Streitfall letztlich in die Hände des Tatrichters gelegt wird. Kern der Problematik ist im Allgemeinen der auszutragende Konflikt zwischen den Interessen der Anleger und den Interessen Dritter, die mit der Gesellschaft in Beziehung stehen, wie etwa Gesellschaftsgläubiger.[980] Dabei ist mehrstufig vorzugehen[981]: Zunächst gilt es, Interessenkonflikte festzustellen, zu verhindern und zu beobachten. Diese sind dabei so zu lösen, dass eine Benachteiligung des (Minderheits-)Gesellschafters weitgehend ausgeschlossen wird. Ist dies nicht möglich, ist der Interessenkonflikt gegenüber den betroffenen Anlegern bekannt zu machen.

Möglich ist darüber hinaus, die in Art. 20 Abs. 1 lit. a) und b) KAG verankerten Pflichten auch als Auslegungsmaxime heranzuziehen. Verbleiben bei der Auslegung vertraglicher oder gesetzlicher Anordnungen Unklarheiten, sollte im Zweifel die für den betroffenen (Minderheits-)Gesellschafter günstigere Variante Anwendung finden.

Die Vorschrift des Art. 20 Abs. 1 lit. a) KAG erinnert an die ähnlich lautende Vorgabe aus § 153 Abs. 1 S. 3 Nr. 1 KAGB. Wenngleich die im schweizerischen Recht normativ verankerte Treue- und Sorgfaltspflicht in der praktischen Anwendung nähere Ausgestaltung erfordert, steht sie ganz im Dienste des Minderheitenrechtsschutzes: Mit der Normierung der Treuepflicht im KAG werden die Geschäftsführer der KmGK dazu angehalten, ihr Handeln stets nach den Interessen der Anleger zu richten. Sodann wird es Aufgabe der Rechtsprechung sein, Inhalt und Reichweite dieses Anlegerinteresses in praktisch brauchbarer Weise zu formulieren und Einzelausprägungen auszubuchstabieren. Anders als in der ähnlich lautenden kapitalanlagegesetzlichen Bestimmung des § 153 Abs. 1 S. 3 Nr. 1 KAGB hat die Geschäftsleitung der KmGK nach Art. 20 Abs. 1 lit. a) KAG bei der Ausübung ihrer Tätigkeit nicht nach dem Integritätsinteresse[982] des Marktes zu handeln, also insoweit keine Drittinteressen zu berücksichtigen. Inwieweit sich die genannten gesetzgeberischen Handlungsaufträge dadurch praktisch unterscheiden, lässt sich mangels entsprechender Kasuistik noch nicht abschließend feststellen. Klar ist jedoch, dass der schweizerische Gesetzgeber für die Tätigkeit der Geschäftsführung ausschließlich die Interessen der Gesellschafter der KmGK als maßgeblich erachtet. Anlegerschützend sowie praxistauglich erscheint ferner der mehrstufige Ansatz, mit

---

[980] Vgl. *Ehrensperger*, S. 108 ff.

[981] Vgl. *Pfenninger/Nüesch*, in: Basler Kommentar, KAG, 2. Aufl., Art. 20 Rn. 14; siehe auch Art. 32b KKV sowie Art. 32b aus dem Erläuterungsbericht zur Revision der Verordnung über die kollektiven Kapitalanlagen vom 13.02.2013 (E-KKV).

[982] *Boxberger*, in: Frankfurter Komm., KAGB, § 119 Rn. 7 m.w.N. führt insoweit an, der Bezug auf das Marktinteresse verstehe sich als Hinweis auf die Einhaltung kapitalmarktrechtlicher Vorschriften. Derartige Verhaltenspflichten folgen jedoch schon aus den entsprechenden Vorgaben selbst.

welchem möglichen gesellschaftsinternen Interessenkonflikten begegnet werden soll.

b) Informationsrechte

Im (Personen-)Gesellschaftsrecht gehören Informationsansprüche zum Hauptarsenal minderheitsrechtsschützender Instrumente. Ausgangspunkt für Informationsrechte in der KmGK ist die allgemeine kollektivanlagegesetzliche Informationspflicht aus Art. 20 Abs. 1 lit. c) KAG. Hiernach sind die Geschäftsführer verpflichtet, angemessen über die von ihnen verwalteten, verwahrten und vertriebenen kollektiven Kapitalanlagen zu informieren sowie sämtliche den Anlegern belasteten Gebühren und Kosten wie auch deren Verwendung offenzulegen. Darüber hinaus besteht die Pflicht, die Anleger vollständig, wahrheitsgetreu und verständlich über Entschädigungen für den Vertrieb kollektiver Kapitalanlagen in Form von Provisionen, Courtagen und anderen geldwerten Vorteilen zu informieren. Aus diesen Informationspflichten lässt sich spiegelbildlich ein eigenständiges gesetzliches Recht der Kommanditisten auf entsprechende Mitteilung ableiten. In Ansehung des eindringlichen Wortlauts von Art. 20 Abs. 1 lit. c) KAG sowie der gesetzgeberischen Intention aus Art. 1 KAG, insbesondere das Anlegerschutzniveau zu erhöhen, kann die Vorschrift nicht vertraglich abbedungen werden.[983] Eine Beschränkung oder Versagung des allgemeinen Informationsrechts ist nur ausnahmsweise denkbar, etwa soweit Geschäftsgeheimnisse der Gesellschaftsleitung dies gebieten.[984]

Die allgemeine Informationspflicht aus Art. 20 Abs. 1 lit. c) KAG wird flankiert von den speziellen Informationsrechten aus Art. 106 KAG. So sind Kommanditisten der KmGK nach Art. 106 Abs. 1 KAG berechtigt, jederzeit Einsicht in die Geschäftsbücher der Gesellschaft zu nehmen. Die allgemeine Formulierung legt nahe, dass hiervon jegliche Aufzeichnungen erfasst sind, die im Zusammenhang mit dem Betrieb der Gesellschaft stehen.[985] Zudem ist diese Möglichkeit jederzeitiger Einsicht anlegerfreundlicher als das für Kommanditisten herkömmlicher Kommanditgesellschaften in Art. 600 Abs. 3 OR geregelte Informationsrecht. Dieses ist gerichtet auf Erteilung einer Abschrift der Erfolgsrechnung und der Bilanz; deren Richtigkeit kann der Kommanditist ferner unter Einsichtnahme in die Geschäftsbücher und Buchungsbelege selbst prüfen oder durch einen unabhängigen Sachverständigen prüfen lassen. Wohlgemerkt wird Art. 600 Abs. 3 OR trotz Subsidiaritätsanordnung in Art. 99 Abs. 2 KAG in systematischer Hinsicht nicht durch die

---

[983] Vgl. hierzu auch *Pfenninger/Nüesch*, in: Basler Kommentar, KAG, 2. Aufl., Art. 20 Rn. 7 ff., die unter Verweis auf Art. 11 Börsengesetz (BEHG) lediglich den Kerngehalt des Informationsrechts der Parteidisposition entziehen möchten.

[984] Hierzu *Pfenninger/Nüesch*, in: Basler Kommentar, KAG, 2. Aufl., Art. 20 Rn. 31 m.w.N.

[985] Im Ergebnis zustimmend *Pfenninger/Nüesch*, in: Basler Kommentar, KAG, 2. Aufl., Art. 106 Rn. 5.

Spezialregelung aus dem Recht der KmGK ersetzt, sondern ergänzt diese vielmehr.[986]

Sachlich reicht das Einsichtsrecht nach Art. 106 Abs. 1 S. 2 KAG so weit, wie nicht Geschäftsgeheimnisse der Gesellschaft, in die die KmGK investiert, betroffen sind. Von dieser Ausnahme sind folglich nicht erfasst die eigenen Geschäftsgeheimnisse der KmGK.[987] Zu Recht spricht sich *Ehrensperger*[988] dafür aus, das Einsichtsrecht aus Art. 106 Abs. 1 KAG ob seiner zentralen Minderheitenschutzfunktion der Dispositionsfreiheit der Vertragsparteien zu entziehen. Zumindest kann das Einsichtsbegehren jedoch versagt werden, soweit es sich als offensichtlich rechtsmissbräuchlich erweist.[989]

Darüber hinaus haben die Kommanditisten nach Art. 106 Abs. 2 KAG mindestens einmal pro Quartal Anspruch auf Auskunft über den Geschäftsgang der Gesellschaft. Mangels normativer Konkretisierung obliegt den Vertragsparteien die Bestimmung von Inhalt und Reichweite dieser Auskunftspflicht bzw. des spiegelbildlichen Auskunftsanspruchs.[990]

Im Falle der unrechtmäßigen Verweigerung der Informationsbegehren steht den betroffenen Kommanditisten der ordentliche Rechtsweg offen, auch im Wege des einstweiligen Rechtsschutzes.[991] Die Darlegung eines besonderen Auskunftsinteresses ist hierfür nicht notwendig; erforderlich und zugleich ausreichend ist die bloße Stellung als Kommanditist.[992] Damit lässt sich im Recht der KmGK in Summe ein umfassend gestricktes Netz vielfältiger Informationsansprüche feststellen.

Im Gegensatz zum schweizerischen Recht der kollektiven Kapitalanlagen finden sich im deutschen Recht der geschlossenen (Publikums-)Investment-KG kaum[993] informationsrechtliche Sonderregelungen; insbesondere sieht das deutsche KAGB keine – Art. 20 Abs. 1 lit. c) KAG entsprechenden – allgemeinen Informationspflichten der Gesellschaftsinitiatoren gegenüber den Anlegern vor. Dem Informationsbedürfnis von (Minderheits-)Kommanditisten einer geschlossenen Publikumsinvestment-KG wird folglich nicht schon mit einer von den Gesellschaftsinitiatoren eigenständig zu erfüllenden Informationspflicht nachgekommen. Zudem

---

[986] So im Ergebnis die Botschaft des Bundesrates vom 23. 09. 2005 zum Bundesgesetz über die kollektiven Kapitalanlagen, S. 6395, 6476.

[987] Zustimmend *Spillmann*, S. 112.

[988] *Ehrensperger*, S. 125.

[989] Vgl. dazu *Rayroux/du Pasquier*, in: Basler Kommentar, KAG, 2. Aufl., Art. 106 Rn. 9; *Spillmann*, S. 113.

[990] *Du Pasquier/Poskriakov*, in: Basler Kommentar, KAG, 2. Aufl., Art. 106 Rn. 7.

[991] Siehe dazu *Rayroux/du Pasquier*, Basler Kommentar, KAG, 2. Aufl., Art. 106 Rn. 10 f. mit Verweis auf die Zuständigkeit des durch kantonales Prozessrecht bezeichneten Richters; im Ergebnis zustimmend *Spillmann*, S. 113.

[992] *Du Pasquier/Poskriakov*, in: Basler Kommentar, KAG, 2. Aufl., Art. 106 Rn. 9.

[993] Lediglich in § 160 KAGB finden sich Vorgaben zu Offenlegung und Vorlage von Jahresberichten der geschlossenen (Publikums-)Investment-KG.

besteht im Gesetzesrecht der geschlossenen (Publikums-)Investment-KG kein ausdrücklicher Anspruch auf Mitteilung oder Offenlegung aller den Anlegern direkt oder indirekt belasteten Gebühren und Kosten sowie deren Verwendung. Gleiches gilt betreffend die Mitteilung über Entschädigungen für den Vertrieb kollektiver Kapitalanlagen in Form von Provisionen, Courtagen und anderen geldwerten Vorteilen. Dem Kommanditisten im Recht der geschlossenen (Publikums-)Investment-KG verbleibt über § 149 Abs. 1 S. 2 KAGB lediglich der Rückgriff auf die engeren Informationsansprüche aus dem Recht der herkömmlichen (Publikums-)Personenhandelsgesellschaft.[994]

Vergleichbar mit dem Informationsanspruch aus Art. 106 Abs. 1 KAG erweisen sich die Informationsrechte nach den §§ 716 Abs. 1 BGB, 118 Abs. 1 HGB[995]. Ähnlich verhält es sich mit den auf Abschrift des Jahresabschlusses gerichteten Ansprüchen aus Art. 600 Abs. 3 OR sowie § 166 Abs. 1 HGB.

Der vierteljährlich gewährleistete Anspruch auf Auskunft über den Geschäftsgang der KmGK aus Art. 106 Abs. 2 KAG ist noch am ehesten vergleichbar mit dem auf Mitteilung über den Stand des Geschäfts gerichteten Anspruch aus den §§ 713, 666 BGB[996]. Dort findet sich im Gegensatz zum schweizerischen Recht allerdings keine Beschränkung auf eine quartalsweise Geltendmachung.

c) Minderheitenrechte im Zusammenhang mit dem Ausscheiden aus der Gesellschaft

aa) Gesellschaftsrechtlich angelegte Rechte zur individuellen Loslösung von der Gesellschaft

Nach Art. 102 Abs. 1 lit. f) KAG müssen die Bedingungen des Austritts der Kommanditisten aus der KmGK in den Gesellschaftsvertrag aufgenommen werden.[997] Dabei kann der Gesellschaftsvertrag gemäß Art. 105 Abs. 1 KAG insbesondere vorsehen, dass der Komplementär dem Austritt von Kommanditisten zuzustimmen hat. Enthält die Gesellschaftssatzung keine entsprechenden Vorgaben, finden über Art. 99 KAG i.V.m. Artt. 598 Abs. 2, 557 Abs. 2 OR die Vorschriften über die einfache Gesellschaft[998] Anwendung. Demnach bedarf der Austritt eines Kommanditisten eines Gesellschafterbeschlusses, dessen Anforderungen sich aus Art. 534 OR ergeben. Daneben ist der Austritt aus der Gesellschaft durch Übertragung des Gesellschaftsanteils möglich.[999] Grundsätzlich erforderlich ist hierfür das

---

[994] Dazu oben Drittes Kapitel C. III.

[995] Siehe oben Drittes Kapitel C. III. 1. a).

[996] Siehe oben Drittes Kapitel C. III. 1. a).

[997] Ausdrücklich zustimmend *Kühne*, Recht der kollektiven Kapitalanlagen, S. 299.

[998] Ausführlich zur einfachen Gesellschaft, vgl. *Montavon* et al., in: Abrégé de droit commercial, 6. Aufl., S. 129 ff.

[999] Zustimmend *du Pasquier/Oberson*, RSDA 2007, 207, 215; zu denkbaren vertraglichen Modalitäten siehe auch die entsprechende Vertragsklausel im Musterprospekt mit integriertem

Einverständnis aller Gesellschafter[1000], was auch in von Publikumsanlegern gekennzeichneten KmGKen zu offensichtlichen praktischen Problemen führen kann.

Umstritten ist allerdings, ob zugunsten von (Minderheits-)Gesellschaftern einer KmGK ein Recht zur ordentlichen Kündigung in Betracht kommt. An sich denkbar wäre die Möglichkeit eines satzungsmäßig angelegten, ordentlichen Kündigungsrechts. Ein insoweit zu ziehender Rückgriff auf die Artt. 545 und 546 OR aus dem Recht der einfachen Gesellschaft i.V.m. den Artt. 99 KAG, 598 Abs. 2, 557 Abs. 2 OR darf allerdings in Zweifel gezogen werden: Zum einen macht bereits Art. 9 Abs. 2 KAG deutlich, dass der Gesetzgeber das Fehlen eines Rechtsanspruchs auf Rückgabe der Anteile an die KmGK als konstitutives Element geschlossener kollektiver Kapitalanlagen begreift.[1001] Infolge spezialgesetzlicher Regelungen ist insoweit ein Rekurs über Art. 99 Abs. 2 KAG auf die Bestimmungen des Obligationenrechts ausgeschlossen. Zum anderen bringt der Gesetzgeber mit Art. 105 Abs. 2 KAG zum Ausdruck, dass er in Hinblick auf den Austritt von Kommanditisten lediglich die Anwendung der obligationenrechtlichen Bestimmungen zum Ausschluss von KG-Gesellschaftern vorbehält. Damit ist nur eine fristlose Kündigung aus wichtigem Grund möglich.[1002]

Die Rechtsnatur der KmGK und der geschlossenen (Publikums-)Investment-KG als jeweils geschlossenes Anlagevehikel hat für beide Rechtsformen zur Folge, dass deren (Minderheits-)Kommanditisten kein Recht zur ordentlichen Kündigung zusteht.[1003] Ein Ausscheiden aus der Gesellschaft durch derivative Übertragung des Kommanditanteils ist jedoch im Recht beider Gesellschaftsformen möglich. Daneben besteht in der KmGK wie auch im Recht der Publikumspersonengesellschaften deutschen Rechts die Möglichkeit, aus wichtigem Grund durch fristlose Kündigung aus der Gesellschaft auszuscheiden.

bb) Ausscheiden vermittels Prospektpflicht und -haftung nach dem KAG

Für das Recht der KmGK findet sich in Art. 102 Abs. 3 KAG eine Pflicht zur Veröffentlichung eines Anlegerprospekts. Im Umkehrschluss zu Art. 15 KAG bedarf

---

Gesellschaftsvertrag für die KmGK, bereitgestellt von der Swiss Funds Association (SFA) und der Swiss Private Equity and Corporate Finance Association (SECA), Rn. 33 ff., abrufbar unter http://www.seca.ch/sec/files/legal_and_tax/sfa_seca_musterdoku_deutsch.pdf (Stand: 31.10. 2020).

[1000] Vgl. *du Pasquier/Poskriakov*, in: Basler Kommentar, KAG, 2. Aufl., Art. 105 Rn. 14.

[1001] Ebenso in diese Richtung *Ehrensperger*, S. 136 f.; *Kühne*, Recht der kollektiven Kapitalanlagen in der Praxis, S. 314.

[1002] Zum Recht der einfachen Gesellschaft vgl. *Sethe*, in: Kurzkommentar, OR, Art. 545/ 546 Rn. 12.

[1003] Zum Ausschluss des ordentlichen Kündigungsrechts in der geschlossenen (Publikums-) Investment-KG siehe oben Drittes Kapitel C. VI. 2. b) bb) (2).

dieser keiner Genehmigung der FINMA[1004]. Nach Art. 102 Abs. 3 KAG muss der Prospekt namentlich die im Gesellschaftsvertrag enthaltenen Angaben gemäß Art. 102 Abs. 1 lit. h) KAG[1005] konkretisieren. Weitere Regelungen zum Inhalt des Prospekts ergeben sich nicht aus dem Gesetz. Insofern findet sich in der Literatur[1006] der Hinweis, insbesondere auch die mit der Anlagepolitik der KmGK verbundenen Risiken in den Prospekt mitaufzunehmen. Wegen der in Art. 102 Abs. 1 KAG vorgesehen Mindestangaben betreffend die Gesellschaftssatzung stuft *Jabbour*[1007] die Bedeutung des Prospekts jedoch als an sich nachrangig ein.

Unverzichtbar ist der Prospekt jedoch für etwaige Haftungsansprüche. Denn im Falle unrichtiger, unvollständiger sowie fehlender Prospekte bestehen Haftungsansprüche der einzelnen Anleger nach dem Verantwortlichkeitsgrundsatz des Art. 145 Abs. 1 S. 1 KAG. Hierin ist eine Haftung insbesondere gegenüber Anlegern im Falle einer Pflichtverletzung vorgesehen. Haftungsadressat dieser faktischen Prospekthaftung können nach Art. 145 Abs. 1 S. 2 KAG alle mit der Gründung, der Geschäftsführung, der Vermögensverwaltung, dem Vertrieb, der Prüfung oder der Liquidation befassten Personen sein. Die weiteren Haftungsvoraussetzungen sind in Art. 145 Abs. 2–5 KAG bestimmt. Inhaltlich ist der Haftungsanspruch auf Schadensersatz gerichtet, der sich nach den allgemeinen Regeln des Obligationenrechts bestimmt.[1008] Primär geschuldet ist insoweit die Herstellung des *status quo ante*, womit auch die Rücknahme der Gesellschaftsanteile durch die Haftungsadressaten grundsätzlich in Frage kommt.[1009]

Im Vergleich zum deutschen Prospekthaftungsrecht ist in erster Linie auffällig, dass die Regelungsdichte der entsprechenden schweizerischen Vorgaben deutlich geringer ist. Nichtsdestotrotz können die Verantwortlichen im Falle unrichtiger, unvollständiger oder fehlender Prospekte prospekthaftungsrechtlich in Anspruch genommen werden. Auf Rechtsfolgenseite zeigt sich, dass in beiden Rechtsordnungen eine Rücknahme der Anteile durch die Gesellschaft bzw. eine Übertragung an andere Prospektverantwortliche geschuldet sein kann, womit über den Umweg der Prospekthaftung ein sofortiges Ausscheiden aus der Gesellschaft zu erreichen ist.

[1004] Eidgenössische Finanzmarktaufsicht.

[1005] Im Einzelnen sind dies „die Anlagen, die Anlagepolitik, die Anlagebeschränkungen, die Risikoverteilung, die mit der Anlage verbundenen Risiken sowie die Anlagetechniken."

[1006] So etwa *du Pasquier/Poskriakov*, in: Basler Kommentar, KAG, 2. Aufl., Art. 102 Rn. 18 unter Verweis auf den SFA und SECA bereitgestellten Musterprospekt mit integriertem Gesellschaftsvertrag für die KmGK, siehe Fn. 999.

[1007] *Jabbour*, in: Abrégé de droit commercial, 6. Aufl., S. 1153.

[1008] Zum Umfang des ersetzbaren Schadens vgl. *Bärtschi/von Planta*, in: Basler Kommentar, KAG, 2. Aufl., Art. 145 Rn. 39 ff.

[1009] Lesenswert zur Ersatzpflicht *Berger*, in: Berger, Allgemeines Schuldrecht, 3. Aufl., S. 520 ff.

3. Zusammenfassung

Mit Einführung des KAG normierte der schweizerische Gesetzgeber einerseits Schutzinstrumente zugunsten von (Minderheits-)Anlegern der KmGK. Andererseits lässt er den Vertragsparteien vorbehaltlich aufsichtsrechtlicher Vorgaben im Übrigen den notwendigen Spielraum, die gesellschaftsinternen Rechtsbeziehungen eigens auszugestalten. In den Artt. 20 Abs. 1 lit. a) und b) KAG normierte der eidgenössische Gesetzgeber die Treue- und Sorgfaltspflicht. Hierin werden – im Gegensatz zum deutschen Recht – ausschließlich die Anlegerinteressen in den Fokus des Handelns der Geschäftsführung gelegt. Darüber hinaus ist es denkbar, die Treue- und Sorgfaltspflichten schon auf Auslegungsebene zu berücksichtigen. Die im KAG und OR angelegten Informationsrechte zugunsten von (Minderheits-)Kommanditisten reichen in ihrer Gesamtheit weiter als inhaltlich vergleichbare Regelungen im deutschen Publikumspersonengesellschaftsrecht. Zudem kann ein Ausscheiden aus der KmGK sowohl mithilfe des Gesellschaftsrechts, als auch unter Berufung auf prospekthaftungsrechtliche Ansprüche erreicht werden.

II. Minderheitsrechtsschützende Wertungen in der Limited Partnership nach US-amerikanischem Recht

1. Rechtsgrundlagen und Wesensmerkmale der Limited Partnership

Vergleichbar mit der deutschen (Publikums-)KG ist die im US-amerikanischen Recht anzutreffende Limited Partnership. Ähnlich wie die deutsche Publikumspersonengesellschaft und die schweizerische KmGK dienen Limited Partnerships vor allem als Anlagevehikel für Großinvestitionen im Immobilien- und Finanzsektor.[1010] Bundesstaatsübergreifend vereinheitlicht wurden Regelungen zur Limited Partnership bereits im Jahre 1916 im Uniform Limited Partnership Act[1011] sowie letztmals im Jahre 2001 im Uniform Limited Partnership Act, zuletzt geändert im Jahr 2013, nachfolgend ULPA (2001)[1012]. Wohlgemerkt handelt es sich dabei jeweils um Model Law, also bloße Regelungsvorschläge der NCCUSL, die sodann noch der jeweiligen

---

[1010] Vgl. *Ribstein*, 37 Suffolk U. L. Rev. 927, 934.

[1011] Uniform Limited Partnership Act (1916) von der *National Conference of Commissioners on Uniform State Laws* („NCCUSL") entworfen, bestätigt und zur Umsetzung in allen US-amerikanischen Bundesstaaten vorgeschlagen.

[1012] Uniform Limited Partnership Act (2001) mit letzten Änderungen aus dem Jahre 2013, von der *National Conference of Commissioners on Uniform State Laws* („NCCUSL") entworfen, bestätigt und zur Umsetzung in allen US-amerikanischen Bundesstaaten vorgeschlagen.

Umsetzung durch die einzelnen US-amerikanischen Bundesstaaten bedürfen. Der ULPA (2001) wurde bislang von 23 Bundesstaaten umgesetzt.[1013]

Die Gesellschafterstruktur der Limited Partnership zeichnet sich dadurch aus, dass sie über zumindest einen (geschäftsführenden[1014]) General Partner und zumindest einen Limited Partner verfügt.[1015] Dabei ist die rechtliche Stellung unbeschränkt[1016] haftender General Partner vergleichbar mit derjenigen von Komplementären, hingegen die rechtliche Stellung beschränkt[1017] haftender Limited Partner vergleichbar mit derjenigen von Kommanditisten. Darüber hinaus erweist sich die Limited Partnership als rechts- und parteifähig.[1018] Diese Wesensverwandtschaft zwischen deutscher (Publikums-)KG und Limited Partnership lässt sich damit erklären, dass letztere auf die kontinentaleuropäische KG[1019] bzw. die französische société en commandite[1020] zurückgeht.

2. Ausgewählte minderheitsschützende Wertungen aus dem Recht der Limited Partnership im Rechtsvergleich

a) Treue- und Sorgfaltspflicht

Den General Partner treffen nach § 409 lit. a) ULPA (2001) gegenüber der Limited Partnership sowie gegenüber allen anderen Gesellschaftern sog. *duties of loyalty and care*, also Treue- und Sorgfaltspflichten.[1021]

Der Umfang der Treuepflicht des General Partners wird konkretisiert in § 409 lit. b) ULPA (2001). Als eigenes Rechtsinstitut ist die Treuepflicht (*„duty of loyalty“*) zu unterscheiden von dem gesellschaftsvertraglichen Gebot des *„good faith“*, d. h. Treu- und Glauben.[1022] Eng verwandt mit den Treuepflichten des General Partners sind die ihn treffenden Sorgfaltspflichten (*„duty of care“*).[1023] Diese werden in § 409 lit. c) ULPA (2001) näher bezeichnet. Zusammengefasst obliegt dem General Partner

---

[1013] Eine Übersicht hierzu findet sich unter https://www.uniformlaws.org/committees/community-home?CommunityKey=d9036976-6c90-4951-ba81-1046c90da035 (Stand: 31.10.2020).

[1014] Vgl. § 402 ULPA (2001).

[1015] So schon § 1 ULPA (1916); siehe ferner § 102 Abs. 11 S. 1 ULPA (2001); bekanntlich haften General Partner unbeschränkt (vgl. § 404 ULPA (2001), Limited Partner hingegen bis zur Höhe ihrer Einlage (vgl. § 303 ULPA (2001)).

[1016] Vgl. § 404 ULPA (2001).

[1017] Vgl. § 303 ULPA (2001).

[1018] Vgl. § 104 lit. a) S. 1 ULPA (2001).

[1019] So *Henn/Alexander*, Laws of Corporations, S. 86.

[1020] So etwa im einleitenden *„Official Comment“* der NCCUSL zum Uniform Limited Partnership Act (1916).

[1021] Zur *„duty of loyalty“*, vgl. auch die Entscheidung *Meinhard v. Salmon*, 164 N.E. 545, 546 (N.Y. 1928).

[1022] Vgl. § 305 lit. a) ULPA (2001).

[1023] Vgl. *Conaway*, 10 Del. L. Rev. 89, 113.

nach beiden Vorschriften, ausschließlich im Interesse der Limited Partnership zu handeln.[1024] Hieraus können sich im Einzelfall sowohl Abwehrrechte gegen unberechtigtes Handeln des General Partners, als auch Leistungsrechte gegenüber der Limited Partnership ergeben. Interessanterweise bestimmt § 409 lit. e) ULPA (2001), dass der General Partner nicht schon pflichtwidrig handelt, wenn die konkrete Ausübung seiner Tätigkeit (auch) im eigenen Interesse liegt. Im Falle der Zuwiderhandlung gegen Treue- oder Sorgfaltspflichten durch den General Partner besteht nach § 409 lit. f) ULPA (2001) die Möglichkeit, dass alle an der Limited Partnership beteiligten Gesellschafter die beanstandete Handlung oder Unterlassung durch einstimmigen Beschluss legalisieren. Freilich wird diese Option bei einer Vielzahl von Limited Partnern selten praktisch relevant.

Eine andere Frage ist, inwieweit sich die genannten Treue- und Sorgfaltspflichten vertraglich einschränken respektive abbedingen lassen. Anlässlich der Aufnahme von Treue- und Sorgfaltspflichten in den ULPA (2001) sah sich die NCCUSL dazu veranlasst, auch deren gesellschaftsvertragliche Abdingbarkeit sowie Einschränkbarkeit zu regeln. Nach § 105 lit. d) ULPA (2001) ist es den Vertragsparteien grundsätzlich untersagt, die angeordneten Treue- und Sorgfaltspflichten vertraglich abzubedingen. Vertragliche Modifikationen sind, soweit sich diese nicht als offensichtlich unbillig erweisen, nur im engen Rahmen der Vorgaben von § 105 lit. d) Nr. 2 ULPA (2001) zulässig.[1025]

In bundesstaatlichen Kodifikationen des Rechts der Limited Partnership finden sich noch weiterreichende Zugeständnisse zugunsten der Privatautonomie. Auffallend deutlich bringt dies der Gesetzgeber Delawares zum Ausdruck. Nach § 15–103 lit. d) Delaware Revised Uniform Partnership Act (DRULPA) verfolgt der Gesetzgeber mit dem DRULPA den Zweck, dem Grundsatz der Vertragsfreiheit und der Durchsetzbarkeit des Partnershipvertrages größtmögliche Wirkung zu verleihen.[1026] Demnach können gemäß § 15–103 lit. f) DRULPA mithilfe des Gesellschaftsvertrags insbesondere Treue- und Sorgfaltspflichten der General Partner beschränkt oder gar gänzlich abbedungen werden.[1027]

Auch wenn Treue- und Sorgfaltspflichten geschäftsführender Gesellschafter im US-amerikanischen Recht normativen Niederschlag gefunden haben, sind sie im deutschen Recht der herkömmlichen Publikumspersonengesellschaften durch

---

[1024] Vgl. *Rall*, 37 Suffolk U. L. Rev. 913, 918 ff.

[1025] Lesenswert zur Reichweite gesellschaftsvertraglicher Konkretisierungen der Treuepflicht *In re Cencom Cable Income Partners, L.P.* Litigation No. 14, 634.

[1026] „*It is the policy of this chapter to give maximum effect to the principle of freedom of contract and to the enforceability of partnership agreements.*"; vgl. hierzu auch *Steele*, 46 Am. Bus. L.J. 221, 226 f.

[1027] *Fleischer/Harzmeier*, NZG 2015, 1289, 1291 sprechen hier gar von „*Speerspitze der Liberalität*"; vgl. ausführlich zur Vertragsfreiheit in Delaware Limited Partnerships *Steele*, 46 Am. Bus. L.J. 221 ff.

Rechtsprechung und Literatur anerkannt.[1028] Entscheidender Unterschied ist vielmehr, dass Inhalt und Reichweite der sog. „*duties of loyalty and care*" im Recht der Limited Partnership ausbuchstabiert sind. Den rechtsunterworfenen General Partnern wird der eigene Pflichtenkatalog, den betroffenen Limited Partnern der eigene Anspruchskatalog damit klar vor Augen geführt. Zugutezuhalten ist diesem normativen Ansatz mithin ein höheres Maß an Vorhersehbarkeit. Freilich nimmt eine abschließende Aufzählung von Tatbeständen der Treue- und Sorgfaltspflichten im selben Moment jegliche anderen denkbaren Situationen aus, die gleichwohl noch unter die gesellschaftliche Treuepflicht deutschen Rechtsverständnisses fallen könnten. Das im deutschen Gesellschaftsrecht vor allem durch die Judikatur geprägte Treuepflichtgebot verspricht damit mehr Einzelfallgerechtigkeit, gerade auch zugunsten von (Minderheits-)Gesellschaftern. Demgegenüber profitieren im Rechtskreis der Vereinigten Staaten vor allem minderheitsbeteiligte Limited Partner davon, dass der Abdingbarkeit und Beschränkung der Treue- und Sorgfaltspflichten im ULPA (2001) Model Law Grenzen gesetzt sind.

b) Informationsrechte

Ausgangspunkt von Informationsrechten im Recht der Limited Partnership ist zunächst die in § 108 ULPA (2001) verankerte Pflicht, die dort aufgelisteten Aufzeichnungen und Dokumente am Hauptgeschäftssitz der Gesellschaft bereitzuhalten.[1029] Zu dieser sog. *required information* zählt nach § 108 Abs. 1 ULPA (2001) insbesondere eine Liste mit Namen und Anschriften aller an der Gesellschaft beteiligten Partner sowie nach § 108 Abs. 6 ULPA (2001) eine Abschrift der Jahresabschlüsse der letzten drei Jahre. Dabei können die Vorgaben aus § 108 ULPA (2001) gemäß § 105 lit. c) Nr. 9 ULPA (2001) gesellschaftsvertraglich weder modifiziert, eingeschränkt noch gänzlich abbedungen werden.[1030]

Die zentralen Informationsansprüche für Limited Partner in der Limited Partnership finden sich sodann in § 304 ULPA (2001). Dieser versteht sich als Instrument zur Kontrolle der für General Partner in § 408 ULPA festgehaltenen Treue- und Sorgfaltspflichten.[1031] Insoweit werden die Informationsansprüche in die beiden Kategorien „*required information*" und „*other information*" unterteilt:

Nach § 304 lit. a) ULPA (2001) hat jeder Limited Partner das Recht, erforderliche Informationen („*required information*") im Hauptgeschäftssitz der Limited Partnership innerhalb von zehn Tagen ab Geltendmachung dieses Informationsanspruchs

---

[1028] Vgl. ausführlich oben Drittes Kapitel B. II. zur Einzelausprägung gesellschaftlicher Treuepflichten im Recht der geschlossenen (Publikums-)Investment-KG siehe oben Drittes Kapitel B. II. 2.

[1029] Zu den Einzelheiten der „*required information*" vgl. auch die Kommentierung der NCCUSL zu § 108 ULPA (2001) (S. 51 f.); vgl. ferner *Callison/Vestal*, 37 Suffolk U.L. Rev. 719, 726 ff.

[1030] Siehe dazu ebenfalls die Kommentierung der NCCUSL zu § 108 ULPA (2001) (S. 51).

[1031] Siehe dazu die Kommentierung der NCCUSL zu § 404 ULPA (2001) (S. 61).

während der regulären Öffnungszeiten einzusehen und Kopien der Aufzeichnungen anzufertigen. Der Begriff der „*required information*" entspricht dabei der offiziellen Überschrift von § 108 ULPA (2001).[1032] In prozessualer Hinsicht bedarf es keiner Darlegung eines besonderen Einsichtsgrundes; ausreichend ist vielmehr die bloße Gesellschafterstellung des anspruchsbegehrenden Limited Partners.

Sonstige Informationen („*other information*") zu Geschäftsgang und Finanzlage der Limited Partnership sowie weitere Informationen zu den geschäftlichen Tätigkeiten der Limited Partnership können nur unter den erschwerten Voraussetzungen der § 304 lit. b) Nr. (1) bis (3) ULPA (2001) eingefordert werden. Zusammengefasst kann die Limited Partnership, vertreten durch die General Partner, nach beschränktem Ermessen entscheiden, welche konkreten sonstigen Informationen sie dem auskunftsbegehrenden Limited Partner zugänglich machen möchte. Einschlägige verfahrensrechtliche Vorgaben finden sich ebenfalls in § 304 lit. b) Nr. (1) bis (3) ULPA (2001).

Die in § 304 ULPA (2001) genannten Einsichtsrechte können nach § 105 lit. c) Nr. 9 Hs. 1 ULPA (2001) nicht in unangemessener Weise eingeschränkt werden („*unreasonably restrict*"). In fast schon redundanter Weise wird in derselben Vorschrift nochmals ausformuliert, dass demgegenüber Verfügbarkeit und Nutzungszweck der nach § 304 ULPA (2001) zu erhaltenden Informationen in angemessener Weise eingeschränkt werden dürfen. Die Beweislast für die Angemessenheit der genannten Beschränkungen liegt ausweislich § 304 lit. j) S. 2 ULPA (2001) bei der Limited Partnership.

Im Recht der Limited Partnership finden sich damit ähnlich wie im deutschen (Publikums-)Personengesellschaftsrecht Einsichts- und Auskunftsrechte. Bemerkenswert ist, dass im Recht der Limited Partnership *expressis verbis* ein Anspruch auf Einsicht der Gesellschaftsunterlagen über Namen und Adressen der Mitgesellschafter verankert ist, womit gerade der Vernetzung der Limited Partner untereinander zum Zwecke der gemeinsamen Rechtsausübung gedient ist. Die anzutreffende Kategorisierung zwischen dem Recht auf Mitteilung erforderlicher und anderer Informationen ist dem Umstand geschuldet, dass die NCCUSL die in § 108 ULPA (2001) als grundlegend für die Ausübung gesellschafterlicher Rechte der Limited Partner erachtet, und den Informationszugang daher entsprechend vereinfacht wissen wollte. Vergleichbar mit dem Einsichtsrecht aus § 304 lit. a) ULPA (2001) zeigen sich die im deutschen (Publikums-)Personengesellschaftsrecht verankerten Kontrollrechte der §§ 716 Abs. 1, 118 Abs. 1 HGB. Der im Recht der (Publikums-)KG verankerte Anspruch auf Mitteilung des Jahresabschlusses aus § 166 Abs. 1 HGB ist im Recht der Limited Partnership schon als Einsichtsrecht in § 108 Abs. 6 ULPA (2001) i.V.m. § 304 lit. a) ULPA (2001) verankert. Den klaren verfahrensrechtlichen Vorgaben zu Ablauf und Fristen der jeweiligen Informationsbegehren im ULPA (2001) darf durchaus positive Wirkung auf den Minderheitenrechtsschutz attestiert werden. Von den Informationsansprüchen in der deutschen Publikumspersonenge-

---

[1032] Siehe dazu die Kommentierung der NCCUSL zu § 304 ULPA (2001) (S. 95).

sellschaft hebt sich die Limited Partnership ferner dadurch ab, dass der ULPA (2001) der Abbedingung von Informationsrechten zugunsten von (Minderheits-)Gesellschaftern Grenzen setzt.

3. Zusammenfassung

Die im US-amerikanischen ULPA (2001) festgehaltene Limited Partnership zeichnet sich im Besonderen aus durch dort statuierte Treue- und Sorgfaltspflichten. Positiv auf die Rechtsstellung von Minderheitsanlegern wirkt sich aus, dass Inhalt und Reichweite der Treue- und Sorgfaltspflichten mithilfe von Anwendungsfällen klar definiert sind. Auch sind deren vertraglicher Abdingbarkeit im ULPA (2001) klare Grenzen gesetzt. Ebenso detailreich sind im ULPA (2001) die Informationsrechte ausgestaltet. Anders als in der Publikumspersonengesellschaft deutschen Rechts, sieht das Recht der Limited Partnership ausdrücklich den für die Praxis wichtigen Anspruch auf Auskunft über Namen und Adressen der Mitgesellschafter vor. Ein weiterer Unterschied zum deutschen (Publikums-)Personengesellschaftsrecht zeigt sich darin, dass der ULPA (2001) die Limited Partner vor unangemessenen Einschränkungen des Informationsrechts schützt. Demgegenüber kann die Freigabe bestimmter Gesellschaftsinformationen im begrenzten Ermessen der Geschäftsführung liegen.

B. Resümee der Erkenntnisse
für die deutsche Rechtsordnung

Während in Deutschland im Recht der herkömmlichen Publikumspersonengesellschaft die Diskussion um die Abdingbarkeit allgemeiner gesellschaftlicher Treuepflichten schwelt, bleibt der schweizerische Gesetzgeber seiner Linie treu, die Treue- und Sorgfaltspflicht als Kerninstrument des Fondsrechts zu begreifen. Zwar hat auch im deutschen Fondsrecht die gesellschaftliche Treuepflicht eine Einzelausprägung im Recht der geschlossenen (Publikums-)Investment-KG erfahren. In die in Deutschland anhaltende Debatte über die Abdingbarkeit von Treupflichten hat dies jedoch ersichtlich noch keinen Einzug gefunden. Bemerkenswert ist, dass die im eidgenössischen KAG festgehaltene Treuepflicht ausschließlich zur Wahrung der Interessen der Anleger verpflichtet. Ebenso gedient wäre dem Schutz von Minderheitsgesellschaftern in deutschen Publikumspersonengesellschaften mit der Übernahme des kollektivanlagegesetzlichen Ansatzes zur Identifikation und Behandlung von Interessenkonflikten in der schweizerischen KmGK. Auch die im KAG verankerten Informationsrechte zeigen sich in Teilen anlegerfreundlicher als die im deutschen Publikumspersonengesellschaftsrecht festgehaltenen Informationsansprüche. Dies macht sich sowohl im inhaltlichen Vergleich, als auch in verfahrensrechtlicher Hinsicht bemerkbar. Weitgehend ähnlich sind hingegen die im schweizerischen und deutschen (Publikums-)Personengesellschaftsrecht dargebotenen Minderheitenrechte im Zusammenhang mit dem Ausscheiden aus der Gesellschaft.

Im US-amerikanischen Recht der Limited Partnership sind Treue- und Sorgfaltspflichten im ULPA (2001) nicht nur festgehalten, sondern auch deren Inhalt und Reichweite bestimmt. Allerdings könnten auch Bedenken erhoben werden gegen die Übertragung eines solchen kodifikatorischen Ansatzes in das deutsche Recht der Publikumspersonengesellschaft: In Ansatz gebracht werden könnte etwa, die Vielzahl denkbarer Varianten der Publikumspersonengesellschaft sei mit einer starren Ausgestaltung von Treue- und Sorgfaltspflichten unvereinbar. Indessen beschränken sich die im ULPA (2001) dargelegten Treue- und Sorgfaltspflichten auf einen Mindestverhaltensstandard für General Partner bzw. Komplementäre, der mit jeglichen Formen von Publikumspersonengesellschaften, weitgehend unabhängig von deren einzelfallmäßiger vertraglicher Ausgestaltung, vereinbar scheint. Gerade eine entsprechende ergänzende Vorschrift zur Einzelausprägung gesellschaftlicher Treueplicht in § 153 Abs. 1 S. 3 Nr. 1 KAGB wäre dem Schutzinteresse von Minderheitsgesellschaftern der geschlossenen (Publikums-)Investment-KG dienlich gewesen.

Als übertragungsfähig aus dem Recht der Limited Partnership erweist sich zudem der Ansatz, die Grenzen zulässiger Abdingbarkeit der Treu- und Sorgfaltspflicht normativ zu bestimmen. Der deutsche Gesetzgeber hätte es der NCCUSL hier etwa gleichtun und mit einer ausdrücklichen Unabdingbarkeitsklausel der Einzelausprägung[1033] gesellschaftlicher Treuepflicht nach § 153 Abs. 1 S. 3 Nr. 1 KAGB ein positives Zeichen für mehr Minderheitenrechtsschutz setzen können. Auch wäre hierdurch einer ungehemmten Kautelarpraxis, die Minderheitenrechte weitgehend ausschließen möchte, Einhalt geboten. Darüber hinaus würden sowohl Gesellschaftsinitiatoren als auch Anlegern durch eine eindeutige entsprechende Regelung schon klare normative Wegmarken gesetzt, die gleichermaßen einer unvorhersehbaren richterlichen Rechtsanwendung den Boden entziehen.

Auch die Methode, zugunsten von (Minderheits-)Kommanditisten um ULPA (2001) informationsrechtliche Einzelausprägungen auszuformulieren, erweist sich auf das hiesige Recht der (Publikums-)Personengesellschaften übertragbar. Vorstellbar wäre dabei durchaus eine Verankerung im (allgemeinen) Personengesellschaftsrecht, denn dertartige Informationsrechte scheinen gleichfalls vereinbar mit dem Recht gesetzestypischer Personengesellschaften. Ferner könnte der Einschränkung jener Informationsrechte dadurch zugleich – in Anlehnung an den ULPA (2001) – Grenzen gesetzt werden. Allerdings liegt auf der Hand, dass in, von einer kleinen Gesellschafterzahl geprägten, herkömmlichen Personengesellschaften bei Fragen vertraglicher Abbedingung ein größerer Spielraum gelassen werden sollte, als in (kapitalistisch strukturierten) Publikumspersonengesellschaften. Anleger-

---

[1033] Zur Einzelausprägung gesellschaftlicher Treuepflichten im Recht der geschlossenen (Publikums-)Investment-KG siehe oben Drittes Kapitel B. II. 2.

schützender Charakter zu attestieren ist ferner den in den ULPA (2001) aufgenommenen Höchstfristen zur Behandlung der Informationsrechtsverlangen der Limited Partner. Zwar trugen Rechtsprechung und Literatur im deutschen (Publikums-) Personengesellschaftsrecht zur Bildung entsprechender verfahrensrechtlicher Orientierungen bei; dennoch wären gerade klare und verbindliche gesetzliche Verfahrensvorgaben in der Lage, Minderheitsgesellschaftern die Geltendmachung ihrer Informationsrechte in der Praxis zu erleichtern.

Fünftes Kapitel

Zukunft von Minderheitenrechten in der Publikumspersonengesellschaft

A. Spannungsfeld Minderheitenrechte

Ein allgemeingültiger Ansatz zur Begründung von Minderheitenrechten in Publikumspersonengesellschaften findet sich nicht. Dies liegt schon daran, dass es *die* klassische Publikumspersonengesellschaft nicht gibt. Parallelen lassen sich dennoch festmachen; geradezu konstituierend für alle Formen von Publikumspersonengesellschaften ist deren Ausrichtung auf eine unbestimmte Vielzahl potentieller Anleger sowie deren vom Anlegerkreis weitgehend losgelöste kapitalistische Organisationsstruktur. Der im Vertragsrecht zu suchende Ursprung von Publikumspersonengesellschaften bedeutet allerdings, dass sich die Rechtspraxis mit deren zahlreichen Einzelausprägungen zu befassen hat. Nichtsdestotrotz ist der kleinste gemeinsame Nenner dieser verschiedenen Varianten von Publikumspersonengesellschaften ihre jeweilige Ausgangsrechtsform aus dem *numerus clausus* der Personengesellschaften, in der Rechtspraxis allen voran die Publikums-KG bzw. die geschlossene Publikumsinvestment-KG. Als weitere Gemeinsamkeit lassen sich minderheitlich beteiligten Gesellschaftern aller Spielarten von Publikumspersonengesellschaften regelmäßig ähnliche Interessen attestieren, namentlich das Verlangen nach hinreichendem Minderheitenrechtsschutz, um die eigene Anlegerposition gegenüber der Gesellschaftermehrheit auch rechtlich geschützt zu wissen. Dies gilt auch für treuhänderisch an der Publikumspersonengesellschaft beteiligte Anleger, sei die finanzielle Teilhabe als echte oder unechte Treuhand ausgestaltet. Einschränkend ist dem allerdings hinzuzufügen, dass die Beteiligung in Publikumspersonengesellschaften ihrer Natur nach als kapitalistische Investitionsanlage konzipiert ist und als solche durch den Gesellschaftsbeitritt des jeweiligen (Minderheits-)Gesellschafters auch Anerkennung gefunden hat. Folglich dürfen Minderheitenrechte im Ergebnis nicht so weit reichen wie gesellschafterliche Mitspracherechte in idealtypischen Personengesellschaften.

Dem Schutzbedürfnis betroffener Minderheitsgesellschafter in Publikumspersonengesellschaften steht das Bedürfnis der Gesellschaftermajorität und Geschäftsführung an der Umsetzung eigener Mehrheitsentscheidungen bzw. Geschäftsführungsmaßnahmen gegenüber. Auch dürfte regelmäßig in der Person eines jeden beteiligten Gesellschafters der Wunsch nach einer Wahrung der Funktionsfähigkeit der Gesellschaft gegeben sein. Sohin bestehen in der Publikumspersonengesellschaft sowohl gleichlaufende als auch unterschiedliche Interessen, die bei der Begründung von Minderheitenrechten zu berücksichtigen sind.

B. Konsolidierung von Minderheitenrechten in der Publikumspersonengesellschaft

I. Bestandsaufnahme der Untersuchung minderheitsrechtsschützender Ansätze

Minderheitenrechte können sowohl vertraglich als auch vermittels normativer Vorgaben unter Heranziehung allgemeiner Grundsätze begründet werden.

Hingegen mangelt es den Gesellschafts- und zugleich Vertragsinitiatoren regelmäßig an der nötigen Motivation, Minderheitenrechte bereits satzungsmäßig festzuhalten, es sei denn, der Gesetzgeber oktroyiert es ihnen. Auf vertraglicher Ebene lassen sich, abgesehen von der ausdrücklichen Aufnahme von Minderheitenrechten in den Publikumspersonengesellschaftsvertrag, jedoch auch andere Ansätze bemühen, um den Rechtsschutz minderheitlich beteiligter Anlagegesellschafter zu optimieren. Minderheitenrechtsschutz im Vertragsrecht der Publikumspersonengesellschaften ist zunächst schon ein Gebot der Vertragsauslegung. Mithilfe einer rein objektiven Auslegung des Gesellschaftsvertrags kann etwa erreicht werden, dass subjektive Interpretationsvorstellungen (der Gesellschaftsinitiatoren), die keinen Niederschlag im Gesellschaftsstatut gefunden haben, bei dessen Auslegung keine Berücksichtigung finden. Ebenso minderheitsrechtsschützende Funktion entfaltet das Transparenzgebot, wonach sich Unklarheiten bei der Vertragsauslegung nicht zulasten der betroffenen Gesellschafter auswirken sollen. Von weiterhin nicht zu unterschätzender Bedeutung für das Schicksal des Gesellschaftsvertrages ist dessen richterliche Inhaltskontrolle mithilfe der Grundsätze von Treu und Glauben. Sie eröffnet zunächst die Möglichkeit, Satzungsklauseln an Vorgaben des Personengesellschaftsrechts zu messen, soweit diese mit dem kapitalistischen Wesen der Publikumspersonengesellschaft vereinbar sind. Aufgrund der idealtypischen Vorstellung, Personengesellschaften bestünden klassischerweise aus wenigen Gesellschaftern, sind Minderheitenrechte im Personengesellschaftsrecht nur spärlich normiert. Dagegen fungiert die Inhaltskontrolle des Gesellschaftsvertrages auch als dogmatisches Einfallstor für die Bildung von Analogien zu sachverwandten Vorschriften des Kapitalgesellschaftsrechts wie auch zu spezialgesetzlichen Vorgaben des KAGB. Dabei ist weder einer Anleihe an problemverwandten kapitalgesellschaftlichen noch an entsprechenden kapitalanlagegesetzlichen Regelungen Vorrang einzuräumen. Der pauschalen Heranziehung letzterer stehen zahlreiche investmentspezifische Besonderheiten der Vorschriften des KAGB entgegen. Auch mit einer leichtfertigen Übertragung normativer Wertungen aus ähnlich strukturierten (kapitalgesellschaftsrechtlichen) Gesellschaftsformen ist die Gefahr verbunden, das fortwährende personengesellschaftliche Wesen der Publikumspersonengesellschaft nicht in gebotenem Maße zu berücksichtigen. Aufgabe der Analogie muss es sein, der mutmaßlichen Interessenlage der beteiligten Gesellschafter so weit wie möglich zur Geltung zu verhelfen. Ein pauschaler Verweis auf sachverwandte kapitalgesellschaftsrechtliche Vorgaben geht daher ebenso fehl.

Nichtsdestotrotz lässt sich zumindest formelhaft feststellen, dass sich die Übertragung minderheitsrechtsschützender Wertungen aus dem Kapitalgesellschaftsrecht auf das Recht der Publikumspersonengesellschaft an strikten rechtsdogmatischen Vorgaben zu orientieren hat. Maßgebend sind hierfür die Regeln der Rechtsanalogie. Je ausgeprägter die kapitalistische Organisationstruktur der Publikumspersonengesellschaft im Einzelfall ist, umso eher ist sie einer Wertungsübertragung aus dem Kapitalgesellschaftsrecht zugänglich. Dementsprechend kann im Falle einer planwidrigen Regelungslücke sowie vergleichbaren Interessenlage vorsichtig Anleihe an kapitalgesellschaftsrechtlichen Regelungen genommen werden. Dabei dürfte eine planwidrige Regelungslücke im Recht der herkömmlichen Publikumspersonengesellschaften regelmäßig schon durch die personalistische Prägung des normativen Personengesellschaftsrechts indiziert sein; ungleich schwieriger dürfte es fallen, eine solche in dem noch jungen Recht der spezialgesetzlich geregelten geschlossenen (Publikums-)Investment-KG zu eruieren. Die Vergleichbarkeit der Interessenlagen zeigt sich dagegen typischerweise in der kapitalistischen Prägung der Publikumspersonengesellschaft und der Kapitalgesellschaft. Dabei ist in jedem Fall einschränkend zu beachten, dass durch die Brücke der Analogie zu kapitalgesellschaftlichen Regelungen keine Gläubigerschutzvorschriften aus dem Recht der (Publikums-)Personengesellschaften überwunden werden. Dessen ungeachtet hat sich gezeigt, dass in AktG und GmbHG normierte minderheitsrechtsschützende Wertungen häufig nicht originär kapitalgesellschaftsrechtlicher Natur sind. Vielmehr finden sie ihren Ursprung oftmals im allgemeinen Gesellschaftsrecht, wodurch deren entsprechende Übertragung auf das Recht der Publikumspersonengesellschaft erleichtert wird.

Neben dem Kapitalgesellschaftsrecht sind auch im Regelungsregime der geschlossenen (Publikums-)Investment-KG minderheitsrechtsschützende Wertungen angesiedelt. Ebenso trug im Recht der (herkömmlichen) Publikumspersonengesellschaften vor allem die Rechtsprechung unter Zuhilfenahme der Literatur zur Begründung allgemeiner Grundsätze bei, mit deren Hilfe im Einzelfall Minderheitenrechte begründet werden können. Die Rede ist hier hauptsächlich von der gesellschaftlichen Treuepflicht und dem Gleichbehandlungsgrundsatz. Zwar sind diese infolge des dünneren personalistischen Bands in der Publikumspersonengesellschaft geringer ausgeprägt als in idealtypischen Personengesellschaften. Gleichwohl lassen sich hieraus zugunsten von Minderheitsgesellschaftern im Einzelfall Handlungs- und Unterlassungsansprüche gegenüber Gesellschaft und Gesellschaftermehrheit sowie entsprechende Abwehrrechte konstruieren. Die sog. Lehre vom Kernbereich der Mitgliedschaftsrechte bewahrt dagegen vor Eingriffen in elementare mitgliedschaftliche Grundrechte.

Eine andere Frage ist, welche konkreten Minderheitenrechte sich mithilfe vertraglicher und normativer Ansätze sowie allgemeinen Grundsätzen in der Praxis bilden lassen. Neben Minderheitenrechten im Zusammenhang mit Beitrags- und Nachschusspflichten der Gesellschafter ist vor allem Minderheitenrechtsschutz durch Informationsrechte nicht wegzudenken. Denn naturgemäß wird (minderheitlich beteiligten) Gesellschaftern gerade erst durch eine hinreichende Kenntnis der Sachlage ermöglicht, unter Zuhilfenahme weiterer Minderheitenrechte rechtsgestaltend tätig zu werden. Praktisch bedeutsam sind dabei insbesondere Minderheitenrechte im Zusammenhang mit der Gesellschafterversammlung, wie etwa Einberufungsrechte, sowie Abwehrrechte gegen unberechtigte Ausschlussbestrebungen. Angesichts erlangter (gesellschaftsinterner) Informationen kann es zudem angezeigt sein, die Geschäftsführung ihres Amtes zu entheben. Kann hierdurch nicht die gewünschte Abhilfe geschaffen werden, kommt für Minderheitsgesellschafter oftmals nur das eigene Ausscheiden aus der Publikumspersonengesellschaft in Betracht. Gelingen kann dies sowohl mithilfe gesellschaftsrechtlicher wie auch kapitalmarktrechtlicher Ansätze. Umgekehrt verfügen Publikumspersonengesellschafter gleichermaßen über Rechte, um sich gegen Ausschlussbestrebungen von Geschäftsführung und Gesellschaftermehrheit wirksam zur Wehr zu setzen.

II. Bewertung und Vorschläge zur Optimierung minderheitsrechtschützender Ansätze

Das Personengesellschaftsrecht ist für sich genommen nicht in der Lage, einen hinreichenden Minderheitenrechtsschutz von Publikumspersonengesellschaftern zu gewährleisten; wenngleich die Kombination aus vertraglichen und normativen Ansätzen nebst allgemeinen rechtlichen Grundsätzen ihren Beitrag zur Begründung von Minderheitenrechten leistet, kann auch dabei von einem System hinreichender Minderheitenrechte in der Publikumspersonengesellschaft noch keine Rede sein. Die regelmäßige Notwendigkeit, im Recht der Publikumspersonengesellschaften zugunsten von Minderheitsgesellschaftern kapitalgesellschaftsrechtliche Wertungen heranzuziehen, weckt die abstrakte Gefahr, die Rechtssicherheit zu schwächen. Denn vielfach sind die Vertragsparteien nicht in der Lage zu antizipieren, welche kapitalgesellschaftlichen Vorgaben der Tatrichter vor dem Hintergrund der jeweiligen Organisationsstruktur der Publikumspersonengesellschaft als maßgebend erachtet. Insoweit birgt die an sich minderheitsbegünstigend gemeinte Anleihe am Kapitalgesellschaftsrecht das Risiko, ins Gegenteil verkehrt zu werden. Auf der Hand liegt allerdings auch, dass die Frage der dogmatischen Verortung normativer Minderheitenrechte bei herkömmlichen Publikumspersonengesellschaften weitere Probleme aufwirft. Eine Normierung publikumspersonengesellschaftlicher Minderheitenrechte in den an sich knapp gehaltenen personengesellschaftsrechtlichen Vorgaben in BGB und HGB schösse über das Ziel hinaus, gerade nur das Recht der auf eine Vielzahl von Anlegern ausgerichteten Publikumspersonengesellschaften zu erfassen. Der Ansatz, mit einem Titel „Publikumskommanditgesellschaft" entsprechende Sondervorschriften in das HGB aufzunehmen, erschiene zwar auf den ersten Blick heilsam, denn böte er zumindest die rechtstheoretisch attraktive Möglichkeit, einen Teil der zur Publikums-KG ergangenen Rechtsprechung und Grundsätze sowie weitere Minderheitenrechte in einem einheitlichen Regelwerk kodifikatorisch zu erfassen. Andererseits wären hiervon grundsätzlich alle Formen von Publikumspersonengesellschaften ausgenommen, die nicht auf dem Grundgebilde der KG fußen und praktisch seltener in Erscheinung treten. Heilsam erschiene insofern ein eigenständiges Gesetz zum Recht der (herkömmlichen) Publikumspersonengesellschaften. Unvorhersehbar wären demgegenüber die (unbeabsichtigten Neben-)Wirkungen für das bislang von Vertragsfreiheit geprägte Recht der Publikumspersonengesellschaften. Dies mag der Grund dafür sein, dass die Legislative hiervon bislang Abstand genommen hat; zumal sie mit der Kodifizierung der geschlossenen (Publikums-)Investment-KG im KAGB bereits gesetzliche Rahmenbedingungen für eine Sonderform der Publikumspersonengesellschaft schuf. Wenngleich der Gesetzgeber hierbei unter dem Eindruck unionsrechtlicher Vorgaben stand, hat er mit der Schaffung dieses Sonderrechts einen Schritt in die richtige Richtung unternommen. Wünschenswert wäre hier jedoch ein größeres Augenmerk auf minderheitsrechtsschützende Wertungen gewesen. Vorgemacht hat dies der schweizerische Gesetzgeber schon mehr als sechs Jahre zuvor mit dem Erlass des Kollektivanlagegesetzes und der darin normierten Kommanditgesellschaft für kollektive Kapitalanlagen. Auch veranschaulicht ein rechtsvergleichender Blick auf die Limited Partnership US-amerikanischen Rechts, inwieweit entsprechende Minderheitenrechte gesetzgeberisch gestärkt werden können: So wirkt sich im Recht der Limited Partnership etwa minderheitsschützend aus, dass Inhalt und Reichweite von Treuepflicht und Informationsrechten normativ festgehalten werden. Darüber hinaus sind der vertraglichen Abdingbarkeit von Treuepflicht und Informationsrechten kraft Gesetzes Grenzen gesetzt. Diese Ansätze erweisen sich auch als förderlich für die rechtliche Stellung von Minderheitsgesellschaftern in der geschlossenen (Publikums-)Investment-KG. Es wird sich zeigen, ob der Gesetzgeber trotz Schaffung der kapitalanlagegesetzlichen geschlossenen (Publikums-)Investment-KG im Jahre 2013 nun die von ihm jüngst in Aussicht gestellte Reform[1034] des Personengesellschaftsrechts zum Anlass nimmt, sich abermals dem Thema des Minderheitenrechtsschutzes in Publikumspersonengesellschaften zu widmen. Mit dem als Mauracher Entwurf bekannt gewordenen Gesetzesentwurf zur Moderni-

---

[1034] „Wir werden das Personengesellschaftsrecht reformieren und an die Anforderungen eines modernen, vielfältigen Wirtschaftslebens anpassen; wir werden eine Expertenkommission einsetzen, die gesetzliche Vorschläge für eine grundlegende Reform erarbeitet.", vgl. dazu den Koalitionsvertrag von CDU, CSU und SPD für die 19. Legislaturperiode des Deutschen Bundestags, abrufbar unter https://www.cdu.de/system/tdf/media/dokumente/koalitionsvertrag_2018.pdf?file=1 (Stand: 31.10.2020); ebenfalls auf die im Koalitionsvertrag angekündigte Neuregelung des Personengesellschaftsrechts eingehend Kauffeld/Mock, in: ZIP 2019, 1411 ff.

sierung des Personengesellschaftsrechts[1035] könnte mit der Gesellschafterklage[1036] zumindest ein minderheitsrechtsschützendes Instrument Einzug in das Gesetzesrecht der GbR finden.

Kapitalanlagegesetzliche Vorgaben aus dem Recht der geschlossenen (Publikums-)Investment-KG ließen sich allerdings auch heute schon nutzbar machen, um den Minderheitenrechtsschutz in herkömmlichen Publikumspersonengesellschaften zu optimieren: Dogmatisch anzusetzen ist hierbei mithilfe der Theorie der sog. Ausstrahlungswirkung[1037] von Minderheitenrechten aus dem Recht der geschlossenen (Publikums-)Investment-KG auf herkömmliche Publikumspersonengesellschaften. Namentlich könnten Minderheitenrechte und minderheitsrechtsschützende Wertungen aus dem Recht der geschlossenen (Publikums-)Investment-KG damit auch im Recht herkömmlicher Publikumspersonengesellschaften Anwendung finden. Voraussetzung hierfür wäre zunächst in zeitlicher Hinsicht, dass die jeweilige Publikumspersonengesellschaft erst nach Inkrafttreten der jeweiligen minderheitsbegünstigenden Regelung aus dem Recht der geschlossenen (Publikums-)Investment-KG entstanden ist. In sachlicher Hinsicht müsste die betreffende Vorgabe dem Anleger- bzw. Minderheitenrechtsschutz zu dienen bestimmt sein. Gleichfalls dürfte ihr Normcharakter jedoch nicht ausschließlich investmentrechtlicher Natur sein. Wohlgemerkt würde die Begründung von Minderheitenrechten in Publikumspersonengesellschaften mithilfe dieses Ansatzes letztlich noch eine auf den Einzelfall gerichtete Untersuchung erforderlich machen.

Nach alledem wäre nunmehr der Gesetzgeber in der Pflicht, Minderheitenrechte im Recht der geschlossenen (Publikums-)Investment-KG – vor allem mit Blick auf eine mögliche Übertragbarkeit auf herkömmliche Publikumspersonengesellschaften – auszubauen. Infolgedessen erwiese sich der (Mindest-)Inhalt von Minderheitenrechten in der geschlossenen Publikumsinvestment-KG bzw. Publikumspersonengesellschaft als weitgehend vorgegeben, was zugleich einer Stärkung der rechtlichen Stellung von Minderheitsanlegern zuträglich wäre. Das darf jedoch nicht darüber hinwegtäuschen, dass auch eine derartige Übertragung von Minderheitenrechten weiterhin nach einer Interessenabwägung der im Einzelfall betroffenen Beteiligten verlangt; entsprechende kapitalanlagegesetzlich normierte Vorgaben böten lediglich eine Grundtendenz der zu treffenden Abwägungsentscheidungen. Auch aus diesem Grund scheitert eine allgemeingültige Rechtsformel zur Begründung von Minderheitenrechten an den vielfältigen Interessenlagen und Ansprüchen der Rechtspraxis. Gleichwohl und gerade deswegen richtet diese Arbeit den Blick auf die wichtigsten Streitpunkte im Rahmen der Beteiligung an Publikumspersonengesellschaften, in welchen der Minderheitsanleger auf Minderheitenrechte angewiesen ist.

[1035] Abrufbar unter https://www.bmjv.de/SharedDocs/Downloads/DE/News/PM/042020_Entwurf_Mopeg.pdf?__blob=publicationFile&v=3 (Stand: 31. 10. 2020).

[1036] So ausdrücklich § 715b BGB-E.

[1037] Ausführlich siehe oben Drittes Kapitel A. III. 2.

Auch mithilfe eines weitaus unkonventionellen Ansatzes könnte Minderheits-anleger in Publikumspersonengesellschaften bis zu einem gewissen Grad gedient sein: Zumindest in der von kapitalanlagegesetzlichen Vorgaben geprägten ge-schlossenen (Publikums-)Investment-KG könnte von Seiten des Bundesministe-riums der Justiz und für Verbraucherschutz in Betracht gezogen werden, dem Rechtsverkehr einen entsprechenden Leitfaden sowie Mustervertragsformulare be-reitzustellen.[1038] Eine Rechtsverbindlichkeit würden diese freilich nicht entfalten. Jedoch könnten insbesondere Mustervertragsformulare mit hier erörterten Minder-heitenrechten bzw. minderheitsrechtsschützenden Wertungen versehen werden und sich so als taugliches Grundgerüst für die Vielzahl abzubildender Publikumsper-sonengesellschaften durchsetzen.

[1038] Ein solcher Leitfaden nebst Musterformular eines Gründungsprotokolls wird vom BMJV bereits für bürgerlich-rechtliche Vereine angeboten, vgl. https://www.bmjv.de/Shared Docs/Publikationen/DE/Leitfaden_Vereinsrecht.pdf?__blob=publicationFile&v=14 sowie https://www.bmjv.de/SharedDocs/Downloads/DE/Service/Formulare/Mustersatzung_eines_Ver eins.pdf?__blob=publicationFile&v=5 (jeweils Stand: 31.10.2020).

Literaturverzeichnis

Altmeppen, Holger: Kernbereichslehre, Bestimmtheitsgrundsatz und Vertragsfreiheit in der Personengesellschaft, NJW 2015, 2065–2071

Andermatt, Adrian: Die Swiss Limited Partnership – ein konkurrenzfähiges Investmentvehikel?, SJZ 481–489

Armbrüster, Christian: Grenzen der Gestaltungsfreiheit im Personengesellschaftsrecht, ZGR 2014, 333–363

Assmann, Heinz-Dieter/*Schlitt*, Michael/*Kopp-Colomb*, Wolf von: Wertpapierprospektgesetz/ Vermögensanlagengesetz, Kommentar, 3. Aufl., Köln 2017

Assmann, Heinz-Dieter/*Schütze*, Rolf: Handbuch des Kapitanlagerechts, 5. Aufl., München 2020

Baumbach, Adolf/*Hopt*, Klaus: Handelsgesetzbuch – mit GmbH & Co., Handelsklauseln, Bank- und Kapitalmarktrecht, Transportrecht (ohne Seerecht), 39. Aufl., München 2020

Baur, Jürgen/*Tappen*, Falko: Investmentgesetze Großkommentar, 3. Aufl., Berlin 2015
  – Band 1, §§ 1–272 KAGB
  – Band 2, §§ 273–355 KAGB

Baur, Jürgen/*Tappen*, Falko: Investmentgesetze Großkommentar, 4. Aufl., Berlin 2020
  – Band 1, §§ 1–90 KAGB
  – Band 2, §§ 91–213 KAGB
  – Band 3, §§ 214–360 KAGB

Bayer, Walter: Unterschiede im Aktienrecht zwischen börsennotierten und nichtbörsennotierten Gesellschaften, FS Klaus J. Hopt, 2010, Band 1, S. 373–390

Bayer, Walter/*Habersack*, Mathias: Aktienrecht im Wandel, Band II – Grundsatzfragen des Aktienrechts, Tübingen 2007

Bayer, Walter/*Möller*, Sven: Beschlussmängelklagen de lege lata und de lege ferenda, NZG 2018, 801–811

Becker, Michael: Verwaltungskontrolle durch Gesellschafterrechte, Habil., Tübingen 1997

Benecke, Martina: Haftung für Inanspruchnahme von Vertrauen – Aktuelle Fragen zum neuen Verkaufsprospektgesetz, BB 2006, 2597–2601

Berger, Bernhard: Allgemeines Schuldrecht, Schweizerisches Obligationenrecht Allgemeiner Teil mit Einbezug des Deliktsrechts und Einführung in das Personen- und Sachenrecht, 3. Aufl., Bern 2018

Bergmann, Alfred: Neuere Rechtsprechung des Bundesgerichtshofs zum Personengesellschaftsrecht, WM Sonderbeilage Nr. 1 zu Heft 15/2018, 3–52

Binz, Mark/*Sorg*, Martin: Die GmbH & Co. KG im Gesellschafts- und Steuerrecht, Handbuch für Familienunternehmen, 12. Aufl., München 2018

Blaurock, Uwe: Handbuch Stille Gesellschaft – Gesellschaftsrecht/Steuerrecht, 9. Aufl., Köln 2020

Blümich: ESTG, KSTG, GewStG, hrsg. v. *Heuermann*, Bernd/*Brandis*, Peter, 153. EL., Stuttgart 2020

Bork, Reinhard: Allgemeiner Teil des Bürgerlichen Gesetzbuchs, 4. Aufl., Tübingen 2016

Born, Manfred/*Ghassemi-Tabar*, Nima/*Gehle*, Burkhard: Münchener Handbuch des Gesellschaftsrechts, Band 7, 5. Aufl., München 2016

Bösch, René/*Rayroux*, François/*Winzeler*, Christoph/*Stupp*, Eric: Basler Kommentar, Kollektivanlagengesetz, 2. Aufl., Basel 2016

Breithaupt, Joachim/*Ottersbach*, Jörg: Kompendium Gesellschaftsrecht, München 2010

Brete, Raik/*Braumann*, Florian: Das Informationsrecht des Gesellschafters der verschiedenen Gesellschaftsformen, GWR 2019, 59–66

Bürgers, Tobias/*Körber*, Torsten: Aktiengesetz Kommentar, 4. Aufl., Heidelberg 2017

Callison, William/*Vestal*, Allan: Closely-held Business Symposium: The Uniform Limited Partnership Act: The Want of a Theory, Again, 37 Suffolk U. L. Rev. 719–734

Canaris, Claus-Wilhelm: Die Problematik der Sicherheitsfreigabeklauseln im Hinblick auf § 9 AGBG und § 134 BGB, ZIP 1996, 1109–1123

Canaris, Claus-Wilhelm: Wandlungen des Schuldvertragsrechts – Tendenzen zu seiner „Materialisierung", AcP 200 (2000), 273–364

Casper, Matthias: Die Investmentkommanditgesellschaft: große Schwester der Publikums-KG oder Kuckuckskind?, ZHR 179 (2015), 44–82

Coester-Waltjen, Dagmar: Die Inhaltskontrolle von Verträgen außerhalb des AGBG, AcP 190 (1990), 1–33

Conaway, Ann: The multi-facets of good faith in Delaware: A mistake in the duty of good faith and fair dealing; a different partnership duty of care; agency good faith and damages; good faith and trust law, 10 Del. L. Rev. 89–123

Dreier, Horst: Grundgesetz Kommentar, Band II, Art. 20–82, 3. Aufl., Tübingen 2015

Drinkuth, Henrik: Hinauskündigungsklauseln unter dem Damoklesschwert der Rechtsprechung, NJW 2006, 410–413

Ebenroth/Boujong/Joost/Strohn: Handelsgesetzbuch, hrsg. von *Joost*, Detlev/*Strohn*, Lutz, Band 1, §§ 1–342e
– 2. Aufl., München 2008
– 3. Aufl., München 2014

Eckhardt, Dirk/*Hermanns*, Marc: Kölner Handbuch Gesellschaftsrecht, 3. Aufl., Köln 2016

Ehrensperger, Claude: Kommanditgesellschaft für kollektive Kapitalanlagen, Bern 2013

Eichhorn, Alexander: Kollektive Kapitalanlagen für qualifizierte Anlegerinnen und Anleger nach dem Bundesgesetz über die kollektiven Kapitalanlagen (KAG), Zürich/St. Gallen 2014

Eichhorn, Jochen: Die offene Investmentkommanditgesellschaft nach dem Kapitalanlagegesetzbuch – Teil I, WM 2016, 110–116

Erman: Bürgerliches Gesetzbuch, Handkommentar mit AGG, EGBGB (Auszug), ErbbauRG, HausratsVO, LPartG, ProdHaftG, UKlaG, VAHRG und WEG, hrsg. von *Grunewald*, Barbara/*Maier-Reimer*, Georg/*Westermann*, Harm Peter, Band 1, 16. Aufl., Köln 2020

Ettinger, Jochen/*Jaques*, Henning: Beck'sches Handbuch Unternehmenskauf im Mittelstand, 2. Aufl., München 2017

Fastrich, Lorenz: Richterliche Inhaltskontrolle, München 1992

Fischer, Robert: Der Minderheitenschutz im deutschen Aktienrecht, in Minderheitenschutz bei Kapitalgesellschaften, Karlsruhe 1967, 59 ff.

Fischer, Robert: Gedanken über einen Minderheitenschutz bei den Personengesellschaften, in Festschrift Hans Carl Barz, Berlin 1974, 33–48

Fleischer, Holger/*Harzmeier*, Lars: Zur Abdingbarkeit der Treuepflichten bei Personengesellschaft und GmbH, NZG 2015, 1289–1296

Flume, Werner: Allgemeiner Teil des Bürgerlichen Rechts, Band 2 – Das Rechtsgeschäft, 4. Aufl., Berlin 1992

Frankfurter Kommentar zum Kapitalanlagerecht, hrsg. v. *Moritz*, Joachim/*Klebeck*, Ulf/*Jesch*, Thomas, 1. Aufl.
– Band 1, Kommentar zum Kapitalanlagegesetzbuch, Teilband 1, §§ 1–191 KAGB, Frankfurt am Main 2016
– Band 1, Kommentar zum Kapitalanlagegesetzbuch, Teilband 2, §§ 192–358 KAGB, Frankfurt am Main 2016

Fuhrmann, Lambertus/*Wälzholz*, Eckhard: Formularbuch Gesellschaftsrecht, 3. Aufl., Köln 2018

Großfeld, Bernhard: Zivilrecht als Gestaltungsaufgabe, Heidelberg 1977

Grunewald, Barbara: Zum Informationsrecht in der GmbH & Co. KG, ZGR 1989, 545–553

Gummert, Hans: Münchener Anwaltshandbuch – Personengesellschaftsrecht, 3. Aufl., München 2019

Gummert, Hans/*Weipert*, Siegfried: Münchener Handbuch des Gesellschaftsrechts, 5. Aufl., München 2019
– Band 1
– Band 2

Habersack, Mathias/*Mülbert*, Peter/*Schlitt*, Michael: Unternehmensfinanzierung am Kapitalmarkt, 4. Aufl., Köln 2019

Hachenburg: Großkommentar zum Gesetz betreffend die Gesellschaften mit beschränkter Haftung, hrsg. v. *Ulmer*, Peter et al., Bd. 2, 8. Aufl., Berlin 2015

Hafner, Heinrich/*Goll*, August: Das Schweizerische Obligationenrecht mit Anmerkungen und Sachregister, 2. Aufl., Zürich 1905

Handschin, Lukas: Zürcher Kommentar zum schweizerischen Zivilrecht, Teilband V/4b Art. 552–619 OR, 4. Aufl., Zürich 2009

Heid, Peter: Die Inhaltskontrolle des Vertrags der Publikumspersonengesellschaft nach AGB-Grundsätzen, DB 1985, Beil. 4, 1–16

Heidel, Thomas/*Schall*, Alexander: Handelsgesetzbuch Handkommentar, 2. Aufl., Baden-Baden 2015

Heidenhain, Martin/*Meiser*, Burkhardt: Münchener Vertragshandbuch, Band 1, Gesellschaftsrecht, 8. Aufl., München 2018

Heidinger, Andreas/*Leible*, Stefan/*Schmidt*, Jessica/*Michalski*, Lutz: Kommentar zum Gesetz betreffend die Gesellschaft mit beschränkter Haftung, Band 1, 3. Aufl., München 2017

Henn, Harry/*Alexander*, John: Laws of Corporations and other business enterprises, St. Paul (Minnesota) 1983

Henssler, Martin/*Strohn*, Lutz: Gesellschaftsrecht Kommentar, 4. Aufl., München 2019

Herrmann/Heuer/Raupach: EStG KStG Kommentar, hrsg. v. *Hey*, Johanna/*Wendt*, Michael/*Klein*, Martin, 300. Lieferung, Köln 2020

Hermanns, Marc: Bestimmtheitsgrundsatz und Kernbereichslehre – Mehrheit und Minderheit in der Personengesellschaft, ZGR 1996, 103–115

Herrler, Sebastian: Gesellschaftsrecht in der Notar- und Gestaltungspraxis, München 2017

Hesselmann/Tillmann/Mueller-Thuns: Handbuch GmbH & Co. KG, Gesellschaftsrecht – Steuerrecht, hrsg. v. *Mueller-Thuns*, Thomas, 22. Aufl., Köln 2020

Heymann, Ernst et al.: Heymann-Handelsgesetzbuch (ohne Seerecht) – Kommentar, Band 2
– §§ 105–237, 2. Aufl., Berlin 1996
– §§ 105–237, 3. Aufl., Berlin 2009

Hille, Hans-Eduard: Die Inhaltskontrolle der Gesellschaftsverträge von Publikums-Personengesellschaften, Köln 1986

Hirte, Heribert: Kapitalgesellschaftsrecht, 8. Aufl., Köln 2016

Hirte, Heribert: Die Entwicklung des Unternehmens- und Gesellschaftsrechts im Jahr 2018, NJW 2019, 1187–1193

Hoffmann-Becking, Michael: Münchener Handbuch des Gesellschaftsrechts, Band 4, 5. Aufl., München 2020

Hoffmeyer, Hannes: Gesetzesnamen als Etikettenschwindel?, NZG 2016, 1133–1139

Honsell, Heinrich: Kurzkommentar Obligationenrecht, Basel 2014

Honsell, Heinrich/*Vogt*, Nedim Peter/*Wiegand*, Wolfgang: Basler Kommentar, Obligationenrecht I, Art. 1–529 OR, 6. Aufl., Basel 2015

Honsell, Heinrich/*Vogt*, Nedim Peter/*Wiegand*, Wolfgang: Basler Kommentar, Obligationenrecht II, Art. 530–964 OR, 6. Aufl., Basel 2016

Hopt, Klaus: Zur Abberufung des GmbH-Geschäftsführers bei der GmbH & Co., insbesondere der Publikumskommanditgesellschaft, ZGR 1979, 1–30

Hopt, Klaus: Vertrags- und Formularbuch zum Handels-, Gesellschafts- und Bankrecht, 4. Aufl., München 2013

Huber, Ulrich: Das Auskunftsrecht des Kommanditisten, ZGR 1982, 539–551

Hübschmann/Hepp/Spitaler: Abgabenordnung – Finanzgerichtsordnung, hrsg. v. *Söhn*, Hartmut/*Heuermann*, Bernd/*Wolffgang*, Michael, 259. Lieferung, Köln 2020

Hueck, Alfred: Das Recht der offenen Handelsgesellschaft – systematisch dargestellt, 4. Aufl., Berlin 1971

Hueck, Götz: Der Grundsatz der gleichmäßigen Behandlung im Privatrecht, Habil., München und Berlin 1958

Hüffer, Uwe: Der Aufsichtsrat in der Publikumspersonengesellschaft, ZGR 1980, 320–358

Hüffer, Uwe: Zur gesellschaftsrechtlichen Treupflicht als richterrechtlicher Generalklausel, FS Ernst Steindorff, 1990, S. 59–78

Hüffer, Uwe/*Koch*, Jens: Aktiengesetz Kommentar, 14. Aufl., München 2020

Immenga, Ulrich: Die Minderheitsrechte des Kommanditisten, ZGR 1974, 385–426

Jauernig: Bürgerliches Gesetzbuch Kommentar, hrsg. v. *Stürner*, Rolf, 17. Aufl., München 2018

Kauffeld, Hans-Georg/*Mock*, Sebastian: Stille Publikumspersonengesellschaften – ein Regelungsvorschlag: ZIP 2019, 1411–1417

Kellermann, Alfred: Zur Anwendung körperschaftsrechtlicher Grundsätze und Vorschriften auf die Publikums-Kommanditgesellschaft, FS Walter Stimpel, 1985, 295–306

Koller, Ingo/*Kindler*, Peter/*Roth*, Wulf-Henning/*Drüen*, Klaus-Dieter: Handelsgesetzbuch Kommentar, 9. Aufl., München 2019

Kirchhof: Einkommensteuergesetz, hrsg. v. *Kirchhof*, Paul/*Seer*, Roman, 19. Aufl., Köln 2020

Kleindiek, Detlef: Mehrheitsentscheidungen in der Personengesellschaft: Formelle und materielle Legitimation, GmbHR 2017, 674–679

Klöhn, Lars: Minderheitenschutz im Personengesellschaftsrecht – Rechtsökonomische Grundlagen und Perspektiven, AcP 216 (2016), 281–319

Kötz, Hein: Dispositives Recht und ergänzende Vertragsauslegung, JuS 2013, 289–296

Kraft, Alfons: Die Rechtsprechung des Bundesgerichtshofs zur Publikums-KG zwischen Vertragsauslegung und Rechtsfortbildung, FS Robert Fischer, 1979, 321–337

Krampe, Christoph: Die ambiguitas-Regel: Interpretatio contra stipulatorem, venditorem, locatorem, in: SZ (Rom. Abt.) 100 (1983), 185–228

Kühne, Armin: Recht der kollektiven Kapitalanlagen in der Praxis, 2. Aufl., Zürich 2015

Larenz, Karl: Methodenlehre der Rechtswissenschaft, 6. Aufl., Berlin et al. 1991

Lettl, Tobias: Die Anpassung von Personengesellschaftsverträgen (GbR, oHG) aufgrund von Zustimmungspflichten der Gesellschafter – zugleich ein Beitrag über die Wechselseitigkeit von Selbstbestimmung und Selbstverantwortung, AcP 202 (2002), 3–39

Leuering, Dieter/*Rubner*, Daniel: Das Beschlussmängelrecht der Publikums-KG, NJW-Spezial 2018, 143

Lutter, Marcus/*Hommelhoff*, Peter: GmbH-Gesetz Kommentar, 20. Aufl., Köln 2020

Madaus, Stephan: Die Prospekthaftung, JURA 2006, 881–888

Maunz/Dürig: Grundgesetz Kommentar, hrsg. von *Herzog*, Roman/*Scholz*, Rupert/*Herdegen*, Matthias/*Klein*, Hans, Band I, Art. 1–5, 86. Ergänzungslieferung, München 2019

Michel, Jean-Tristan: Placements collectifs et titres intermédiés, Renouveau de la place financière suisse, Lausanne 2008

Mock, Sebastian: Die Gesellschafterklage (actio pro socio), JuS 2015, 590–596

Mock, Sebastian: Gesellschaftsrecht, 2. Aufl., München 2019

Mock, Sebastian: Vorsicht – Stimmverbote können sich aus dem allgemeinen Grundsatz des Verbots des Richtens in eigener Sache auch bei den Personenhandelsgesellschaften ergeben, BB 2018, 2644

Mock, Sebastian/*Cöster*, Timo: Die actio pro socio in der mehrgliedrigen stillen Gesellschaft, GmbHR 2018, 67–74

Mohr, Jochen: Sicherung der Vertragsfreiheit durch Wettbewerbs- und Regulierungsrecht, Habil., Tübingen 2015

Montavon, Pascal: Abrégé de droit commercial, 6. Aufl., Genf/Zürich 2017

Münchener Kommentar zum Aktiengesetz, hrsg. von *Goette*, Wulf/*Habersack*, Mathias, 4. Aufl.,
- Band 3 §§ 118–178, München 2018
- Band 4 §§ 179–277, München 2016

Münchener Kommentar zum Bürgerlichen Gesetzbuch, hrsg. v. *Rebmann*, Kurt/*Säcker*, Franz Jürger/*Rixecker*, Roland, Band 5, §§ 705–853, 4. Aufl., München 2004

Münchener Kommentar zum Bürgerlichen Gesetzbuch, hrsg. von *Rixecker*, Roland/*Säcker*, Franz Jürgen/*Oetker*, Hartmut/*Limperg*, Bettina, 8. Aufl.,
- Band 1 Allgemeiner Teil §§ 1–240, München 2018
- Band 3 Schuldrecht – Allgemeiner Teil II §§ 311–432, München 2019
- Band 7 Schuldrecht – Besonderer Teil IV §§ 705–853, München 2020

Münchener Kommentar zum Gesetz betreffend die Gesellschaften mit beschränkter Haftung, hrsg. v. *Fleischer*, Holger/*Goette*, Wulf, Band 3, §§ 53–88, 3. Aufl., München 2018

Münchener Kommentar zum Handelsgesetzbuch, hrsg. v. *Fleischer*, Holger/*Goette*, Wulf, Band 2, §§ 105–160, 3. Aufl., München 2018

Münchener Kommentar zum Handelsgesetzbuch, hrsg. v. *Schmidt*, Karsten,
- Band 2 §§ 105–160, 4. Aufl., München 2016
- Band 3 §§ 161–237, 4. Aufl., München 2019

Musielak, Hans-Joachim: Vertragsfreiheit und ihre Grenzen, JuS 2017, 949–954

Nobbe, Gerd: Prospekthaftung bei geschlossenen Fonds, WM 2013, 193–244

Nirk, Rudolf: Der „Emissionsprospekt" einer sogenannten Publikums-(Abschreibungs-) Kommanditgesellschaft als Anspruchsgrundlage für geschädigte Kapitalzeichner, FS Wolfgang Hefermehl, 1. Aufl., München 1976

Oetker, Hartmut: Handelsgesetzbuch Kommentar, 6. Aufl., München 2019

O'Kelley, Charles: Gaps in the Close Corporation Contract: A Transaction Cost Analysis, Northwestern University Law Rev. vol. 87 (1992), 216–253

Palandt: Bürgerliches Gesetzbuch mit Nebengesetzen, 79. Aufl., München 2020

Pasquier, Shelby R. du/*Oberson*, Xavier: La société en commandite de placements collectifs – Aspects juridiques et fiscaux, RSDA 2007, 207–223

Patzner, Andreas/*Döser*, Achim/*Kempf*, Ludger: Investmentrecht – Kapitalanlagegesetzbuch/ Investmentsteuergesetz Handkommentar, 3. Aufl., Baden-Baden 2017

Priester, Hans-Joachim: Quotenhaftung in der Publikums-GbR, DStR 2011, 1278–1283

Priester, Hans-Joachim: Geltung einer allgemeinen Mehrheitsklausel in einem Personenge-sellschaftsvertrag auch für Grundlagen- und ungewöhnliche Geschäfte, EWiR 2015, 71–72

Priester, Hans-Joachim: Eine Lanze für die Kernbereichslehre, NZG 2015, 529–531

Priester, Hans-Joachim/*Mayer*, Dieter/*Wicke*, Hartmut: Münchener Handbuch des Gesell-schaftsrechts, Band 3, 5. Aufl., München 2018

Prinz, Ulrich/*Hoffmann*, Wolf-Dieter: Beck'sches Handbuch der Personengesellschaften – Gesellschaftsrecht/Steuerrecht, 4. Aufl., München 2014

Prinz, Ulrich/*Kahle*, Holger: Beck'sches Handbuch der Personengesellschaften – Gesell-schaftsrecht/Steuerrecht, 5. Aufl., München 2015

Picot, Gerhard: Mehrheitsrechte und Minderheitenschutz in der Personengesellschaft, BB 1993, 13–21

PONS, Basiswörterbuch Latein–Deutsch, Deutsch–Latein, 1. Aufl., Stuttgart 2018

Rall, Lauris: The Uniform Limited Partnership Act: A General Partner's Liability under the Uniform Limited Partnership Act (2001), 37 Suffolk U. L. Rev. 913–926

Rebord, Jean-Yves/*Klunge*, Olivier: Sociétés en commandite de placements collectifs immo-bilières, quo vadis après la révision de la loi sur les placements collectifs de capitaux?, SZW 2013, 367–382

Reichert, Jochem/*Winter*, Martin: Die „Abberufung" und Ausschließung des geschäftsführ-renden Gesellschafters der Publikums-Personengesellschaft, BB 1988, 981–992

Reimer, Franz: Juristische Methodenlehre, 1. Aufl., Baden-Baden 2016

Reul, Adolf: Grundrechte und Vertragsfreiheit im Gesellschaftsrecht, DNotZ 2007, 184–210

Reuter, Dieter: Privatrechtliche Schranken der Perpetuierung von Unternehmen, Habil., Frankfurt a. M. 1973

Ribstein, Larry: Closely-held business Symposium: The Uniform Limited Partnership Act: Fiduciary Duties and Limited Partnership Agreements, 37 Suffolk U. L. Rev. 927–965

Richter, Rudolf/*Furubotn*, Eirik: Neue Institutionenökonomik, 4. Aufl., Heidelberg 2010

Risse, Jörg/*Höfling*, Tobias: Leitplankentheorie statt Bestimmtheitsgrundsatz und Kernbe-reichslehre – Zur richterlichen Kontrolle von Gesellschafterbeschlüssen in Personenge-sellschaften, NZG 2017, 1131–1138

Röhricht, Volker/*Westphalen*, Friedrich Graf von/*Haas*, Ulrich: Handelsgesetzbuch, Kom-mentar zu Handelsstand, Handelsgesellschaften, Handelsgeschäften und besonderen Han-delsverträgen (ohne Bilanz-, Transport- und Seerecht),

– 4. Aufl., Köln 2014

– 5. Aufl., Köln 2019

Roitzsch, Frank: Der Minderheitenschutz im Verbandsrecht, Königstein im Taunus 1981

Roth, Günter/*Altmeppen*, Holger: GmbHG Kommentar, 9. Aufl., München 2019

Rotter, Klaus/*Gierke*, Julia: Prokon und der Anwendungsbereich des neuen Kapitalanlagegesetzbuchs (KAGB), VuR 2014, 255–260

Röttger, Robert: Die Kernbereichslehre im Recht der Personenhandelsgesellschaften, Hamburg
1989

Rummel, Alexander von/*Enge*, Matthias: „Sanieren oder Ausscheiden" in der Kommanditgesellschaft, NZG 2017, 256–259

Saenger, Ingo: Gesellschaftsrecht, 4. Aufl., München 2018

Saenger, Ingo: Zivilprozessordnung, Handkommentar, 8. Aufl., Baden-Baden 2019

Schäfer, Carsten: Der Bestimmtheitsgrundsatz ist (wirklich) Rechtsgeschichte, NZG 2014,
1401–1404

Schäfer, Carsten: Quotenhaftung in der Publikums-GbR, NZG 2010, 241–245

Schäfer, Frank A.: Stand und Entwicklungstendenzen der spezialgesetzlichen Prospekthaftung,
ZGR 2006, 40–78

Scheuerle, Wilhelm: Das Wesen des Wesens, AcP 163 (1963), 429–471

Schlegelberger: Handelsgesetzbuch Kommentar, hrsg. v. *Hefermehl*, Wolfgang/*Martens*,
Klaus-Peter/*Schmidt*, Karsten, 5. Aufl.,
– Band III/1. Halbband, §§ 105–160, München 1992
– Band III/2. Halbband, §§ 161–177a; 335–342, München 1986

Schmidt, Karsten: Gesellschaftsrecht, 4. Aufl., München 2002

Schmidt, Karsten: Personengesellschaften: neu gedacht?, ZIP 2014, 493–499

Schmidt, Karsten: HGB-Reform im Regierungsentwurf, ZIP 1997, 909–918

Schmidt, Karsten: Mehrheitsbeschlüsse in Personengesellschaften, ZGR 2008, 1–33

Schmidt, Karsten: Personengesellschaftsrecht: Reichweite einer allgemeinen Mehrheitsklausel, JuS 2015, 655–657

Schmidt, Karsten: Rechtsschutz gegen Beschlüsse in der (Publikums-)Kapitalgesellschaft &
Co., DB 1993, 2167–2168

Schmidt, Ludwig: Einkommensteuergesetz, EStG, Kommentar, 39. Aufl., München 2020

Schmidt-Rimpler, Walter: Grundfragen einer Erneuerung des Vertragsrechts, AcP 147 (1941),
130–197

Schmoeckel, Mathias/*Rückert*, Joachim/*Zimmermann*, Reinhard: Historisch-kritischer Kommentar zum BGB, Band II, Schuldrecht Allgemeiner Teil, §§ 305–432, Tübingen 2007

Schneider, Uwe: Die Inhaltskontrolle von Gesellschaftsverträgen, ZGR 1978, 1–35

Scholz, Franz: GmbHG Kommentar,
– Band 2, 12. Aufl., §§ 35–52, Köln 2018
– Band 3, 11. Aufl., §§ 53–85, Köln 2015

Schubert, Werner/*Hommelhoff*, Peter: Hundert Jahre modernes Aktienrecht, Eine Sammlung von Texten und Quellen zur Aktienrechtsreform 1884 mit zwei Einführungen, Berlin/ New York 1985

Schürnbrand, Jan: Publikumspersonengesellschaften in Rechtsprechung und Literatur, ZGR 2014, 256–283

Schwark, Eberhard: Kapitalmarktrechtskommentar, 3. Aufl., München 2004

Schwerdtfeger, Armin: Kommentar zum Gesellschaftsrecht, 3. Aufl., Köln 2015

Soergel, Theodor: Kommentar zum Bürgerlichen Gesetzbuch mit Einführungsgesetz und Nebengesetzen, 13. Aufl.
  – Band 1 – Allgemeiner Teil 1, §§ 1–103, Stuttgart 2000
  – Band 2 – Allgemeiner Teil 2, §§ 104–240, Stuttgart, 1999
  – Band 5/1a – Schuldrecht, §§ 311, 311a–c, 313, 314, Stuttgart 2013
  – Band 10 – Schuldrecht 8, §§ 652–704, Stuttgart 2012
  – Band 11/1 – Schuldrecht 9/1, §§ 705–758, Stuttgart 2011

Spillmann, Jean-Claude: Die Kommanditgesellschaft für kollektive Kapitalanlagen, Zürich/ St. Gallen 2016

Spindler, Gerald/*Stilz*, Eberhard: Kommentar zum Aktiengesetz, Band 2, 4. Aufl., München 2019

Staub, Handelsgesetzbuch Großkommentar, hrsg. von *Canaris*, Claus-Wilhelm/*Habersack*, Mathias/*Schäfer*, Carsten), 5. Aufl.,
  – Dritter Band §§ 105–160, Berlin 2009
  – Vierter Band §§ 161–236, Berlin 2015

Staub: Handelsgesetzbuch Großkommentar, hrsg. *Canaris*, Claus-Wilhelm/*Schilling*, Wolfgang/*Ulmer*, Peter, Band 2, §§ 105–237, 4. Aufl., Berlin 2004

Staudinger, Julius von: Eckpfeiler des Zivilrechts, 5. Aufl., Berlin 2014

Staudinger: Kommentar zu Bürgerlichen Gesetzbuch mit Einführungsgesetz und Nebengesetzen,
  – §§ 90–124; 130–133, Berlin 2017
  – §§ 134–138; ProstG, Berlin 2017
  – §§ 305–310; UKlaG, Berlin 2013
  – §§ 652–740, Berlin 1991
  – §§ 705–740, Berlin 2003
  – §§ 826–829; ProdHaftG, Berlin 2013

Steele, Myron: Freedom of Contract and Default Contractual Duties in Delaware Limited Partnerships and Limited Liability Companies, 46 Am. Bus. L.J. 221–242

Stein, Friedrich/*Jonas*, Martin: Kommentar zur Zivilprozessordnung, Band 8, 23. Aufl., Tübingen 2017

Stimpel, Walter: Anlegerschutz durch Gesellschaftsrecht in der Publikums-Kommanditgesellschaft, in FS Robert Fischer, Berlin 1979, 771–783

Stodolkowitz, Stefan: Die außerordentliche Gesellschafterkündigung in der Personenhandelsgesellschaft, NZG 2011, 1327–1333

Suchomel, Jan-Ulf: Konkurrenz von § 20 VermAnlG und bürgerlich-rechtlicher Prospekthaftung bei fehlerhaftem Prospekt, NJW 2013, 1126–1131

Teichmann, Arndt: Gestaltungsfreiheit in Gesellschaftsverträgen, München 1970

Tercier, Pierre/*Amstutz*, Marc/*Trindade Trigo*, Rita: Commentaire Romand, Code des obligations II, 2. Aufl., Basel 2017

Thierhoff, Michael/*Müller*, Renate: Unternehmenssanierung, 2. Aufl., Heidelberg 2016

Tse, Terence: Corporate Finance, Abingdon-on-Thames 2017

Ulmer, Peter: Mehrheitsbeschlüsse in Personengesellschaften: definitiver Abschied vom Bestimmtheitsgrundsatz, ZIP 2015, 657–662

Ulmer, Peter/*Brandner*, Hans/*Hensen*, Horst-Diether: AGB-Recht, Kommentar zu den §§ 305–310 BGB und zum Unterlassungsklagengesetz, 12. Aufl., Köln 2016

Ulmer, Peter/*Schäfer*, Carsten: Gesellschaft bürgerlichen Rechts und Partnerschaftsgesellschaft – Kommentar, 7. Aufl., München 2017

Wagner, Klaus: Geschlossene Fonds nach dem KAGB, ZfBR 2015, 113–118

Wallach, Edgar: Die Regulierung von Personengesellschaften im Kapitalanlagegesetzbuch, ZGR 2014, 289–328

Walter, Tim: Die Publikumspersonengesellschaft, JuS 2020, 14–18.

Wawrzinek, Wolfgang: Unternehmensinterner Anlegerschutz im Recht der Publikumspersonengesellschaften, Berlin 1987

Weber, Christoph: Privatautonomie und Außeneinfluß im Gesellschaftsrecht, Heidelberg 2000

Weipert, Lutz: Gesellschafterinformationsrechte in der Kommanditgesellschaft, DStR 1992, 1097–1102

Weitnauer, Wolfgang/*Boxberger*, Lutz/*Anders*, Dietmar: Kommentar zu Kapitalanlagegesetzbuch und zur Verordnung über Europäische Risikokapitalfonds mit Bezügen zum AIFM-StAnpG, 2. Aufl., München 2017

Werner, Rüdiger: Das neue Kapitalanlagegesetzbuch, StBW 2013, 811–816

Werner, Rüdiger: Die „Abberufung" und Ausschließung einer Komplementärgesellschaft einer Publikums-KG, GmbHR 2018, 177–183

Wertenbruch, Johannes: Begründung von Nachschusspflichten in der Personengesellschaft, DStR 2007, 1680–1684

Westermann, Harm Peter: Vertragsfreiheit und Typengesetzlichkeit im Recht der Personengesellschaften, Berlin/Heidelberg 1970

Westphalen, Friedrich Graf von/*Thüsing*, Gregor: Vertragsrecht und AGB-Klauselwerke, 45. Ergänzung, München 2020

Wiedemann, Herbert: Alte und neue Kommanditgesellschaften, NZG 2013, 1041–1046

Wiedemann, Herbert: Die Legitimationswirkung von Willenserklärungen im Recht der Personengesellschaften, in FS Harry Westermann, Karlsruhe 1974, 585–601

Wiedemann, Herbert: Gesellschaftsrecht, Band I – Grundlagen, München 1980

Wiedemann, Herbert: Gesellschaftsrecht, Band II – Recht der Personengesellschaften, München 2004

Wiedemann, Herbert: Kapitalerhöhung in der Publikums-KG, ZGR 1977, 690–697

Wiedemann, Herbert: Minderheitenschutz und Aktienhandel, Stuttgart 1968

Wieland, Karl: Handelsrecht, Zweiter Band – Die Kapitalgesellschaften, München/Leipzig 1931

Wilde, Heiko: Nachschusspflichten in KG und GbR, NZG 2012, 215–217

Wilhelm, Gerhard: Die Problematik der Massen-KG, insbesondere die Probleme bei Überprüfung, Auslegung und Ergänzung der Gesellschaftsverträge, Tübingen 1980

Wilhelmi, Rüdiger/*Seitz*, Jascha: Neue Beschränkungen für Produkte des grauen Kapitalmarkts in § 5a und § 5b VermAnlG, WM 2016, 101–110

Windbichler, Christine: Gesellschaftsrecht, 24. Aufl., München 2017

Würdinger, Markus: Die Analogiefähigkeit von Normen – Eine methodologische Untersuchung über Ausnahmevorschriften und deklaratorische Normen, AcP 206 (2006), 953–979

Zech, Alexandra/*Hanowski*, Bernd: Haftung für fehlenden Prospekt aus § 13 VerkProspG a.F., NJW 2013, 510–513

Zetzsche, Dirk: Das Gesellschaftsrecht des Kapitalanlagegesetzbuchs, AG 2013, 613–630

Zetzsche, Dirk/*Preiner*, Christina: Was ist ein AIF?, WM 2013, 2101–2148

Ziegler, Ole: Die Prospekthaftung am nicht-organisierten Kapitalmarkt im Spannungsverhältnis zu personengesellschaftsrechtlichen Grundsätzen, DStR 2005, 30–34

Zimmer, Daniel/*Cloppenburg*, Matthias: Haftung für falsche Information des Sekundärmarktes auch bei Kapitalanlagen des nicht geregelten Kapitalmarktes?, ZHR 171 (2007), 519–553

Zippelius, Reinhold: Juristische Methodenlehre, 11. Aufl., München 2012

Zöllner, Wolfgang/*Noack*, Ulrich: Kölner Kommentar zum AktG, 3. Aufl.
  – Band 1, §§ 1–75, Köln 2011
  – Band 4, 4. Teillieferung, §§ 179–181, Köln 2019
  – Band 5, 3. Teillieferung, §§ 241–249, 253–261a, Köln 2018

Stichwortverzeichnis